Gärten & Parks
im Rheinland

Gärten & Parks
im Rheinland

Herausgegeben vom
Landschaftsverband Rheinland

Wienand

LANDSCHAFTSVERBAND RHEINLAND LVR
Qualität für Menschen

LEGENDE

80 Historischer Garten oder Park – öffentlich zugänglich

217 Historischer Garten oder Park – eingeschränkte Öffnungszeiten oder Voranmeldung erforderlich

196 zeitgenössischer Garten oder Park – öffentlich zugänglich

63 zeitgenössischer Garten oder Park – eingeschränkte Öffnungszeiten oder Voranmeldung erforderlich

104 Friedhof

Routen-/Themengarten im European Garden Heritage Network

Garten im Verein „Straße der Gartenkunst“

Gastronomie vorhanden

Toilette vorhanden

ÖPNV Anschluss

barrierefrei

Hunde erlaubt

Hunde nicht erlaubt

Sehr geehrte Leserin,
sehr geehrter Leser,

wir freuen uns sehr, Sie mit diesem Reiseführer auf die rheinischen Gärten und Parks aufmerksam zu machen und für Sie eine Tür zu den großen und kleinen „grünen Paradiesen" zu öffnen:
Mehr als 250 Gärten und Parks von Kleve bis Bonn, von Aachen bis Wuppertal warten darauf, von Ihnen (wieder-) entdeckt zu werden.
Berühmte und unbekannte sind darunter, große und kleine, öffentliche wie private. Aber auch Friedhöfe, die uns mit ihrer Stille und Beschaulichkeit gefangen nehmen, gehören zu den historischen und zeitgenössischen Anlagen, die wir Ihnen in Gärten & Parks im Rheinland gemeinsam mit einer Gartenkarte vorstellen. Sie alle geben der Kulturlandschaft im Rheinland ein unverwechselbares Gesicht. Gemeinsam mit der Architektur in den Städten unseres Verbandsgebietes prägen die grünen Oasen im wahrsten Sinne des Wortes Stadtbaukultur und geben beredtes Zeugnis davon, wie sehr es gilt, ihnen besonderes Augenmerk zu widmen.
Mit dem Engagement und den Aktivitäten des Rheinischen Amtes für Denkmalpflege und des Umweltamtes rund um das Thema „Gärten und Parks" sorgt der Landschaftsverband Rheinland für Qualität – ein Anspruch, der den Erhalt und die Pflege unseres Gartenerbes für die Menschen im Rheinland beinhaltet. Im Mittelpunkt stehen die Gärten und Parks: Sie sind sozusagen die „grüne Hardware", ohne die weder regionale Profilierung noch Tourismuskonzepte funktionieren.
Dieser „In-Wert-Setzung" hat sich auch ‚European Garden Heritage Network' verpflichtet. Als regionaler Partner präsentiert der Landschaftsverband Rheinland gemeinsam mit England und Frankreich in diesem Europäischen Netzwerk historische und zeitgenössische Gärten mit einem besonderen Gütesiegel.
Um den Reichtum an Grünanlagen im Rheinland darüber hinaus zu zeigen, sind in der vorliegenden Broschüre eine Vielzahl weiterer, darunter auch private Hausgärten, aufgenommen. Gemeinsam ist allen, dass sie – zumindest beschränkt – der Öffentlichkeit zugänglich sind.
Allen Eigentümerinnen und Eigentümern, die ihre Gärten für die Veröffentlichung zur Verfügung gestellt haben, gebührt daher unser großer Dank. Ohne ihre Mitwirkung wäre unser Vorhaben, die Gartentradition des Rheinlandes auf eine besondere Art und Weise deutlich zu machen, nur Wunsch geblieben.
Ein besonderer Dank gilt dem Büro der Europäischen Union in Lille sowie dem Land Nordrhein-Westfalen. Ohne die gewährte finanzielle Förderung und die Unterstützung von Rainer Wilking vom Ministerium für Wirtschaft, Mittelstand und Energie des Landes Nordrhein-Westfalen

sowie Kirsten Bald von der Bezirksregierung Düsseldorf hätte das Projekt nicht realisiert werden können.
Blick und Perspektive, Symmetrie und Ordnung, Struktur und Form haben auch im Rheinland eine Gartentradition begründet, die einen Vergleich mit den Gärten und Parks in England und Frankreich nicht zu scheuen braucht.
Mit repräsentativen Schlossparks, stillen Kloster- und versteckten Villengärten, Volksparks sowie Gehölz- und Privatgärten wurde im Rheinland eine bedeutsame Kulturlandschaft geschaffen. Es lohnt, diese für die Menschen in den Fokus zu rücken.
Wir wünschen Ihnen auf Ihrer Reise durch die Gartenlandschaft des Rheinlandes viel Vergnügen.

Dr. Jürgen Wilhelm
Vorsitzender der Landschaftsversammlung Rheinland

Udo Molsberger
Landesdirektor Landschaftsverband Rheinland

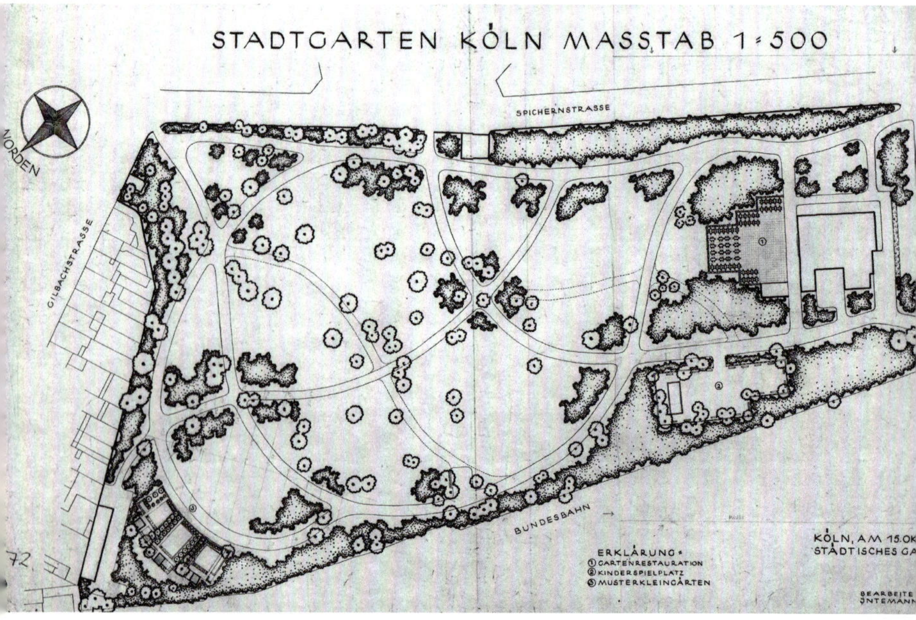

Liebe Gartenfreundinnen und -freunde,

mehr als 250 Gärten & Parks im Rheinland warten darauf, von Ihnen entdeckt zu werden!
Waren Gärten und Parks im 18. Jahrhundert ein Ausdruck für Wohlstand und sollten mit ihrer Pracht und Größe die Gäste des Adels und gehobenen Bürgertums beeindrucken, liegt ab Anfang des 19. Jahrhunderts ein Augenmerk auch auf Grünanlagen für die Bevölkerung.
Der Lousberg Park in Aachen, der vom ehemaligen Bundeskanzler und Kölner Oberbürgermeister Konrad Adenauer angeregte Grüngürtel in Köln oder auch „die Gruga" in Essen sind hierfür gute Beispiele.
Im Ruhrgebiet hat der Strukturwandel in neuerer Zeit dem Gartenfächer eine weitere Gattung hinzugefügt: So holt beispielsweise der auf einem ehemaligen Zechengebiet entstandene Emscher Landschaftspark an die Industrie verloren gegangene Grünbereiche zurück und prägt mit zeitgenössischem Ambiente ein Gartendenkmal der Zukunft.
Heute sind diese öffentlichen Parks oft die „grüne Lunge" in Ballungszentren, bieten mit Gartenschauen, Botanischen Gärten und Parkanlagen von Kurbädern oder Kliniken in den dicht besiedelten Städten Erholung und Rast in schnelllebiger Zeit.
Ich freue mich sehr, Sie mit dieser Broschüre auf die Vielfalt unserer rheinischen Kulturlandschaft aufmerksam zu machen. Sie finden neben so berühmten Parks wie Schloss Augustusburg oder Schloss Benrath, bekannte wie die ‚Flora' in Köln auch eine Vielzahl privater Hausgärten. Einmal im Jahr geben diese am Tag der offenen Gartenpforte Einblick in die heutige Gartenkunst und knüpfen „mit dem Blick über den Gartenzaun" an eine schöne Tradition des englischen National Gardens Scheme Charitable Trust.
Den Anstoß zu dieser Publikation gab unsere Beteiligung an dem Europäischen Gartennetzwerk European Garden Heritage Network, das an die nordrhein-westfälische Landesinitiative der ‚Regionalen' und ‚Straßen der Gartenkunst' anknüpft.
Zu allen Gärten und Parks ist Wissenswertes und Interessantes zu erfahren, auch gibt die vorliegende Broschüre wertvolle Tipps für Exkursionen in die Umgebung. Anhand der Gartenkarte können Sie Ihre ganz persönliche Gartenroute planen, Gärten und Parks in einer Region besuchen oder eine Themenreise durch historische und zeitgenössische Anlagen machen.
In jedem der Gärten und Parks sind Sie herzlich willkommen – auf Ihrer Entdeckungsreise durch rheinische Gärten und Parks wünsche ich Ihnen viel Vergnügen.

Milena Karabaic
Landesrätin für Kultur und Umwelt

Abteigarten AACHEN

1 Karte: C 15

Abteigarten Kornelimünster
Abteigarten 6
52076 Aachen-
Kornelimünster
www.abteigarten-komue.de

Infos: Förderkreis Abteigarten Kornelimünster e.V., Führung auf Anfrage
Tel.: 0 24 08/21 94

Eintritt frei

Anders als der Name vermuten lässt, ist dieser Abteigarten kein traditioneller Klostergarten, der von Ordensleuten gepflegt wird. Tatsächlich handelt es sich um das Außengelände einer historischen Industrieanlage, die im Zuge der Säkularisierung entstand, also nach der Auflösung der alten Reichsabtei durch Napoleon im Jahre 1807. Insofern steht dieser Park auch mit der „neuen", vor rund 100 Jahren oberhalb des Ortskerns gegründeten Benediktinerabtei nicht in Verbindung.

Die Ursprünge des Abteigartens Kornelimünster gehen auf die Gartenanlage der alten Reichsabtei im Barockstil zurück. Schon zu Zeiten des Klosters existierte ein Mühlenkanal, welcher das Wasser der Inde einer Getreidemühle zugeführt hatte. Aufgrund eines Beschlusses unter französischer Herrschaft wurde diese Bannmühle – eine Zwangsmühle für die gewerblichen Bäcker – zur Tuchwalkmühle umgewandelt. Der Mühlenkanal, nach einem späteren Eigentümer der so entstandenen Tuchmanufaktur auch Rohlandkanal genannt, erhielt im Laufe des 19. Jahrhunderts seine heutige Form. Er wurde um ein Wasserbecken erweitert, welches als Reservoir diente, um stets eine reibungslose Tuchproduktion zu gewährleisten. Im Jahre 1964 wurde die mehrfach modernisierte Textilfabrik endgültig stillgelegt, das Außengelände verwilderte.

Ab 1997 konnte der sogenannte „Abteigarten Kornelimünster" dann restauriert und im Jahr 2002 für die Öffentlichkeit zugänglich gemacht werden. Planung und Durchführung der Maßnahmen wurden maßgeblich von dem Förderkreis Abteigarten Kornelimünster e.V. vorangetrieben. Heute bildet das von imposanten Baumreihen gesäumte Wasserbecken wieder das Herzstück der gepflegten Anlage.
In einem Trakt der ehemaligen Reichsabtei Kornelimünster zeigt das Land NRW seit 1976 „Kunst aus Nordrhein-Westfalen – Förderankäufe seit 1945". Frühwerke von Künstlern wie Ewald Mataré, Ernst Wilhelm Nay, Sigmar Polke, Emil Schumacher, Günther Uecker u. a. stehen für die erfolgreiche Ankaufstätigkeit der Landesregierung zur Förderung junger Künstlerinnen und Künstler.

AACHEN *Kaiser-Friedrich-Park*

Im Freibad herumtollen, Tretboot fahren, sonntags mit den Eltern spazieren gehen und im Parkcafé ein Eis essen – wie viele „Öcher" verbinden solche Kindheitserinnerungen mit dem Kaiser-Friedrich-Park und dem Hangeweiher?
Schon um 1900 wurde der Volkspark im Süden von Aachen, nicht weit vom Stadtwald entfernt, nach einer Planung des damaligen Gartendirektors Weßberge geschaffen. Am südlichen Ende der Kaiser-Friedrich-Allee beginnt die lang gestreckte Anlage. Der Tritonen-Brunnen bildet seit 1923 einen markanten Auftakt. Entlang des Paubaches geht es dann hinab zum Hauptbereich rund um den etwa zwei Hektar großen Weiher, an dem sich auch eine Bootsanlegestelle befindet. Der formal angelegte Terrassengarten mit großzügiger Treppenanlage und Pergola ist seit seiner Restaurierung wieder das Schmuckstück des Parks.
In einer Kleingartenanlage nahe dem Freibad befindet sich die Sternwarte, welche Gruppenführungen nach Vereinbarung anbietet und an jedem Samstagabend Gäste ohne Voranmeldung zur Sternenschau empfängt.
www.sternwarte-aachen.de

2 Karte: B 14

Kaiser-Friedrich-Park
Kaiser-Friedrich-Allee /
Am Hangeweiher
52074 Aachen
www.aachen.de

Größe: 6,7 Hektar
Infos: Stadt Aachen
Führung auf Anfrage
Tel.: 02 41/4 32 18 79

Eintritt frei

Karlsgarten Gut Melaten AACHEN

Wer bei einem Karlsgarten eine historische Anlage aus der Zeit Karls des Großen erwartet, der im Jahre 814 n. Chr. in Aachen starb, wird eines Besseren belehrt: Tatsächlich ist nicht genau überliefert, wie die Gärten des frühen Mittelalters ausgesehen haben. Die Pflanzenauswahl dieses im Jahr 2000 eröffneten Karlsgartens am Gut Melaten orientiert sich an einem Erlass, den der auf Wirtschaftsreformen zielende Kaiser herausgab. In einem Kapitel des „Capitulare de villis" sind rund 90 Pflanzen aufgelistet, die auf den Hofgütern angebaut werden sollten: Kräuter, Stauden, Gemüsesorten und Obstgehölze. Sie wurden von den Ordensleuten, die an diesem Gesetzestext mitgewirkt hatten, als Heilmittel empfohlen.

Im Karlsgarten Gut Melaten wachsen diese Pflanzen heute auf zwei Meter breiten, symmetrisch angeordneten Beeten in der Reihenfolge nebeneinander, wie sie im „Capitulare de villis" genannt werden – der Garten lässt sich daher wie eine Pflanzenliste „lesen". Der Grundriss mit seiner diagonalen Wegeführung macht deutlich, dass es sich keinesfalls um eine historische Anlage handelt. Sein moderner Ursprung wurde von Landschaftsarchitekt Norbert Kloeters, Aachen, welcher auch an der Planung des Brückenkopf-Parks in Jülich mitwirkte, bewusst betont.

Entstanden ist der Schau- und Lehrgarten am Gut Melaten in der Nähe des Aachener Klinikums auf Initiative des Freundeskreises Botanischer Garten e.V. Das historische Hofgut Melaten ist auch vielen Wanderern bekannt, denn es liegt am Pilgerweg Aachen-Maastricht, welcher zum Netz der rheinischen Wege der Jakobspilger gehört (www.jakobspilger.lvr.de). In der Aachener Innenstadt befindet sich ein weiterer, deutlich kleinerer Karlsgarten. Direkt hinter dem historischen Rathaus (Katschhof) sind auf wenigen Quadratmetern Pflanzen aus dem „Capitulare de villis" mit entsprechenden Informationstafeln zu sehen.

In der Nähe: Westpark, zwischen Vaalser und Gartenstraße; Westfriedhof, Vaalser Straße 342; Garten des Ökologiezentrums Welthaus Aachen, An der Schanz 1; Dreiländerpunkt mit Labyrinth, NL-Vaals, Viergrenzenweg 97

3 Karte: B 14

Karlsgarten Gut Melaten
Melatener Straße 30
52056 Aachen
www.biozac.de
www.exploregio.net

Größe: ca. 1.000 qm
Infos: Freundeskreis Botanischer Garten e.V.
Führung auf Anfrage
Tel.: 02 41/8 02 72 55 und 01 71/2 70 92 58

Eintritt frei

AACHEN *Kurpark Burtscheid*

Im Stadtteil Burtscheid, wo das aus der Eifel herbeiströmende Thermalwasser an die Erdoberfläche tritt, befindet sich an einem Kurzentrum auch ein ruhiger Kurpark. Er verbindet die Kurgebäude an der Kurbrunnenstraße mit dem Burtscheider Markt und erstreckt sich zu Füßen der historischen Kirchen St. Johann und St. Michael. Das alljährlich mit Frühlingsblühern und einem Sommerflor aufwändig geschmückte Ensemble lädt Gäste wie Einheimische zum Müßiggang ein. Seine heutige Gestalt erhielt der Kurpark 1969, begründet wurde die Anlage jedoch bereits 1823 und dadurch gilt sie nach dem Lousberg als zweitälteste öffentliche Grünanlage Aachens.
Durchqueren Spaziergängerinnen und Spaziergänger die Fußgängerzone, so erreichen sie jenseits der Viehhofstraße den Ferberpark mit Spielplätzen für alle Altersstufen.

In der Nähe: Ferberpark, Viehhofstraße; Garten der Sinne, Vinzenzheim, Kalverbenden 91; Bürger- und Jugendpark – Moltkebahnhof, Goffartstraße; Aachener Tierpark, Obere Drimbornstraße 44; Heißberg Friedhof, Kapellen-/Heißbergstraße; Waldfriedhof, Monschauer Straße

4 Karte: B 14

Kurpark Burtscheid
Kurbrunnenstraße
52066 Aachen-Burtscheid
www.bad-aachen.de

Größe: 2,7 Hektar
Infos: Stadt Aachen
Führung auf Anfrage
Tel.: 02 41/4 32 18 79

Eintritt frei

Lousberg / Salvatorberg AACHEN

5 Karte: B 14

EGHN Europäisches Gartennetzwerk

Lousberg / Salvatorberg
Kupferstraße
52070 Aachen
www.aachen-tourist.de
Infos: Verkehrsverein Bad Aachen e.V.
Führung auf Anfrage
Tel.: 0241/18029-60

Eintritt frei

Mit dem Lousberg-Park entstand ab 1807 eine der ersten von Bürgerinnen und Bürgern – und nicht von Fürsten – initiierten öffentlichen Grünanlagen Europas in ungewöhnlicher Lage: Hoch über dem heutigen Dreiländereck bietet der Park eine weite Sicht auf die Stadt Aachen und bis zu den grenznahen Regionen der Niederlande und Belgiens.
Unter napoleonischer Herrschaft, als die erste exakte Vermessung der Rheinlande erfolgte, nutzten die Ingenieur-Offiziere unter der Leitung von Jean Joseph Tranchot den Lousberg als höchste Erhebung der Region für ihre militärischen Zwecken dienenden Kartenaufnahmen. Der 1807 errichtete Tranchot-Obelisk markiert noch heute einen Vermessungspunkt.
Einem Komitee für die Verschönerung der Stadt war die Realisierung des Bürgerparks zu Beginn des 19. Jahrhunderts auf dem damals unbewaldeten „Hausberg" Aachens zu verdanken. Die Gestaltung übernahm der Düsseldorfer Hofgärtner Maximilian Friedrich Weyhe (1775–1846). Er entwarf eine Parkanlage im landschaftlichen Stil, der eine „Choreographie" zu Grunde liegt: Die Abfolge der Eindrücke auf dem Spaziergang zur Bergkuppe legte er vorab fest. Sichtachsen wurden eingeplant, um den Blick auf verschiedene Details des Parks, auf die Stadt oder in die Ferne zu lenken. Verschiedene bauliche Elemente wurden errichtet: Am Berghang entstand das Belvedere, welches im Zweiten Weltkrieg zerstört wurde – heute erinnern Säulenreste an das Aussichtsgebäude. Auf der Bergkuppe wurde der Monopteros erbaut, ein Rundtempel, welcher ebenfalls den Krieg nicht überstand. An seiner Stelle befindet sich seit Ende der 1960er Jahre ein Wasserturm, der inzwischen umgebaut wurde und ein Obergeschoss mit Drehmechanismus erhalten hat. Die Gäste der Gastronomie im „Drehturm"

genießen dort einen sich kontinuierlich verändernden Ausblick.
Der benachbarte kleinere Salvatorberg wurde Ende des 19. Jahrhunderts in die öffentliche Grünanlage einbezogen. Die Parkanlage Lousberg / Salvatorberg ist heute trotz ihres großen historischen Stellenwertes in der Geschichte der europäischen Gartenkunst überregional kaum bekannt. Zum Jubiläum im Jahr 2007 sind grundlegende Restaurierungsarbeiten geplant.

In der Nähe: Garten des Klosters St. Raphael, Strueberweg; Veltmannplatz

AACHEN *Ostfriedhof*

Die Ausstellung „200 Jahre Aachener Ostfriedhof" brachte 2003 den Stein ins Rollen: Wenige Monate später riefen engagierte Bürgerinnen und Bürger den „Förderkreis Ostfriedhof e.V." ins Leben. Seither setzen sie sich ehrenamtlich dafür ein, den seit 1988 unter Denkmalschutz stehenden Friedhof „als Ort der Ruhe, des Innehaltens und der Naherholung" in enger Zusammenarbeit mit der Friedhofsverwaltung zu bewahren.
Was unter Wildwuchs schlummerte, wurde in den letzten Jahren ans Tageslicht geholt. Viele der stadthistorisch und künstlerisch bedeutsamen Grabmale sind jetzt erst wieder deutlich sichtbar. Eine umfassende Bestandsaufnahme soll zukünftig einen genauen Überblick liefern und auch über Verluste und Schäden Auskunft geben. Dazu hat sich eine Arbeitsgruppe zusammengefunden, die für Unterstützung dankbar ist. Hilfreich war bereits die Arbeit einer Schülergruppe, die Digitalaufnahmen einzelner Grabstätten anfertigte, welche den Aufnahmebögen in einer Datenbank beigefügt werden sollen.
Im Rahmen von regelmäßigen Führungen und Informationsveranstaltungen berichtet der Förderkreis über seine verdienstvollen Bemühungen. Während der Grabpflegetage können alle Interessierten unter fachkundiger Anleitung helfen, den Wildwuchs in Schach zu halten.

In der Nähe: Kennedy-Park, Düppelstraße

(6) Karte: B 14

Ostfriedhof
Adalbertsteinweg 121
52066 Aachen
www.ostfriedhof.de

Infos: Förderkreis Ostfriedhof e.V.
Öffnungszeiten: bis zum Einbruch der Dunkelheit, Führung auf Anfrage
Tel.: 02 41/16 13 63 und 02 41/4 79 21 72 (Führungen)

Eintritt frei

Stadtgarten AACHEN

Der Stadtgarten am Rande der Innenstadt beginnt am Neuen Kurhaus und wird daher häufig als „Kurpark“ bezeichnet – was leicht Anlass zur Verwechslung mit dem Pendant in Burtscheid gibt. Das Neue Kurhaus im Stil des Historismus ist weniger alt, als man vielleicht denkt: Zur Zeit des Ersten Weltkriegs wurde es zusammen mit dem Kurhotel Quellenhof und dem Kurmittelhaus eingeweiht (1916). Heute bildet es den repräsentativen Rahmen für das Casino Aachen.
Peter Joseph Lenné (1789–1866) hatte schon vor der Verlagerung des Kurviertels an die Monheimsallee hier einen Landschaftsgarten für das Bürgerspital Mariahilf (zwischen 1848 und 1855 errichtet) geschaffen. Eine steinerne Büste am Parkeingang Monheimsallee erinnert an den großen Gartenkünstler.
Die über Jahrzehnte gewachsene öffentliche Grünanlage vereint landschaftliche und formale Bereiche. Vor dem Neuen Kurhaus begrüßen Blütenteppiche die Gäste. Ein „Gruß an Aachen“ darf im Stadtgarten natürlich nicht fehlen – die rosa blühende Beetrose gleichen Namens ist im Rosengarten zu bewundern. Das Kongressdenkmal, ein kleiner Tempel mit bronzenen Medaillons, von Karl Friedrich Schinkel (1781–1841) entworfen, befand sich zunächst auf einem Platz in der Innenstadt und wurde erst 1924 in den Stadtgarten eingefügt.

7 Karte: B 14

Stadtgarten / Kurpark / Farwickpark
Monheimsallee 44
52062 Aachen
www.aachen.de

Größe: 18 Hektar
Infos: Stadt Aachen
Führung auf Anfrage
Tel.: 02 41/4 32 18 79

Eintritt frei

Im nördlichen Teil des hügeligen Geländes entstand am Fuß des Wingertsbergs zwischen 1925 und 1928 der Farwickpark – benannt nach dem Oberbürgermeister Wilhelm Farwick. Im weiteren Verlauf des 20. Jahrhunderts wurde auch der Alte Evangelische Friedhof in die Anlage einbezogen.

In der Nähe: Alleenring – Monheimsallee, Ludwigsallee, Heinrichsallee und Langer Turm; Karlsgarten am Rathaus; Elisengarten am Elisenbrunnen, Hartmannstraße; Dachgarten der Mayerischen Buchhandlung, Matthiashofstraße 28–30; Garten am Sucrmondt Museum, Wilhelmstraße 18

AACHEN *Von-Halfern-Park*

Nicht weit von der deutsch-belgischen Grenze liegt am Rande des Aachener Stadtwaldes der ehemalige Sommersitz der Tuchfabrikanten von Halfern.
Gustav von Halfern, der das Gut „Groutenhof“ am Fuß der Karlshöhe 1870 erworben hatte, vergrößerte das Grundstück und schuf so die Voraussetzungen für die Parkanlage. Sein Sohn Friedrich, der das Anwesen fünf Jahre später erbte, prägte nicht nur den Namen „Hochgrundhaus“, sondern legte als begeisterter Pflanzenkenner auch eine beeindruckende Sammlung seltener Gehölze an. Im Jahr 1891 wurde das Anwesen auf seine heutige Größe erweitert und nach den Plänen des Aachener Gartendirektors Heinrich Grube im Stil eines englischen Landschaftsgartens gestaltet.
Friedrich von Halfern scheute weder Kosten noch Mühen, um Gehölzraritäten aus Nordamerika und Asien in seinen Park zu holen. Er unterhielt eine eigene Baumschule und verkaufte auch Exemplare an die Stadt Aachen, welche zu einem großen Teil im Kaiser-Friedrich-Park angepflanzt wurden.
Amberbäume *(Liquidambar)*, Araukarien *(Araucaria)*, Götterbäume *(Ailanthus)*, Libanonzedern *(Cedrus libani)*, Mammutbäume *(Sequoiadendron)* und rund 130 weitere Arten bzw. Sorten befinden sich noch heute im Von-Halfern-Park, der 1925 in den Besitz der Stadt Aachen gelangte. Für alle, die Bäume lieben, ist dieser stadtnahe Park ein Geheimtipp.

(8) Karte: B 14

Von-Halfern-Park
Lütticher Straße
52074 Aachen-Preusweg
www.oekologie-zentrum-aachen.de

Größe: 10 Hektar
Infos: Stadt Aachen
Führung auf Anfrage
Tel.: 02 41/4 32 18 79

Eintritt frei

Anna-Park ALSDORF

Das großflächige Gelände einer ehemaligen Kokerei, die Mitte des 19. Jahrhunderts zu den größten Westeuropas zählte und 1992 stillgelegt wurde, hat eine eindrucksvolle Verwandlung erlebt: Seit 2003 befindet sich dort der Anna-Park, das neue Herzstück der vom Strukturwandel betroffenen Stadt Alsdorf. Mit vielen Details hält diese öffentliche Grünanlage die Erinnerung an die Vergangenheit des Ortes wach. Schon der Name stellt einen Bezug zur Heiligen Anna her, der Schutzpatronin der Alsdorfer Gruben. Dunkle Gartenmauern setzen Akzente und symbolisieren Kohleflöze. Weite Rasenflächen bieten viel Platz für Spiel und Erholung. Von ihnen heben sich die weißen Stämme zahlreicher Birken, welche auch als Pioniergehölze für Industriebrachen charakteristisch sind, deutlich ab. Geometrische Wasserbecken bilden den Übergang zur Innenstadt. Das gestalterische Ergebnis der Landschaftsplaner Ipach & Dreisbusch aus Neu-Isenburg überzeugt insbesondere durch klare Farb- und Formkontraste.
Vor der Realisierung des Anna-Parks mussten die von Altlasten kontaminierten Böden aufwändig saniert werden. Das angehobene Areal bedeckt heute die gesicherten Flächen.
In den historischen Zechengebäuden präsentiert das Bergbaumuseum Grube Anna II vielfältige Zeugnisse des Steinkohlebergbaus dieser Region.

In der Nähe: Burgpark Alsdorf; Kapellenvorplatz / Gedenkstätte; Hausgarten, Alsdorf-Bergau, Leo Heurer Weg 4, Tel.: 0 24 04/6 28 36 (n. V.); CarlAlexanderPark, Baesweiler, Regionale-Leitprojekt 2008

9 Karte: C 13

Anna-Park
Herzogenrather Straße 101
52477 Alsdorf
www.bergbaumuseum-grube-anna2.de/anna/apc.php

Größe: 11 Hektar
Infos: Stadt Alsdorf
Führung auf Anfrage
Tel.: 0 24 04/5 58 78-0

Eintritt frei

Adenauer-Garten BAD HONNEF

Wie viel verrät ein Garten über seinen Besitzer, dessen Interessen und Lebensstil? In dieser Gedenkstätte kommen Besucherinnen und Besucher dem ersten Bundeskanzler der jungen Bundesrepublik Deutschland so nahe wie an kaum einem anderen Ort. Hier lebte Konrad Adenauer von 1937 mit Unterbrechungen bis zu seinem Tod im Jahr 1967.

An dem steilen Hang eines ehemaligen Weinberges liegt der Garten. Adenauers Liebe zu Rosen hat sich längst herumgesprochen, und tatsächlich prägen die Blütensträucher mit ihrer Farbenpracht und ihrem Duft noch heute die Anlage. Ins Reich der zahlreichen Legenden, die sich um den Politiker ranken, gehört allerdings die verbreitete Annahme, Adenauer habe selbst Rosen gezüchtet. Die terrassenförmige Gestaltung, der Skulpturenschmuck und die Brunnen erinnern an die Landschaft und die Gartenkunst Norditaliens, wo Adenauer regelmäßig seinen Urlaub verbrachte. Mit der Boccia-Bahn vor dem Wohnhaus holte er lieb gewonnene südländische Lebensformen zu sich nach Hause. Viele Stunden seines Lebensabends verbrachte Adenauer in seinem Garten, denn große Teile seiner „Erinnerungen" schrieb er im Pavillon, der nach seinen eigenen Skizzen vom Architekten Heribert Multhaupt, seinem Schwiegersohn, entworfen worden war.

Die Stiftung Bundeskanzler-Adenauer-Haus besteht seit 1978 und pflegt damit als älteste von nunmehr fünf Politikergedenkstätten in Deutschland das Andenken an den ersten Bundeskanzler. Seit 1997 wird in einem eigens für diesen Zweck auf dem Grundstück errichteten Gebäude die erfolgreiche Dauerausstellung „Konrad Adenauer – Dokumente aus vier Epochen deutscher Geschichte" gezeigt.

In der Nähe: Rhöndorfer Waldfriedhof mit Adenauer-Grab

10 Karte: J 15

Adenauer-Garten
Konrad-Adenauer-Straße 8c
53604 Bad Honnef-Rhöndorf
www.adenauerhaus.de

Größe: ca. 4.000 qm
Infos: Stiftung Bundeskanzler-Adenauer-Haus
Öffnungszeiten:
Di–So 10–16.30 Uhr
Zugang nur im Rahmen einer Führung, letzte Führung 15.45 Uhr
Tel.: 0 22 24/9 21-100

Eintritt frei

Villa Schaaffhausen BAD HONNEF

Am Rande des Naturparks Siebengebirge befindet sich in Rommersdorf die Villa Schaaffhausen. Ihre heutige Gestalt erhielt sie 1843 im Zuge einer Erweiterung im englischen Tudor-Stil. Von Zinnen bekrönt mag sie seither an ein Märchenschloss erinnern. Der Name des romantisch anmutenden Landhauses stammt von der Bankiersfamilie Schaaffhausen, einer späteren Eigentümerin.

Mächtige Baumgestalten sind die Schätze des alten Parks. Eine über 200 Jahre alte Blutbuche ist besonders eindrucksvoll. Die so genannte „Kaisereiche" wurde 1876 gepflanzt, zu Ehren des späteren Kaisers Wilhelm II., welcher während seiner Bonner Studien-

zeit häufig in der Villa zu Gast war. Er hatte Familie Schaaffhausen zum Dank ein besonderes Geschenk gemacht, den Monopteros mit der Inschrift: „Der treuesten Gattin, der besten Mutter ist dies Denkmal geweiht, 3. Juli 1874“.
Heute befinden sich in der Villa Schaaffhausen eine Familienbildungsstätte und ein Gesundheitszentrum. Ein ökologischer Modellgarten lädt zum Verweilen und Lernen ein. Rund 50 verschiedene Obst- und Gemüsesorten sowie Kräuter werden in ihm angebaut. Die Naturschule Schaaffhausen vermittelt hier viel Wissenswertes rund um Nutzpflanzen und den Bioland-Anbau. In einem kleinen Hofladen sind die Produkte frisch aus dem Garten erhältlich.
Die Ernte kommt auch auf den Tisch des Gesundheitszentrums. Und für das leibliche Wohl der Parkbesucherinnen und -besucher wird nach Vereinbarung ebenfalls gerne gesorgt.

11 Karte: J 15

Park der Villa Schaaffhausen
Schaaffhausenstraße 5
53604 Bad Honnef-Rommersdorf
www.villa-schaaffhausen.de

Größe: 3 Hektar (Park und Bioland-Naturgarten)
Infos: Familien- und Gesundheitszentrum Bad Honnef,
Öffnungszeiten:
täglich 9–18 Uhr
Führung auf Anfrage
Tel.: 0 22 24/9 17-0

Eintritt frei (Spende)

BAD HONNEF *Parkresidenz*

Mehr als 100 Jahre alte Bäume sind der besondere Schatz dieses Villengartens. Im ausgehenden 19. Jahrhundert wurde er im Umfeld eines spätklassizistischen Herrenhauses angelegt – des Edelhoff-Stiftes. Bis zum Ersten Weltkrieg befand sich darin eine Haushaltsschule, heute wird es als Bürogebäude genutzt.
Der großzügige Garten sollte ebenso repräsentativ wirken wie das 1870 erbaute Haus. Seltene Kostbarkeiten wurden herbeigeschafft, darunter auch Mammutbäume *(Sequoiadendron)*, deren eigentliche Heimat Nordamerika ist. Zusammen mit Ahornen, Rotbuchen, Linden, Birken und Rosskastanien tragen sie zur Pflanzenvielfalt bei.
Die frei zugängliche Parkanlage im Zentrum von Bad Honnef wird heute auch gerne von den Bewohnerinnen und Bewohnern der Rhenania-Seniorenresidenz genutzt, die sich in einem Neubau auf dem denkmalgeschützten Parkgelände befindet.

12 Karte: J 15

Parkresidenz (Villengarten)
Hauptstraße/Am Spitzenbach
53604 Bad Honnef
www.parkresidenz-bad-honnef.de

Größe: 3 Hektar
Infos: Stadt Bad Honnef
Tel.: 0 22 24/18 30

Eintritt frei

In der Nähe: Kurhaus mit Parkanlage; Alter Friedhof, Linzer Straße; Vorgarten, Rhöndorfer Straße 103

Kurpark BAD MÜNSTEREIFEL

13 Karte: G 16

Kurpark
Nöthener Straße 10
53902 Bad Münstereifel
www.bad-muenstereifel.de

Größe: ca. 1 Hektar
Infos: Stadt Bad Münstereifel
Führung auf Anfrage
Tel.: 0 22 53/54 22 44

Eintritt frei

Die „Wellness"-Kultur wird in Bad Münstereifel nicht erst seit unseren hektischen Tagen gepflegt: Schon 1927/28 wurde am westlichen Hang oberhalb der Stadt das Kurhaus errichtet. Der kurz darauf angelegte Park gehörte zum Konzept der Kureinrichtung, welche die Heilmethode nach Kneipp praktizierte – eine Wassertretanlage durfte daher nicht fehlen. Es galt zunächst, das Gelände in Hanglage terrassenförmig abzufangen. Zahlreiche Mauern und Treppen aus Naturstein verleihen der Anlage noch heute ihr charakteristisches Erscheinungsbild. Der oberhalb des Kurhauses gelegene älteste Teil aus den 1920er

und 1930er Jahren ist inzwischen teilweise verwildert und geht in den Stadtwald über, doch seine Gestaltung ist noch deutlich zu erkennen. Die 1932 erbaute Liegehalle vermittelt einen Eindruck davon, wie sich die Kurgäste hier früher, vor Wind und Regen geschützt, an der frischen Luft erholen konnten. Der unterhalb des Kurhauses gelegene stadtnahe Bereich ist 1975 erweitert und umgestaltet worden. Die Bonner Gartenarchitekten Heinrich Raderschall und Carl Möhrer haben hier eine neue, vielfältige Anlage mit Wasserspielen, Kneippbecken, Terrassenflächen, Blumenbeeten und Treppen geschaffen, die als „Kurgarten am Wallgraben" bekannt ist.

In der Nähe: Gartenanlagen Kloster Steinfeld, Kall; Kalvarienberg, Blankenheim-Alendorf; Bauerngarten, Biologische Station, Nettersheim

BAESWEILER *Hausgarten Michael*

„Sissinghurst" lädt zum Verweilen ein. Die traditionsreiche Gartenbank wurde einst von dem berühmten englischen Architekten Sir Edwin Lutyens entworfen und verrät, wo die Vorbilder dieses Hausgartens zu finden sind. Als „englischen Garten" beschreibt Verona Michael selbst ihr grünes Paradies. Die Diplom-Designerin hat das vergleichsweise kleine Grundstück bis ins Detail gestaltet. Mit Hilfe von Eibenhecken schuf sie verschiedene Gartenräume und zugleich einen dunklen Hintergrund, vor dem die Blüten der Rosen und Stauden ihre Strahlkraft entfalten.

Die Pflanzenauswahl wurde mit großer Erfahrung getroffen, um Farbkompositionen zu schaffen: Während in dem einen Gartenraum Blau und Violett dominieren, sind es im nächsten kräftige Rottöne, und der Rosenweg hüllt sich zur sommerlichen Blütezeit in Pastelltöne. Die teils ausgesprochen seltenen Stauden und Gehölze stammen aus Spezialgärtnereien des deutsch-niederländisch-belgischen Dreiländerecks.

Inzwischen ist die Gartengestaltung für Verona Michael zum Beruf geworden – von der Idee bis zur Anlage hilft sie professionell.

14 Karte: C 12

Hausgarten Michael
Neue Weide 12
52499 Baesweiler-Setterich
www.diegartenideen.de

Größe: ca. 600 qm
Infos: Verona u. Volker Michael
Öffnungszeiten:
Juni Sa/So 10–18 Uhr
sowie n. V.
Tel.: 0 24 01/60 78 81

Eintritt

Hausgarten Bender-Lucenz BEDBURG-HAU

15 Karte: C 3

Hausgarten Bender-Lucenz
Mühlenstraße 6
47551 Bedburg-Hau-Schneppenbaum
www.lucenz-bender.de

Größe: 4.000 qm
Infos: Klaus Bender und Manfred Lucenz
Öffnungszeiten: einzelne Wochenenden (siehe Internet-Adresse)

Eintritt

Biologisch angebautes Gemüse aus dem eigenen Garten – wer würde das nicht gerne genießen? Klaus Bender und Manfred Lucenz können sich das ganze Jahr über von ihrer Ernte ernähren und sind Selbstversorger aus Überzeugung!

Doch damit nicht genug: Der bäuerliche Gemüsegarten, welcher ebenso nützlich wie schön ist, liegt eingebettet in höchst unterschiedliche Ziergärten. Da gibt es die Narzissenwiese im Zentrum, die schon im April einen berauschenden Saisonhöhepunkt darstellt. Verschiedene Farbengärten wandeln ihr Gesicht mit den Blütezeiten vom Frühling bis zum Herbst, doch stets dominieren Weiß, Gelb bzw. Purpur.

Über die Region hinaus bekannt geworden ist die vergleichsweise kleine Anlage durch das Buch „Ein Garten fürs Leben". Sogar das Fernsehen war schon zu Gast in Schneppenbaum und berichtete über das ländliche Anwesen rund um eine einfache Bauernkate. Gern geben der Pfarrer und der Lehrer ihre Praxistipps preis – im Fernsehen wie im „wahren Leben". Zu besichtigen ist der Garten im Rahmen der Initiative „Gärten am Niederrhein öffnen ihre Pforten" (siehe auch: Geldern, Kranenburg, Sonsbeck, Xanten).

Hausgarten Imig BEDBURG-HAU

16 Karte: C 3

Hausgarten Imig
Dr.-Franken-Straße 9
47551 Bedburg-Hau
www.gaerten-kleverland.de

Größe: 2.000 qm
Infos: Elisabeth Imig
Öffnungszeiten: einzelne Wochenenden im Rahmen der Aktion „Offene Gärten im Kleverland" sowie n.V.
Tel.: 02821/40350, 02821/47109

Eintritt

Ein ländlicher Garten wie aus dem Bilderbuch: Der ehemalige Bauernhof ist von großzügigen Staudenbeeten umgeben. Von März bis Oktober grünt und blüht es hier unermüdlich. Mehr als 100 Rosen, darunter viele alte Sorten, verleihen dem Garten ein romantisches Flair. Hier können Interessierte viele Anregungen für das eigene grüne Reich sammeln. Die Eigentümerinnen geben gerne Tipps und Ratschläge.

Die Obstwiese und der Gemüsegarten, in dem Elisabeth Imig zusammen mit ihrer Tochter Silke neben Kartoffeln, Bohnen, verschiedenen Kohl- und Salatsorten auch Erdbeeren anbaut, bereichern den Speiseplan und erfreuen zugleich das Auge.

BEDBURG-HAU *Schlosspark Moyland*

Kunstinteressierte kommen in Moyland ganz auf ihre Kosten: Die weltweit größte Sammlung von Werken des Künstlers Joseph Beuys und ein entsprechendes Archiv locken Kundige und Wissbegierige an den Niederrhein. Auch im Schlosspark trifft das Publikum auf Kunstobjekte des 20. Jahrhunderts, wurde doch mit Werken internationaler Größen wie Eduardo Chillida, Erwin Heerich u. a. ein vielseitiges Wechselspiel von historischer Gartenanlage und Kunstsammlung erzielt.

Das junge Museum öffnete nach langjähriger Restaurierung von Schloss und Park 1997 seine Pforten. Das Wasserschloss hatte seine heute wiederhergestellte Gestalt in der Mitte des 19. Jahrhunderts erhalten. Der Kölner Dombaumeister Ernst Friedrich Zwirner (1802–1861) nahm damals den Umbau im neugotischen Stil vor. Den Park ließ Familie von Steengracht im sogenannten „gemischten Styl" umgestalten – imposante Wassergräben, schnurgerade Alleen und akkurate Blumenbeete wurden mit Partien im Landschaftsgartenstil kombiniert.

17 Karte: C 3

Schlosspark Moyland
Am Schloss 4
47551 Bedburg-Hau-Till
www.moyland.de

Größe: 12 Hektar
Infos: Stiftung Museum Schloss Moyland
Öffnungszeiten:
Apr–Sept täglich außer Mo, Di–Fr 11–18 Uhr, Sa und So 10–18 Uhr, Okt–März täglich außer Mo 11–17 Uhr, Führung auf Anfrage
Tel.: 0 28 24/95 10-60

Eintritt

Ergänzt wurde der Schlosspark im Zuge der Wiederherstellung auf der Basis eines Parkpflegewerkes der Wuppertaler Gartenarchitekten Gustav und Rose Wörner durch einen Kräutergarten. Das „Anholter Kräuterbuch“ (1470), die Abschrift eines 1450 verfassten Kräuterbuches des Münchener Arztes Johannes Hartlieb mit zahlreichen Illustrationen, wurde als Grundlage genommen, mehrere hundert Arten anzupflanzen, die teils schon seit der Antike als Heil- und Nutzpflanzen bekannt sind. Die „Kräuterey Schloss Moyland“ bietet Pflanzen aus kontrolliert biologischem Anbau neben allerlei Kräuterprodukten an.

In der Nähe: Denkmalbereich Kulturlandschaft Louisendorf

Schlosspark Paffendorf BERGHEIM

18 Karte: F 12

Schlosspark Paffendorf
Burggasse
50126 Bergheim-Paffendorf
www.paffendorf-erft.de/schloss/

Größe: 7,5 Hektar
Infos: RWE Power AG
Öffnungszeiten: bis zum Einbruch der Dunkelheit
Führung auf Anfrage
Tel.: 0 22 71/75 12 00 43

Eintritt frei

Eine Zeitreise der besonderen Art ermöglicht das Wasserschloss Paffendorf an der Erft. Hier wird über jahrmillionenalte Bodenschätze informiert. In der Nähe des Tagebaus beherbergt die neugotische Schlossanlage seit 1967 das Informationszentrum der rheinischen Braunkohleindustrie. Die Dauerausstellung vermittelt Wissenswertes zur Braunkohlegewinnung (Sa/So und Feiertage 10–17 Uhr sowie n.V.).
Eingebettet ist das Wasserschloss in einen Landschaftsgarten, der von dem Gartenkünstler Maximilian Friedrich Weyhe (1775–1846) zu Beginn des 19. Jahrhunderts geschaffen wurde. Die vorhandene Barockanlage wurde damals dem Zeitgeist entsprechend umgestaltet. Großzügige Teiche und mächtige Bäume auf den weiten Rasenflächen prägen heute das Bild einer harmonischen Ideallandschaft. Der erhaltene Eiskeller hatte früher neben seiner gestalterischen Bedeutung auch eine praktische Funktion: Hier wurden Lebensmittel gekühlt.
Der in den 1960er Jahren angelegte Forstlehrgarten vermittelt einen Eindruck von der Pflanzenwelt zur Zeit der Braunkohleentstehung. Die Nachkommen der urzeitlichen Gewächse des Tertiärs – wie Mammutbäume *(Sequoiadendron)*, Ginkgos u.a. – sind hier zu sehen. Fundstücke, die der Kohleabbau zu Tage brachte, werden heute im Außengelände prä-

Schlosspark Paffendorf

sentiert: Gleich am Eingang zum Schlosspark sind zwei markante, rund 15 Millionen Jahre alte Mammutbaum-Stümpfe zu entdecken. Findlinge, die während der letzten Eiszeit in die niederrheinische Bucht gelangten, bilden Blickfänge.

In der Nähe: Alter Friedhof, Knüchelsdamm; Schlosspark Bedburg, Graf Salm-Straße 34, Denkmalbereich Alt-Kaster

BERGISCH-GLADBACH *Bürogarten Haus 56*

Vom Arbeitsplatz in einen Garten schauen – wer würde sich das nicht wünschen? Dieser Bürogarten im modernen TechnologiePark Bergisch Gladbach wurde von Kristin Lammerting nach japanischen Vorbildern entworfen. Ein „Trockenfluss" aus Steinen schlängelt sich hier durch die Rasenflächen, Findlinge ruhen wie Felsen im grünen Meer, Azaleen-Inseln bieten zur Blütezeit im April ein intensives Farbenspiel.

Der vergleichsweise kleine Garten bildet nicht nur ein repräsentatives Entree für Geschäftsleute, er wurde insbesondere für den Blick von oben – von den Büros aus – für die Beschäftigten komponiert. Besucherinnen und Besucher sind eingeladen, die Anlage von einer Fußgängerbrücke aus zu betrachten.

19 Karte: J 12

Bürogarten Haus 56 im TechnologiePark
Friedrich-Ebert-Straße 56
51429 Bergisch Gladbach-Moitzfeld
www.tbg.de

Größe: ca. 300 qm
Infos: TechnologiePark Bergisch Gladbach
Öffnungszeiten: n.V.
Tel.: 0 22 04/84 22 21

Eintritt frei

Rosengarten BERGISCH GLADBACH

„Eine Stätte der Erholung und ein Schmuckstück" sollte der Rosengarten im Zentrum von Bergisch Gladbach werden, als die Stadt 1936 mit dessen Anlage begann. Die selbst gesteckten Ziele wurden mit einer Gestaltung des Gartenarchitekten Carl Rohde auf beeindruckende Weise erreicht. Heute ist der Rosengarten ein wertvolles, denkmalgeschütztes Beispiel für die architektonische Gartenkunst der 1930er Jahre. Natursteinmauern gliedern die Anlage und schaffen einen strengen Rahmen für die Pflanzbeete und die Sitzbereiche. Ein Springbrunnen, der abends illuminiert wird, sowie eine Pergola sind attraktive Blickfänge. Prächtige alte Bäume – darunter kostbare Ahorne, Magnolien sowie selten zu sehende Exoten wie der Blauglockenbaum *(Paulownia)* und der Amberbaum *(Liquidambar)* – umgeben den Rosengarten und schirmen ihn von der hektischen Innenstadt ab. Vor allem zur sommerlichen Blütezeit, wenn der Rosengarten von leuchtenden Farben und einem betörenden Duft erfüllt ist, erfreut er sich eines großen Stammpublikums. Zahlreiche Ruhebänke laden ein, die Blütenpracht zu genießen.
Im Rahmen der Regionale 2010 ist der Rosengarten als Teil des Projektes „Kultur- und Landschaftsachse Strunder Bach" vorgesehen.

In der Nähe: Hausgarten, Kürtener Str. 10 (www.offene-gartenpforte.de); Klostergarten, Kräutergarten, Altenberger Dom, Altenberg

20 Karte: J 12

Rosengarten
Odenthaler Straße /
Am Broich
51465 Bergisch Gladbach
www.bergischgladbach.de

Größe: 4.000 qm
Infos: Stadt Bergisch Gladbach
Führung auf Anfrage
Tel.: 0 22 02/14 12 51

Eintritt frei

BERGISCH-GLADBACH *Schlosspark Lerbach*

Fürstlich genießen lässt es sich im Schloss Lerbach: Ein renommiertes Luxushotel bietet die Gelegenheit, sich hier einmal als Schlossherr bzw. Schlossherrin zu fühlen – wenn auch nur für begrenzte Zeit. Der Park ist hingegen für alle Menschen frei zugänglich. Den Landschaftsgarten nach englischen Vorbildern mit großzügigen Wiesen, Wasserflächen und vor allem seltenen Bäumen entwarf der Berliner Gartendirektor Albert Brodersen. Romantisch wirkt das ab 1898 im Auftrag des Papierfabrikanten Richard Zanders errichtete Herrenhaus mit seinen von Wein bedeckten Mauern. Zu dessen Füßen befindet sich ein formal gestalteter Garten mit Rosen, der einen weiten Blick in den tiefer liegenden Schlosspark ermöglicht. Ein dichter Gehölzsaum sorgt heute wie damals für ein mildes Kleinklima, das auch Exoten gedeihen lässt. Der angrenzende Wald bietet weitere Spaziermöglichkeiten.

Das 3-Sterne-Restaurant im Schloss Lerbach ist international bekannt. Starkoch Dieter Müller kreiert hier Ausgefallenes für den verwöhnten Gaumen und vermittelt sein Können in einer Kochschule. Wen wundert es da, dass auch im Kräutergarten kulinarische Delikatessen zu finden sind.

In der Nähe: Garten an der Papiermühle, Alte Dombach, Rheinisches Industriemuseum, Tel.: 0 22 02/9 36-68 23; Schlosspark Bensberg, Am Schlosspark 10, Tel.: 0 22 04/8 30-0

21 Karte: J 12

Schlosspark Lerbach
Lerbacher Weg
51465 Bergisch-Gladbach-Sand
www.schlosshotel-lerbach.com

Größe: 28 Hektar
Infos: Schlosshotel Lerbach
Führung auf Anfrage
Tel.: 0 22 02/2 04-0

Eintritt frei

Alter Friedhof BONN

(22) Karte: I 14

Alter Friedhof
Bornheimer Straße /
Am Alten Friedhof
53113 Bonn
www.bonn.de

Größe: 3 Hektar
Infos: Stadt Bonn
Öffnungszeiten: bis zum Einbruch der Dunkelheit
Führung auf Anfrage
Tel.: 02 28/64 14 07

Eintritt frei

Kurfürst Joseph Clemens (1688–1723) ließ im Jahre 1715 vor den Toren Bonns auf nur 3.500 Quadratmetern den ersten, nicht an Pfarreien gebundenen Friedhof „vor dem Sternenthore" anlegen. Zunächst wurden dort nur „gemeine Einwohner, Passanten und Soldaten" beigesetzt. Die höhergestellten Familien beerdigten ihre Angehörigen weiterhin auf den Kirchhöfen. Das sollte sich ab 1787 ändern, als der letzte in Bonn regierende Kurfürst, Max Franz von Habsburg, die Schließung der innerstädtischen Kirchhöfe anordnete. Im Laufe des 19. Jahrhunderts wurde das Terrain in sechs Abschnitten bis auf seine heutige Fläche vergrößert.

Seinen westlichen Abschluss erhielt der Alte Friedhof ab 1861 durch die sogenannte „Westanlage". Sie entstand nach einer Planung von Wilhelm Sinning (1792–1884), dem damaligen Leiter des Botanischen Gartens, der Ideen berücksichtigte, die Peter Joseph Lenné (1789–1866) in einem Briefwechsel beitrug. Mitte des 19. Jahrhunderts wurden auch zahlreiche Gehölze gepflanzt, darunter viele exotische Arten. Der wohl berühmteste Baum ist jedoch die „Arndt-Eiche", welche der Historiker Ernst Moritz Arndt aus seiner Heimat Rügen holte, um sie auf das Grab seines Sohnes Willibald zu pflanzen, der als Neunjähriger im Rhein ertrank.

Heute ist der Alte Friedhof, auf dem seit 1884 nur noch vereinzelt Beerdigungen stattfinden, eine Kulturstätte höchsten Ranges, die nicht zuletzt aufgrund der zahlreichen Gräber berühmter Persönlichkeiten ein überregionales Publikum anzieht. Das Andenken an das Musikerpaar Clara und Robert Schumann, an die Wissenschaftler Ernst Moritz Arndt und August Wilhelm Schlegel sowie an viele weitere Persönlichkeiten, die in Bonn wirkten, wird hier gepflegt.

Die Stadt Bonn und die Gesellschaft der Freunde und Förderer des Alten Friedhofs in Bonn e.V. engagieren sich entsprechend dem Parkpflegewerk für den Erhalt der Anlage und bieten Führungen an.

In der Nähe: Garten am Museum Macke-Haus, Bornheimer Straße 96, Tel.: 02 28/65 55 31; ehemaliger Klostergarten, St. Remigius-Kirche, Brüdergasse

BONN *Arboretum „Park Härle“*

Im milden Klima des Rheintals gedeihen auf einem großzügigen Gelände in Hanglage von Oberkassel mehr als 800 verschiedene Bäume und Sträucher, darunter viele frostempfindliche Exoten. Die seit 1921 zusammengetragene kostbare Sammlung lebender Gehölze (Arboretum) ist privatem Engagement zu

23 Karte: J 15

Arboretum „Park Härle"
Büchelstraße 40
53227 Bonn-Oberkassel
www.arboretum-haerle.de

Größe: 4,7 Hektar
Infos: Stiftung Arboretum „Park Härle"
Öffnungszeiten: Besuch nur im Rahmen von Führungen möglich, März–Okt an jedem 1. Sa des Monats um 10 Uhr und jedem 3. Mi um 17 Uhr sowie nach Absprache
Tel.: 02 28/24 99 27-0

Eintritt frei (Spende)

verdanken. Seit wenigen Jahren ist der ehemalige Sommersitz der Mülheimer Juristenfamilie Härle im Rahmen von Führungen öffentlich zugänglich.
Der heutige Park besteht aus drei Teilen zu beiden Seiten der Büchelstraße: dem alten Kernbereich am Landhaus, der vom Gartenarchitekten Carl Rohde in den 1920er Jahren gestaltet wurde, dem jüngeren Bereich auf dem Gelände einer ehemaligen Gärtnerei und dem weitläufigen Waldpark, in dem sich sogar ein Maarsee befindet.
Die jüngeren Teile tragen die künstlerische Handschrift der Malerin Maria Härle, welche zusammen mit ihrer Schwester Regina ab 1950 das Anwesen der Eltern betreute und die weitere Gestaltung nach malerischen Prinzipien vornahm: Laubfarben und Wuchsformen der Bäume und Sträucher wurden so aufeinander abgestimmt, dass harmonische Kompositionen entstanden.

Botanische Gärten der Universität BONN

24 Karte: I 15

Botanische Gärten der Universität
Meckenheimer Allee 171
53115 Bonn
www.botgart.uni-bonn.de

Größe: 13 Hektar
Infos: Universität Bonn
Öffnungszeiten:
Apr–Okt täglich außer Sa 9–18 Uhr (Gewächshäuser 10–12 Uhr und 14–16 Uhr), Nov–März Sa/So und Feiertage geschlossen, Mo–Fr 9–16 Uhr (Gewächshäuser 10–12 Uhr und 14–16 Uhr)
Führung auf Anfrage
Tel.: 02 28/73 22 59

Eintritt

Bereits im 17. Jahrhundert wurden auf dem Gelände der heutigen Botanischen Gärten in Orangerien exotische Gewächse kultiviert. Mit der Errichtung des Poppelsdorfer Schlosses „Clemensruhe" entstand dann zwischen 1715 und 1725 eine kurfürstliche Parkanlage im Barockstil, die den Kern der Botanischen Gärten bildet – zwei stattliche Buchen sind aus der Zeit von Kurfürst Clemens August erhalten geblieben.
Als die Universität im Jahre 1818 gegründet wurde, ließ der erste Direktor Nees von Esenbeck die heutigen Botanischen Gärten für Lehre und Forschung anlegen. An die berühmten Wissenschaftler, welche seither hier gewirkt haben, erinnern die Wegebezeichnungen.
Nach den erheblichen Zerstörungen des Zweiten Weltkriegs konnten im Zuge des Wiederaufbaus zwischen 1979 und 1985 neue Schaugewächshäuser errichtet werden. In ihnen sind heute auf etwa 2.500 Quadratmetern rund 4.500 verschiedene Arten zu sehen. Eine besondere Attraktion ist die Titanenwurz *(Amorphophallus titanum)*, welche zwar nur selten,

dann aber besonders spektakulär blüht. Ihre mehr als zwei Meter große Blüte riecht allerdings intensiv nach Aas.
Eintritt ist nur von April bis Oktober an Sonn- und Feiertagen zu zahlen, in der Woche können Interessierte ganzjährig kostenlos durch die Gärten spazieren. Der Freundeskreis Botanischer Garten Bonn e.V. bietet ein vielfältiges Veranstaltungsprogramm und Führungen an.

BONN *Burgfriedhof*

Die Godesburg, von der sich eine grandiose Aussicht über das Rheintal bietet, ist schon seit Jahrhunderten das Wahrzeichen von Bad Godesberg. Der Kölner Erzbischof sorgte im Jahre 1210 für ihre Grundsteinlegung auf einem Vulkankegel, der zu römischer Zeit eine Kultstätte war. Vorrangig als Befestigungsanlage an der Südgrenze des Erzbistums gedacht, wurde die Burganlage bald jedoch auch für längere Aufenthalte von den Erzbischöfen genutzt und war zeitweilig sogar die Hauptresidenz. Im ausgehenden 16. Jahrhundert wurde die Godesburg dann in weiten Teilen zerstört. Nur die Michaelskapelle ließ Kurfürst Joseph Clemens (1688–1723) rund 100 Jahre später wieder aufbauen.
Im Zuge der aufkeimenden Rheinromantik avancierte die Burgruine schon im 19. Jahrhundert zum Reiseziel. Ein stiller Ort ist hingegen der historische Burgfriedhof zu Füßen der Ruine. Künstlerisch gestaltete Grabmale des Großbürgertums aus der Zeit um 1900 haben ihn zu einer bedeutenden Kulturstätte werden lassen.
Die Burgruine wird seit 2003 saniert. Der Bergfried beherbergt ein kleines Info-Zentrum mit Schautafeln, die über die Geschichte der Burg informieren.
Die barocke Michaelskapelle ist von Mai bis Oktober täglich zwischen 9 und 18 Uhr zu besichtigen. Eine Turmbesteigung ist von April bis Oktober mittwochs bis sonntags zwischen 10 und 18 Uhr sowie nach Vereinbarung (Tel.: 02 28/31 60 71) möglich.

In der Nähe: Bauerngarten Waldau, Haus der Natur, Bonn-Ippendorf, Tel.: 02 28/28 18 84

(25) Karte: J 15

Burgfriedhof
Auf dem Godesberg /
Am Burgfriedhof
53177 Bonn-Bad Godesberg
www.bonn.de
www.godesburg-bonn.de

Infos: Stadt Bonn
Führung auf Anfrage
Tel.: 02 28/77 42 30

Eintritt frei

Burgpark Lede BONN

26 Karte: J 14

Burgpark Lede
An der Burg Lede 1
53225 Bonn-Vilich
www.burg-lede.de

Größe: ca. 7 Hektar
Infos: Familie von Loë
Öffnungszeiten:
Di/Do 15–18 Uhr, Sa 10–14 Uhr
sowie n.V.
Tel.: 02 28/46 81 71

Eintritt frei

Die Burg Lede, deren Geschichte sich bis ins 12. Jahrhundert zurückverfolgen lässt, dominiert den im „gemischten Stil" angelegten Park. Er vereint landschaftliche und formale Formen und wurde unter Beteiligung des Düsseldorfer Gartendirektors Walter Baron von Engelhardt (1864–1940) ab 1907 gestaltet. Der Name „Lede" leitet sich wahrscheinlich von „Lehm" ab und bezieht sich also auf die Bodenbeschaffenheit. Über weite Rasenflächen hinweg bieten sich hier schöne Ansichten der von Gräben umgebenen Burganlage, die in den vergangenen Jahren umfangreich restauriert werden konnte. Alte Bäume wie Blutbuchen, Scheinzypressen und Trompetenbäume sind weitere Blickfänge.

Schon ab März lockt die Obstbaumblüte Gäste in den Park. Zur Blütezeit der Rhododendren im April und Mai ist er besonders farbenprächtig. Der Rosengarten nahe der Burg entfaltet seine Blütenpracht in den Sommermonaten. Im Herbst setzt die bunte Laubfärbung der alten Bäume ein letztes Glanzlicht. In der Burg befinden sich eine Weinhandlung und ein „Ledchen", das ausgewählte Geschenk- und Deko-Artikel anbietet. Verschiedene Räume können für Veranstaltungen gemietet werden.

BONN *Freizeitpark Rheinaue*

Wasser ist das dominierende Element im Rheinauenpark. Zu beiden Seiten des Flusses gelegen und durch einen 15 Hektar großen, künstlichen See geprägt, ermöglicht dieser Freizeitpark vielfältige Aktivitäten am und im Wasser. Bei der Gestaltung des riesigen Areals anlässlich der Landesgartenschau 1979 orientierte sich die Planergemeinschaft an Auenlandschaften. Die große Zahl der inzwischen hier lebenden Wasservögel ist ein Beweis für den Erfolg des Konzeptes. Der mit 125 Hektar größere Teil des Naherholungsgebiets befindet sich linksrheinisch, in unmittelbarer Nähe des ehemaligen Regierungsviertels. Weite Rasenflächen und zeitgemäße Spiel- und Sportplätze machen den Rheinauenpark für Familien zum beliebten Ausflugsziel. Verschiedene Themengärten bieten eine Fülle von Informationen und Anregungen: Für den Blindengarten wurden Pflanzen ausgewählt, die insbesondere zum Ertasten und Riechen einladen. Im Rosengarten blühen im Sommer rund 6.000 Exemplare der „Königin der Blumen". Eine besondere Attraktion ist der Japanische Garten, der Elemente eines steinernen Zen-Gartens, eines Teegartens sowie eines Teichgartens vereint – ein Geschenk der japanischen Regierung anlässlich der Landesgartenschau. Zum 25-jährigen Bestehen des Rheinauenparks wurde ein Lehrpfad der Jahresbäume angelegt, der alljährlich ergänzt werden soll. Im Jubiläumsjahr 2004 kam die Weißtanne *(Abies alba)* hinzu, ausgewählt vom „Kuratorium Baum des Jahres".

In der Nähe: Rheinpromenade, links- und rechtsrheinisch; Bürgerpark Oberkassel, Königswinterer Straße

27 Karte: J 15

Freizeitpark Rheinaue
Martin-Luther-King-Straße
(linksrheinischer Teil)
53175 Bonn-Plittersdorf
Landgrabenweg
(rechtsrheinischer Teil)
53227 Bonn-Ramersdorf
www.bonn.de

Größe: 160 Hektar
Infos: Stadt Bonn
Führung auf Anfrage
Tel.: 02 28/77 42 30

Eintritt frei

Hausgarten Krings BONN

28 Karte: I 14

Hausgarten Krings
Kaiserstraße 71
53113 Bonn-Südstadt
www.johannes-krings.com/garten

Größe: 1.000 qm
Infos: Johannes Krings
Öffnungszeiten: n. V.
Tel.: 02 28/22 27 19

Eintritt frei

Als „grüne Provokation" und „Hausdschungel" wurde sein Garten schon von Journalisten tituliert – Johannes Krings versteht es als Kompliment und Ansporn. Seit er Anfang der 1990er Jahre in der Kaiserstraße, nur wenige Gehminuten vom Bonner Hauptbahnhof entfernt, mit der Gartenanlage begann, hat sich das kleine Grundstück des alten Patrizierhauses zu seiner persönlichen Stadtoase entwickelt.

Viele einheimische Pflanzen durften sich hier zufällig einfinden und ausbreiten. Ausgewählte Schönheiten wie Kamelien, Strauchpäonien, Hortensien sowie zahlreiche hoch in den Bäumen rankende Clematis ergänzte der Hausherr gezielt. Im Frühling zeigen rund 400.000 Blumenzwiebeln, was in ihnen steckt. Vor allem Narzissen und Tulpen verwandeln den Garten dann in ein Blütenmeer. Stauden aus aller Welt entfalten im Laufe der Jahreszeiten ihre Pracht. Die großen Blätter der Funkien *(Hosta)*, vom Mammutblatt *(Gunnera)* und vom Bärenklau *(Heracleum)* wecken dann das von Gästen häufig beschriebene „Dschungel-Feeling".

Im Haus befinden sich das „Wohnraum-Studio für Musik-Kultur", in dem Johannes Krings Musikanlagen und CDs anbietet, und seine Weinhandlung.

Kurpark / Stadtpark Godesberg BONN

29 Karte: J 15

Kurpark/Stadtpark Godesberg
Koblenzer Straße/Am Kurpark
53177 Bonn-Bad Godesberg
www.bonn.de
www.godesberg.de

Größe: 8 Hektar
Infos: Stadt Bonn
Führung auf Anfrage
Tel.: 02 28/77 42 30

Eintritt frei

Im Zentrum von Bad Godesberg liegt der alte Kurpark (Stadtpark Godesberg). Der ovale Kurparkteich an der Stadthalle ist mit seiner sprudelnden Fontäne ein Wahrzeichen des Ortes. Beeindruckend sind die Blicke auf das Kurfürstliche Ballhaus Redoute an der Kurfürstenallee und auf die hoch über dem Ort thronende Godesburg, welche sich bei einem Spaziergang durch den weitläufigen Park immer wieder eröffnen.

Nach englischen Vorbildern wurde der Kurpark im landschaftlichen Stil ab 1890 angelegt. Die Planung übernahm seinerzeit der Kölner Gartendirektor Adolph Kowallek. Einzelne exotische Gehölze und

Baumgruppen ließ er auf den Rasenflächen rund um einen großen Weiher so arrangieren, dass abwechslungsreiche Bilder entstanden. Die klimatischen Bedingungen in Rheinnähe und die Bodenverhältnisse waren günstig und so besitzen die mehr als hundertjährigen, von fast sämtlichen Kontinenten stammenden Bäume, heute mächtige Ausmaße. Wesentliche Parkelemente gehen auf die Gestaltung durch das Büro Raderschall, Bonn, in den 1950er Jahren zurück.

In der Nähe: Drachensteinpark, Mainzer Straße; Redoutenpark, Kurfürstenallee; Garten Villa Cahn, Bonn-Plittersdorf, Am Büchel 55 (n. V.)

BONN *Museumsgarten*

Hier liegt Gartengeschichte zum Greifen nah: Typische Hausgärten für jedes Jahrzehnt nach dem Zweiten Weltkrieg werden im Außengelände vom Haus der Geschichte in Bonn präsentiert.
Wie sahen die ersten Gärten der Nachkriegszeit aus? Der Anbau von Obst und Gemüse zur Selbstversorgung spielte damals eine wichtige Rolle und so darf ein Schrebergarten mit Laube im Museumsgarten nicht fehlen. Nierenförmige Wasserbecken galten im Garten der 1950er Jahre als besonders stilvoll – der entsprechende Schaugarten zeigt dieses typische Element aus hochwertigem Naturstein. Beton hielt in den 1960er Jahren Einzug in die Gärten – der Schaugarten mag mit seiner klaren Linienführung heute schon fast wieder zeitgemäß wirken. Das neue Naturverständnis nahm seit den 1970er Jahren Einfluss auf die Gartengestaltung – der Schaugarten greift die entsprechenden Pflanzentrends auf und zeigt viele Gräser und Bambus mit naturnaher Wirkung. Im typischen Garten der 1980/90er Jahre dominiert die Rasenfläche mit Randbepflanzung als grünes Refugium.

In der Nähe: Dachgarten der Kunst- und Ausstellungshalle, Friedrich-Ebert-Allee 4, Tel.: 02 28/91 71-0

30 Karte: J 15

Museumsgarten
Willy-Brandt-Allee 14
53113 Bonn
www.hdg.de

Größe: ca. 1.000 qm
Infos: Stiftung Haus der Geschichte der BRD
Öffnungszeiten:
Di–So 9–19 Uhr (Museum), in den Wintermonaten ist der Museumsgarten nur bis 17 Uhr zugänglich
Führung auf Anfrage
Tel.: 02 28/91 65-400

Eintritt frei

Palais Schaumburg BONN

31 Karte: J 15

Park von Palais Schaumburg
Adenauerallee 139/141
53113 Bonn
www.hdg.de

Größe: ca. 2 Hektar
Infos: Stiftung Haus der Geschichte der BRD
Öffnungszeiten: Zugang im Rahmen von Führungen (nur mit Personalausweis)
Tel.: 02 28/91 65-400

Eintritt

Bilder von Konrad Adenauer und hochrangigen Staatsgästen sind untrennbar mit dem Palais Schaumburg verbunden, denn die klassizistische Villa wurde nach Gründung der Bundesrepublik Deutschland zum Amtssitz des Bundeskanzlers. Ihre bedeutungsvolle Geschichte reicht jedoch bis in die Mitte des 19. Jahrhunderts zurück: Ab 1857 kaufte Aloys Knops das entsprechende Land am Bonner Rheinufer, um eine Villa errichten zu lassen. Zwischen 1860 und 1865 wurde dann der Park im landschaftlichen Stil gestaltet. Über großzügige Rasenflächen hinweg ließ sich von der Villa aus ein weiter Blick auf das Flusspanorama mit seinen Wiesen, Feldern und fernen Weinbergen genießen. Als die Rheinromantik ihren Höhepunkt erreichte, zog es Prinz Adolf zu Schaumburg-Lippe mit seiner Gemahlin, der Kaisertochter Viktoria von Preußen, im Jahre 1891 an den Rhein. Noch heute erinnert der Name von Palais Schaumburg an diese Eigentümer.

Mit der neuen Nutzung nach dem Zweiten Weltkrieg wurde die Parkanlage von Hermann Mattern (1902–1971) in Teilen umgestaltet. Das Gelände der benachbarten Villa Selva kam hinzu. Den alten Baumbestand ergänzte der Gartenarchitekt durch weitere exotische Gehölze und schuf so gestalterische Verbindungen zu dem sich anschließenden Regierungsviertel. Im direkten Umfeld des 1964 von Sep Ruf (1908–1982) entworfenen Kanzlerbungalows legte Mattern formale Staudenbeete an.

Im Palais Schaumburg ist aktuell eine Dauerausstellung des Hauses der Geschichte zu sehen, welche die mit dem Gebäude verbundene Geschichte der BRD beleuchtet.

In der Nähe: Arndt-Garten am Museum Ernst-Moritz-Arndt-Haus, Adenauerallee 79, Tel.: 02 28/77 36 87

BONN *Villa Hammerschmidt*

Als ehemaliger Hauptsitz des Bundespräsidenten ist die klassizistische Villa Hammerschmidt vielen Menschen durch die mediale Berichterstattungen bekannt. Der Name der Villa erinnert an einen früheren Besitzer – Rudolf Hammerschmidt –, der das Anwesen 1899 gekauft hatte. Der Park wurde in den 1870er Jahren nach einem Entwurf des Hamburger Gartendirektors Jürgens im landschaftlichen Stil angelegt. Auftraggeber war seinerzeit Leopold Koenig, ein vermögender Zuckerhändler mit großflächigen Ländereien in Russland und in der Ukraine, der seine Umsiedlung von St. Petersburg nach Bonn mit dem Kauf des Anwesens am Rheinufer im Jahre 1867 vorbereitet hatte. Die romantische Lage der repräsentativ ausgebauten Villa am Rheinufer wurde durch die Parkgestaltung noch unterstrichen: So entstand auch eine künstliche Grotte in Flussnähe als stilles Refugium – noch heute ist sie erhalten. In den 1980er Jahren wurde der Gartenarchitekt Horst Wagenfeld beauftragt, den Park unter Berücksichtigung der historischen Substanz zu überarbeiten. Ein Sohn des „Zuckerkönigs", Alexander Koenig, begründete das gegenüber der elterlichen Villa gelegene und nach ihm benannte Zoologische Museum Koenig.

32 Karte: J 14/15

Park von Villa Hammerschmidt
Adenauerallee 135
53113 Bonn
www.bonn.de

Größe: ca. 2 Hektar
Infos: Bonn Information
Öffnungszeiten: Tage der offenen Tür (nur mit Personalausweis) sowie n. V.
Tel.: 02 28/77 50 00 oder 02 28/1 94 33

Eintritt

Poppelsdorfer Allee BONN

Die Poppelsdorfer Allee ist ein städtebauliches Glanzstück aus der Zeit von Kurfürst Clemens August (1723–1761). Sein Vorgänger Joseph Clemens (1688–1723) hatte ursprünglich einen Kanal, der mit Booten befahren werden sollte, als Verbindung von der Residenz und dem Hofgarten zu dem etwa einen Kilometer entfernten Lustschloss „Clemensruhe", dem Poppelsdorfer Schloss, geplant. Aus Kostengründen wurde dieses Vorhaben jedoch nicht realisiert. Clemens August beschränkte sich stattdessen auf eine doppelreihige Kastanien-Allee, die zur Entstehungszeit als Promenade vorrangig dem kurfürstlichen Hof vorbehalten war.
Inzwischen haben die rund 250 Jahre alten Bäume stattliche Ausmaße erreicht. Sie verleihen der Bonner Prachtstraße, die heute von Gründerzeitvillen gesäumt wird, ein angenehmes Klima in der von Verkehr belasteten Innenstadt. Ein breites Rasenband in der Mitte der Poppelsdorfer Allee sorgt für reichlich Sonnenlicht und eine großzügige Raumwirkung.

In der Nähe: Hofgarten und Stadtgarten am Alten Zoll mit Geburtshaus von Peter Joseph Lenné; Baumschulwäldchen mit kurfürstlichem Gartenhaus, Beethovenplatz; Garten am Beethovenhaus, Bonngasse 16–18, Tel.: 02 28/9 81 75 25; Poppelsdorfer Friedhof, Kapellenstraße

33 Karte: I 14

Poppelsdorfer Allee
53115 Bonn
www.bonn.de

Infos: Stadt Bonn
Führung auf Anfrage
Tel.: 02 28/77 42 30

Eintritt frei

BORNHEIM *Kitzburg*

Eine von Hecken gesäumte Zufahrt führt als lange Achse zur Kitzburg, deren Geschichte bis ins 16. Jahrhundert zurückreicht. Ihre heutige Gestalt erhielt die Wasserburg nach italienischen Vorbildern im ausgehenden 17. Jahrhundert, als sie in den Besitz von Franz Egon von Straßburg gelangt war.

Der Garten wurde damals zunächst nach strengen geometrischen Regeln angelegt. Aus einer Vermessungskarte von 1879 ist ersichtlich, dass später – im Zuge des veränderten Zeitgeschmacks – eine Umgestaltung im landschaftlichen Stil erfolgte. Die zentrale Achse blieb erhalten, sorgt noch heute für eine klare Aufteilung und setzt sich im rückwärtigen Teil des Geländes fort. Drei Brunnen bilden dort schöne Akzente.

Wasser spielt auch an anderer Stelle eine wichtige Rolle. Der südlich gelegene Mühlbach speist den Vorflutteich und die Burggräfte. Im Taleinschnitt liegt die zugehörige Mühlenanlage mit Fischteichen.

34 Karte: H 14

Park der Kitzburg
Kitzburger Straße 155
53332 Bornheim-Walberberg

Größe: 1,5 Hektar
Infos: Dr. Magnus von Canstein
Öffnungszeiten: n. V.
Tel.: 0 22 27/47 64

Eintritt frei

In der Nähe: Schlosspark Alfter, Alanus-Hochschule, Bornheim-Alfter, Schlossweg, Tel.: 0 22 22/9 32 10 (n. V.)

Kitzburg, Vermessungsplan 1813 (Ausschnitt)

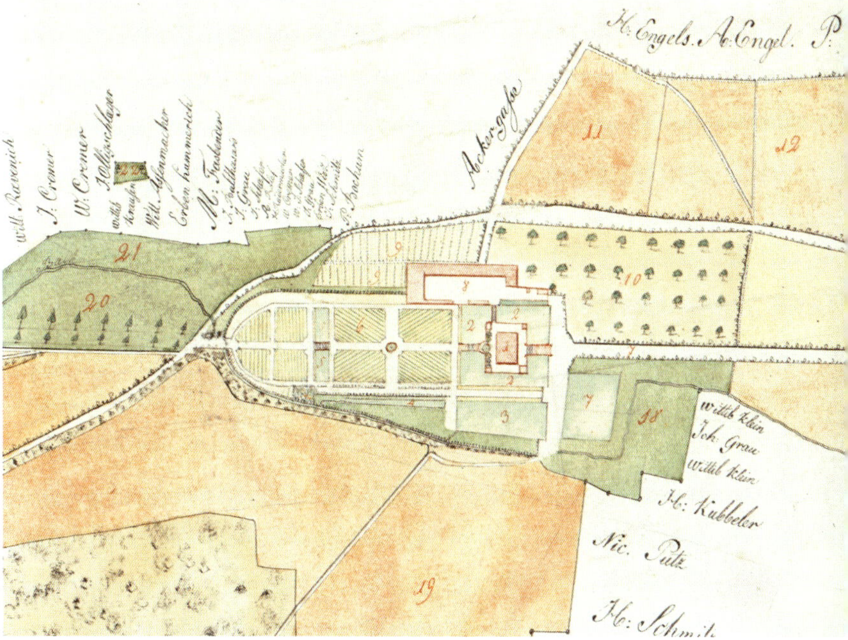

Burgpark Brüggen BRÜGGEN

35 Karte: C 9

Burgpark Brüggen
Burgwall 4
41379 Brüggen
www.brueggen.de

Größe: ca. 2,3 Hektar
Infos: Familie Stroetges / Gemeinde Brüggen
Führung auf Anfrage
Tel.: 0 21 63/52 70

Eintritt frei

Inmitten des Naturparks Schwalm-Nette, der zu ausgedehnten Wanderungen und Radtouren einlädt, liegt Brüggen. Wald- und Heideflächen, Seen, Wasserläufe und sogar Moore prägen die Grenzlandschaft zu den Niederlanden. Die Burg bildet das Wahrzeichen der kleinen Gemeinde. Erstmals urkundlich erwähnt wurde sie im Jahre 1289. Von der ehemals vier Türme umfassenden Landesburg der Herzöge von Jülich wurden allerdings im 19. Jahrhundert große Teile geschleift. Im Park soll der alte Grundriss der Burg zukünftig durch eine entsprechende Gestaltung wieder erkennbar werden.
Heute beherbergt die Burg neben einer neuen Naturpark-Informationsstelle und der Touristeninformation auch das kürzlich modernisierte Jagd- und Naturkundemuseum. Es bietet auch für Menschen mit Behinderungen ausführliche Informations- und Erlebnismöglichkeiten.

In der Nähe: Schlosspark Dilborn, Dilborner Straße 61, Tel.: 0 21 63/95 40-0 (n.V.); Hausgarten, Brüggen-Born, Born 23 (www.offene-gartenpforte.de)

Schlosspark Augustusburg / Falkenlust BRÜHL

Ein Gesamtkunstwerk von internationalem Rang bilden Schloss Augustusburg und Schloss Falkenlust mit ihren Parkanlagen. Seit 1984 zählt es zu den UNESCO-Welterbestätten und zieht Interessierte aus aller Welt nach Brühl bei Köln. Über viele Jahre diente das Ensemble als „Bundesgästehaus" der Regierung (siehe auch: Erftstadt – Schloss Gymnich).
Bauherr von Schloss Augustusburg war der Erzbischof und Kurfürst von Köln, Clemens August. Er beauftragte zunächst den westfälischen Baumeister Conrad Schlaun und den bayerischen Hofarchitekten Francois de Cuvilliés, im Jahr 1725 war Grundsteinlegung. Mit den Gartenanlagen betraute er 1727 Dominique Girard, einen Schüler von André Le

Schlosspark Augustusburg

Nôtre, dem berühmtesten französischen Gartenkünstler des Barockzeitalters und Schöpfer der Gärten von Versailles.

Entgegen bisheriger Gepflogenheiten legte Girard das zentrale Gartenelement, ein symmetrisch gestaltetes Parterre, nicht vor dem Hauptflügel des Schlosses an. Die Mittelachse dieses leicht abgesenkten Gartens sollte hingegen auf den südlichen Seitenflügel zuführen. Seine filigrane Gestaltung erinnerte die Zeitgenossen an Stickereien (frz.: broderie): Ornamente aus niedrigen Buchsbaumhecken, Flächen aus Rasen oder unterschiedlichen anorganischen Bodenbelägen boten zusammen mit den rahmenden Blumenbeeten ein reiches Farbenspiel. Die Wasserfontänen in fünf großen Brunnenbecken belebten schon damals das Bild. Für den seitlichen Abschluss wählte Girard kastenförmig geschnittene Lindenalleen. Die ruhige Wasserfläche des sich anschließenden Spiegelweihers reflektiert noch heute

36 Karte: H 13

Schlosspark Augustusburg / Falkenlust
Schlossstraße 6
50321 Brühl
www.schlossbruehl.de

Größe: ca. 74 Hektar
Infos: Land NRW
Öffnungszeiten: bis zum Einbruch der Dunkelheit
Führung auf Anfrage
Tel.: 0 22 32/9 44 31-0

Eintritt frei

Schlosspark Augustusburg

über den „ebenerdigen“ Garten (frz.: par terre) hinweg eindrucksvoll die Schlossfassade.
Die östlich und westlich des Parterres gelegenen Areale wurden als Boskette gestaltet. Diese sogenannten „Lustwäldchen“ erhielten jeweils einen „Rundsaal“ mit einem achteckigen Wasserbecken. Die Mittelachse des Gartens wurde fortgeführt in den „Grand parc“, einen waldartigen Parkbereich, der über diagonale Schneisen erschlossen und mit dem Jagdschloss Falkenlust verbunden wurde.
Ab 1842 ließ der preußische König Friedrich Wilhelm IV. die bewaldeten Parkbereiche durch Peter Joseph Lenné (1789–1866) im landschaftlichen Stil umgestalten – das Parterre und die Boskette blieben bestehen, wurden im Detail aber dem Zeitgeschmack angepasst. Dank der gleichzeitig auf Veranlassung des Königs erbauten Eisenbahnstrecke von Köln nach Bonn sollte der Park für die Kölner das werden, was der Tiergarten für die Berliner war.
Heute werden die Außenanlagen entsprechend dem Parkpflegewerk von 1991 kontinuierlich saniert und unterhalten.

In der Nähe: Garten am Max Ernst Museum, Comesstraße 42, Tel.: 0 22 32/5 79 31 10; Friedhof Mühlengasse; Kierberger Bahnhofspark, Brühl-Kierberg; Parkanlage Akademie Schloss Eichholz, Wesseling, Tel.: 0 22 36/7 07-42 33 (n.V.)

DINSLAKEN *Staudengärtnerei Becker*

Mehr als 1.200 verschiedene Stauden werden von dem niederrheinischen Familienbetrieb vermehrt, kultiviert und verkauft. Neben den Prachtstauden wie Schwertlilien *(Iris)*, Taglilien *(Hemerocallis)* oder Herbstastern u.a. widmet sich die Gärtnerei besonders den Kräutern, Gräsern, Farnen, Bodendeckern und Wasserpflanzen.
Gerne informieren Kordula und Martin Becker über ihr Spezialgebiet, sie nehmen an Ausstellungen teil, bieten Veranstaltungen an und laden auch „besondere" Gäste in ihre Gärtnerei ein: Kindergärten und Grundschulen erhalten an den „Tagen der Kindergärtnerei" alljährlich im September Einblick in die Welt der Pflanzen.

In der Nähe: Stadtpark mit Freilichtbühne, Althoffstraße; Pfarrgarten R. Schneider, Duisburger Straße 66, Tel.: 0 20 64/7 23 98 (n. V.)

37 Karte: G 5

Staudengärtnerei Becker
Püttmannstraße
46539 Dinslaken
www.stauden-becker.de

Größe: 2,5 Hektar
Infos: Kordula und Martin Becker
Öffnungszeiten:
März–Sept Mo–Fr 8.30–18 Uhr
Sa 9–13 Uhr sowie n.V.
Führung auf Anfrage
Tel.: 0 20 64/9 39 49

Eintritt frei

DÜREN *Schillingspark*

Für ihr bemerkenswertes Bemühen um diesen Landschaftsgarten erhielt Familie Weyer im Jahr 2000 den Rheinischen Denkmalpreis. Dank ihres Engagements ist der Schillingspark aus seinem Dornröschenschlaf erwacht.
Wasser ist sein dominierendes Element: Die großzügigen Wasserflächen von fünf Weihern bieten wechselvolle Ansichten. Mächtige Baumgestalten spiegeln sich ebenso darin wie vorbeiziehende Wolken. Ein „Fischerhaus" und andere bauliche Elemente bilden Blickfänge.
Gegen Ende des 19. Jahrhunderts wurde dieser außergewöhnliche Landschaftsgarten vom damaligen Eigentümer des Gutes Weyerhof gestaltet. Thimoteus Schilling, nach dem der Park benannt ist, konnte die schon seit Jahrhunderten vorhandenen Weiher einbeziehen, die ursprünglich ebenso wie das Gut zum Kloster Schwarzenbroich gehörten. Die Mönche hatten die Weiher im ausgehenden 15. Jahrhundert, als sie das Landgut übernahmen, teils vorgefunden, teils selbst angelegt und für die Fischzucht genutzt, um so ihre fleischarme Nahrung zu ergänzen.

38 Karte: E 14

Schillingspark
Schillingsstraße 335
(Zugang über Parkplatz)
52355 Düren-Gürzenich

Größe: ca. 15 Hektar
Infos: Familie Weyer
Öffnungszeiten:
Tag des offenen Denkmals (2. So im Sept), zu Sonderveranstaltungen wie Ausstellungen und Konzerten (Termine werden in der Presse bekannt gegeben) sowie n. V.
Tel.: 0 24 21/6 45 48

Eintritt

Die besonderen Reize dieser Wasserlandschaft wusste Thimoteus Schilling herauszustellen: Über Holzbrücken waren Inseln im Großen Weiher ohne Boot bequem zu erreichen. Pavillons und Gartenbänke luden dort zum Verweilen ein. Entlang eines Baches ließ er Felsformationen zu einem Friedenstal auftürmen, um eine wildromantische Wirkung zu erzielen. Eine Grotte wurde als dunkler Ort von eher melancholischer Stimmung geschaffen.
Im Zweiten Weltkrieg wurden die Gebäude und Bäume stark in Mitleidenschaft gezogen. Dank der Restaurierung seit 1996, zu der auch die Entschlammung der Weiher gehörte, und der engagierten weiteren Pflege durch die Eigentümer ist der Erhalt dieses Landschaftsgartens für viele Jahre gesichert.

DÜREN *Willy-Brandt-Park*

Neben dem Stadtpark mit seinen alten Bäumen laden auch der integrierte ehemalige Botanische Garten (Stadtschulgarten) und die Stadtgärtnerei zum Besuch ein. Die historischen Gewächshäuser und Schaubeete stehen heute als wichtige Teile der Gesamtanlage unter Denkmalschutz.
Ein Blick in die Geschichte dieses Parks zeigt, dass im ausgehenden 19. Jahrhundert in der wachsenden Industriestadt Düren der Wert von Grünflächen erkannt wurde. Der Volkspark wurde im Auftrag der Stadt ab 1895 angelegt, um allen Menschen Möglichkeiten der Freizeitgestaltung und Erholung im Freien zu bieten. Die Rur bezog der Kölner Gartendirektor Adolph Kowallek gezielt in seine Planung mit ein. Der Park wurde im sogenannten „gemischten Stil" angelegt und vereint landschaftliche Formen und geschwungene Wegeführung mit geometrisch gestalteten Elementen.
Das Stadtpark-Restaurant mit Konzertbühne, der mit geschnittenen Platanen überdachte Boule-Platz, der Kinderspielplatz sowie die Tennisanlage haben nichts von ihrer Attraktivität verloren.

In der Nähe: Ev. Friedhof, Kölnstraße 97–99; Schlosspark Burgau, Düren-Niederau, Von-Aue-Straße

39 Karte: E 14

Willy-Brandt-Park (Stadtpark)
Valencienner / Tivolistraße
52349 Düren
www.dueren.de
www.stadtpark-dueren.de

Größe: ca. 5 Hektar
Infos: Stadt Düren
Führung auf Anfrage
Tel.: 0 24 21/25 13 48

Eintritt frei

Alter Golzheimer Friedhof DÜSSELDORF

(40) Karte: G 9

Alter Golzheimer Friedhof
Fischerstraße
40476 Düsseldorf-Golzheim
www.duesseldorf.de/
stadtgruen/parks/

Größe: 3,7 Hektar
Infos: Landeshauptstadt
Düsseldorf
Öffnungszeiten: bis zum
Einbruch der Dunkelheit
Führung auf Anfrage
Tel.: 02 11/8 99 48 00

Eintritt frei

Eine der bedeutendsten Friedhofsanlagen von Nordrhein-Westfalen befindet sich in Golzheim. Sie mag weniger bekannt sein als der berühmte Kölner Melaten-Friedhof oder der ebenso bedeutende Alte Friedhof in Bonn und kann gerade deshalb Anlass für einen Besuch sein.

Schon 1804 erteilte Kurfürst Maximilian Joseph den Auftrag zur Anlage dieses Friedhofs in Golzheim, einer damals etwa zwei Kilometer von der Stadtgrenze entfernten Gemeinde. Im 19. Jahrhundert sollte er zur wichtigsten, mehrmals erweiterten Begräbnisstätte werden, bis er 1897 endgültig geschlossen wurde. Damit ist der Alte Golzheimer Friedhof heute die älteste erhaltene Friedhofsanlage von Düsseldorf.

Die Gestaltung geht auf den angesehenen Gartenkünstler Maximilian Friedrich Weyhe zurück, der dem Alten Friedhof im Jahre 1816 im Zuge einer Erweiterung seine noch heute erhaltenen Formen gab. Lange Wegeachsen erschließen das Gelände, welches infolge städtebaulicher Entwicklungen im Laufe des 20. Jahrhunderts allerdings stark verkleinert und durch einen Straßenzug (Klever Straße) in einen nördlichen und einen südlichen Teil getrennt wurde. Etwa 350 Grabmale erinnern heute an die Zehntausenden, die hier einst ihre letzte Ruhstätte fanden, darunter der Gartenkünstler Weyhe (1775–1846) selbst und weitere Düsseldorfer Persönlichkeiten wie der Dichter Karl Immermann (1796–1840) und der Maler und Direktor der Düsseldorfer Kunstakademie Wilhelm von Schadow (1788–1862).

Doch auch der Erhalt dieser auf dem Alten Golzheimer Friedhof verbliebenen historischen Grabmale ist infolge der erhöhten Umweltbelastung gefährdet. Eine Erfolg versprechende Initiative ist in dieser Situation die Übernahme von Patenschaften, um diese wichtigen Kulturzeugnisse vor dem Verfall zu retten (Infos: Tel. 02 11/8 99-48 45).

In der Nähe: Rheinterrassen und Rheinpark Golzheim; Kleingärten Neue Lohe (www.offene-gartenpforte.de)

DÜSSELDORF *Botanischer Garten*

Wie die Heinrich-Heine-Universität selbst ist auch ihr Botanischer Garten eine junge Einrichtung: 1974 wurde die vorrangig der Forschung und Lehre dienende Anlage gegründet. Ihr Wahrzeichen ist ein 18 Meter hohes Kuppelgewächshaus, das als Kalthaus (Minimum 1° C) auf über 1.000 Quadratmetern Pflanzen aus dem Mittelmeerraum sowie aus Gebieten mit ähnlichen klimatischen Verhältnissen beinahe sämtlicher Erdteile beherbergt.

Mehr als die Hälfte des Freigeländes wird von einer Wildblumenwiese eingenommen. Sie ist von einzelnen Gartenpartien umgeben, die Pflanzen unterschiedlicher Regionen vorstellen: Mitteleuropa, Japan, China, Nordamerika etc. Der Apothekengarten mit Heilpflanzen, das Alpinum und die systematische Abteilung, welche den Interessierten die Verwandtschaftsverhältnisse der Blütenpflanzen vermittelt, sind weitere Kernstücke des Botanischen Gartens. Das „Grüne Klassenzimmer" bietet anschauliche Hilfen für den Biologieunterricht, insbesondere zu Nutzpflanzen und zur Bestäubungsbiologie. Kübelpflanzen, die frostfrei in einem 2004 eingeweihten Orangerie-Gewächshaus überwintern, und Sommerblumenbeete sorgen alljährlich aufs Neue für eine Blütenpracht. Das vielfältige Veranstaltungsprogramm richtet sich sowohl an Studierende, Lehrerinnen und Lehrer als auch an alle anderen botanisch Interessierten.

41 Karte: G 9

Botanischer Garten der Universität
Universitätsstraße 1
40225 Düsseldorf-Wersten
www.botanischergarten.uni-duesseldorf.de

Größe: 7 Hektar
Infos: Heinrich-Heine-Universität Düsseldorf
Öffnungszeiten: März/Okt Mo–Fr 8–18 Uhr, Sa 13–18 Uhr So und Feiertage 10–18 Uhr
Apr–Sept Mo–Fr 8–19 Uhr Sa 13–19 Uhr, So und Feiertage 10–19 Uhr
Nov–Feb Mo–Do 8–16 Uhr Fr 8–14.30 Uhr, Sa, So und Feiertage geschlossen
Führung auf Anfrage
Tel.: 02 11/8 11 32 37

Eintritt frei

Hofgarten DÜSSELDORF

42 Karte: G 9

Hofgarten
Maximilian-Weyhe-Allee /
Jägerhofstraße /
Heinrich-Heine-Allee
40479 Düsseldorf-Pempelfort
www.duesseldorf.de/
stadtgruen/parks/

Größe: 27,7 Hektar
Infos: Landeshauptstadt
Düsseldorf
Führung auf Anfrage
Tel.: 02 11/89 94-800

Eintritt frei

Im geschäftigen Zentrum der Landeshauptstadt gelegen, ist der Hofgarten heute deren viel besuchte grüne Lunge. Geschaffen wurde die beliebte Parkanlage zur Freude der Bevölkerung und zur Verschönerung der Residenzstadt ab 1769 im Auftrag des Kurfürsten Carl Theodor von der Pfalz. Der Hofgarten gilt damit als einer der ersten gezielt für die Öffentlichkeit angelegten „Volksparks" (Promenaden) in Deutschland. Zwanzig Jahre später sollte dieses neue Parkverständnis dann beim Englischen Garten in München, der ebenfalls auf Kurfürst Carl Theodor zurückgeht, in noch größerem Maßstab zum Tragen kommen.
Gestaltet wurde der Hofgarten von dem aus Lothringen stammenden kurfürstlichen Oberbaudirektor Nicolas de Pigage (1723–1796), der auch den wenige Kilometer von der Düsseldorfer Innenstadt entfernt gelegenen Schlosspark Benrath entwarf. Sein ältester erhaltener Teil liegt vor Schloss Jägerhof, in dem sich heute das Goethe-Museum befindet, und zeugt mit seinen schnurgeraden Alleen von französischen Vorbildern des Barockzeitalters. Nachdem weite Bereiche während der französischen Revolutionskriege zerstört worden waren, konnte der Hofgarten nach Abzug der napoleonischen Truppen ab 1804 von Maximilian Friedrich Weyhe (1775–1846) im Stil englischer Landschaftsgärten umgestaltet und erweitert werden. Das Weyhe-Denkmal, welches 1850, vier Jahre nach seinem Tod, im Hofgarten eingeweiht

wurde, erinnert an den bedeutenden Gartenkünstler des Rheinlandes.
Im Zuge der Dezentralen Landesgartenschau, die im Rahmen der Euroga 2002*plus* in Nordrhein-Westfalen durchgeführt wurde, konnte der Hofgarten auf der Grundlage eines Parkpflegewerks umfassend restauriert werden. Das ebenfalls aus diesem Anlass durchgeführte temporäre Skulpturenprojekt „hellgruen" hat Spuren hinterlassen, denn einige Werke konnten im Hofgarten verbleiben und setzen nun dauerhaft Akzente, wie etwa die Lichtinstallation „UV-A UV-B" von Stefan Sous: 14 Parkbänke mit integrierten Leuchtstoffröhren erhellen seither in den Abendstunden die Allee vor Schloss Jägerhof.

In der Nähe: Promenade Königsallee (Platanenallee mit Stadtgraben)

DÜSSELDORF Jacobi-Garten / Malkasten-Garten

Der Malkasten, einer der ältesten Kunstvereine Deutschlands, besitzt mit dem Jacobi-Garten ein kaum bekanntes Meisterwerk der Gartenkunst. Schon um 1790 ist dieser Landschaftsgarten von Friedrich Heinrich Jacobi, dem Besitzer des damals noch vor den Toren der Stadt gelegenen Landgutes, entworfen worden. Der Kaufmann, Philosoph und Schriftsteller, welcher ab 1773 den „Teutschen Merkur" herausgab und dadurch weithin bekannt war, legte bei der Anlage selbst Hand an, wie er in einem Brief im März 1790 betonte:
„Ich bin in einen solchen Sturm und Drang von Bauen und Pflanzen geraten, dass ich Lesen und Schreiben darüber vergesse und kaum meine eigene Hand noch kenne."
Inspiriert wurde Jacobi durch eine Englandreise, die ihn auch nach Painshill geführt hatte, zum Landsitz von Charles Hamilton, südwestlich von London. Der große Stellenwert, den die Gartenkunst im 18. Jahrhundert besaß, ist auch an den beträchtlichen Summen erkennbar, die Landgutbesitzer damals für eine „Modernisierung" im aktuellen Landschaftsgarten-

43 Karte: G 9

Jacobi-Garten /
Malkasten-Garten
Jacobistraße 6a
40211 Düsseldorf-Pempelfort
www.malkasten.org

Infos: Künstlerverein Malkasten
Öffnungszeiten: bei Veranstaltungen zugänglich sowie n. V.
Tel.: 02 11/35 64 71

Eintritt frei

stil ausgaben – Jacobi machte da keine Ausnahme. Sein Anwesen diente repräsentativen Zwecken. Er führte ein gastfreundliches Haus, das sich zum beliebten Ziel für Gelehrte und Künstler entwickelte und so ein geistiges Zentrum in unmittelbarer Nähe der Residenzstadt Düsseldorf bildete. Zu den berühmtesten Gästen zählt Johann Wolfgang von Goethe.
Der Kauf des Anwesens durch den Künstlerverein Malkasten im Jahre 1861 rettete den Landschaftsgarten davor, parzelliert und bebaut zu werden. Die Tradition des Künstlertreffpunktes wird durch die heutige Nutzung lebendig gehalten, und der Verein engagiert sich dafür, das Gartendenkmal mit Hilfe eines Parkpflegewerks instand zu setzen und zu pflegen.

Japanischer Garten DÜSSELDORF

44 Karte: G 9

Japanischer Garten am EKÔ-Haus
Brüggener Weg 6
40547 Düsseldorf-Niederkassel
www.eko-haus.de

Infos: EKÔ-Haus der Japanischen Kultur e.V.
Öffnungszeiten:
Di–So 13–17 Uhr, außer an Feiertagen und in den Oster-, Herbst- und Weihnachtsschulferien von NRW
Führung auf Anfrage
Tel.: 02 11/57 79 18-0

Eintritt

Japanische Kultur gehört ganz selbstverständlich zur Landeshauptstadt, lebt hier doch eine der größten japanischen Gemeinden Europas. Seit 1993 gibt es im linksrheinischen Stadtteil Niederkassel das EKÔ-Haus der japanischen Kultur, zu dem auch ein buddhistischer Tempel, eine öffentliche Bibliothek und ein internationaler Kindergarten gehören. Die Gebäude sind umgeben von authentischen japanischen Gärten.
Der zentrale Tempelgarten wurde als „Prozessionsweg“ gestaltet. Vom Eingangstor gelangen die Gäste zunächst zu einem Reinigungsbecken, das vom rituellen Charakter des Gartens zeugt. Im Stil einer „Trockenlandschaft“ wurden ein Bachlauf, ein Wasserfall und ein Teich mit Hilfe von Steinen künstlerisch dargestellt. Nur zu besonderen Anlässen wird Wasser in diesen Garten geleitet. Kostbare Gehölze aus Japan betonen den Wechsel der Jahreszeiten: Die Blütenpracht der Zierkirschbäume ist im April besonders beeindruckend. Das farbenprächtige Herbstlaub der Ahorne fasziniert im November.
Das Kulturzentrum bietet ein vielfältiges Programm an: Vorträge, Filmvorführungen, Konzerte, zahlreiche Kurse (Japanisch, Ikebana, Kalligraphie, Koto-Musik, Tanz, Kochen etc.), Teezeremonien sowie

Japanischer Garten am EKÔ-Haus

weitere religiöse Veranstaltungen der europäischen Shin-Buddhisten. Zu den Höhepunkten im Laufe des Jahres gehören die Gartenfeste mit Musik- oder Theaterdarbietungen.

DÜSSELDORF *Karlstadt-Parkanlagen*

In einem der ältesten Stadtteile Düsseldorfs, der Karlstadt, wo einst Clara und Robert Schumann lebten und so viele großbürgerliche, sorgfältig restaurierte Altbauten die Stadtgeschichte lebendig halten, sind die Parks für die Bevölkerung kostbare grüne Refugien. Ihr historischer Ursprung reicht bis in jene Tage zurück, als die Stadt am Rhein zur Festung ausgebaut wurde. Die Überreste der Wall- und Grabenanlagen wurden nach dem Abzug der napoleonischen Truppen zu Beginn des 19. Jahrhunderts von dem Gartenkünstler Maximilian Friedrich Weyhe (1775–1846) für die Anlage von Landschaftsgärten nach englischem Vorbild genutzt. Und so ziehen sich heute die Karlstadt-Parkanlagen als grünes Band vom Stadtmuseum mit dem Rosengarten am Palais Spee entlang des Spee'schen Grabens weiter nach Süden und folgen den ehemaligen Festungsgrenzen.

45 Karte: G 9

Karlstadt-Parkanlagen
Elisabeth- / Poststraße
40213 Düsseldorf-Karlstadt
www.duesseldorf.de/stadtgruen/parks/

Größe: 6,5 Hektar (Ständehaus-Park), 4,2 Hektar (Spee'scher Graben)
Infos: Landeshauptstadt Düsseldorf
Führung auf Anfrage
Tel.: 02 11/89 94-800

Eintritt frei

Ständehaus-Park

Einen glanzvollen Höhepunkt bildet der Ständehaus-Park rund um den Kaiserteich und den Schwanenspiegel – der poetische Name dieses Weihers verrät schon, dass er durch Reflexionen beeindruckt. Mächtige Bäume – Kastanien, Ahorne, Linden u.a. – spiegeln sich in den Wasserflächen und spenden im Sommer willkommenen Schatten. Seit wenigen Jahren werden im Ständehaus-Park auch zeitgenössische Kunstwerke präsentiert, die nicht selten Interesse wecken, das Gebäude zu erkunden: Wo sich einst der Landtag befand, ist seit 2002 eine „K21" genannte Dependance der Kunstsammlung Nordrhein-Westfalen zu Hause, die Kunst des 21. Jahrhunderts zeigt.
Der Ständehaus-Park konnte im Rahmen der Euroga 2002*plus* auf der Grundlage eines gartendenkmalpflegerischen Wiederherstellungskonzeptes nach den Plänen von Weyhe aus dem Jahr 1819 restauriert werden.

DÜSSELDORF *Nordfriedhof*

(46) Karte: G 9

Nordfriedhof
Am Nordfriedhof / Danziger / Ulmenstraße
40468 Düsseldorf-Derendorf
www.duesseldorf.de/stadtgruen/parks/

Größe: 69 Hektar
Infos: Landeshauptstadt Düsseldorf
Öffnungszeiten: bis zum Einbruch der Dunkelheit
Führung auf Anfrage
Tel.: 02 11/89 94-800

Eintritt frei

Grabmale zählen zweifellos zu den bedeutenden Kulturzeugnissen der Menschheit. Viele Kunstmuseen würden sich glücklich schätzen, hätten sie einen so großen Bestand an bildhauerischen Meisterwerken wie der Düsseldorfer Nordfriedhof. So berühmte deutsche Künstler wie Ernst Barlach, Käthe Kollwitz und Ewald Mataré entwarfen einige der Grabmale dieses Friedhofs. In jüngerer Zeit hat Heinz Mack ein Werk für ihn geschaffen.

Ursprünglich trug die von Eduard Hoppe gestaltete Anlage den Namen „Friedhof hinter dem Tannenwäldchen". Sie war 1883 entstanden, als bereits absehbar war, dass auf dem Alten Golzheimer Friedhof aus Platzmangel bald keine Beerdigungen mehr stattfinden konnten. Als später der Südfriedhof angelegt wurde, änderte die Stadt den Namen des Pendants im Düsseldorfer Norden.

Besonders imposant sind die Grabstätten auf dem sogenannten „Millionenhügel", einer natürlich entstandenen Sanddüne nördlich der Kapelle. Seit 1987 steht der älteste Teil des Nordfriedhofs unter Denkmalschutz. Durch die Übernahme von Patenschaften können engagierte Bürgerinnen und Bürger zum Erhalt der wertvollen Grabmale beitragen. Unter Umständen erwerben sie damit zugleich das Nutzungsrecht an der betreffenden Grabstätte (Infos: Tel. 02 11/8 99-48 67).

DÜSSELDORF *Nordpark*

Wasserspiele in allen Variationen verleihen dem Nordpark seinen einmaligen Charakter: Besonders beeindruckend ist ein 170 Meter langes Wasserbecken, über dem mit Hilfe unzähliger Düsen glitzernde Bögen aus Wasser entstehen. Insgesamt sind 4.000 Quadratmeter der Anlage von Wasser bedeckt, was sie besonders während sommerlicher Hitzeperioden zu einem beliebten Ausflugsziel macht. Zahlreiche Spielplätze bieten Familien Möglichkeiten zum längeren Aufenthalt. Und auch der reiche Blütenschmuck lockt viele Besucherinnen und Besu-

(47) Karte: G 9

Nordpark
Kaiserswerther Straße 390
40474 Düsseldorf-Stockum
www.duesseldorf.de/
stadtgruen/parks/

Größe: 21 Hektar
Infos: Landeshauptstadt
Düsseldorf
Führung auf Anfrage
Tel.: 02 11/89 94-800

Eintritt frei

cher in den Düsseldorfer Norden: Mit dem Wechsel der Jahreszeiten werden die Beete aufwändig neu bepflanzt – so eindrucksvoll wie in kaum einem anderen öffentlichen Park der Landeshauptstadt.
Geschaffen wurde der Nordpark in den 1930er Jahren nach Plänen des Düsseldorfer Gartendirektors Willi Tapp (1887–1958) für die „Große Reichsausstellung Schaffendes Volk" – eine nationalsozialistische Propagandaschau. Breite Wegeachsen und monumentaler Figurenschmuck sind auffällige Zeugnisse dieser Zeit. So empfangen am Haupteingang zwei „Rossebändiger" die Eintretenden, vom Bildhauer Edwin Scharff entworfen, der als Professor der Düsseldorfer Kunstakademie für das Skulpturenprogramm des Ausstellungsgeländes verantwortlich war. Eine streng symmetrisch gestaltete Hauptachse und kleinere Nebenachsen erschließen das große Gelände. In weiten Teilen präsentiert sich die Anlage heute nach sorgfältiger Restaurierung wieder so, wie sie im Mai 1937 zu ihrer Eröffnung aussah. Umgestaltungen der Nachkriegszeit – z.B. die Beete unter der Pergola in der Hauptachse – sind bewusst erhaltene Elemente der 1950er Jahre.
Seit 1975 befindet sich zudem ein Japanischer Garten dank einer Schenkung der Japanischen Gemeinde im Nordpark. Das in Deutschland seltene Beispiel fernöstlicher Gartenkunst präsentiert auf 5.000 Quadratmetern eine Teich- und Hügellandschaft mit typischer Bepflanzung, darunter in bizarre Formen geschnittene Kiefern, Zierkirschen sowie zahlreiche

Rhododendren und Azaleen, deren Farbenspiel im Frühling beeindruckt.
Anziehungspunkte auf dem Gelände des Nordparks sind vor allem an Schlechtwettertagen der Aquazoo und das Löbbecke-Museum mit seiner Naturkundesammlung, welche nur wenige Meter vom Haupteingang entfernt an der Kaiserswerther Straße liegen.

In der Nähe: Lantz'scher Park, Düsseldorf-Lohausen, Lohauser Dorfstraße

DÜSSELDORF *Oekotop Heerdt*

48 Karte: G 9

Ökotop Heerdt
Am Ökotop 70
40549 Düsseldorf-Heerdt
www.oekotop.de

Größe: 12 Hektar
Infos: Ökotop Heerdt e.V.
Führung auf Anfrage
Tel.: 02 11/50 13 12

Eintritt frei

Eine ganz besondere Siedlung mit einer einzigartigen Grünanlage lädt zum Besuch ein. Seit 1986 haben vor allem Ehrenamtliche das Projekt „Ökotop Heerdt" als außergewöhnliches Beispiel für ökologisch orientierte Wohnformen vorangetrieben. Mit einem großen Kinderspielbereich fing alles an. Daraus entwickelte sich ein Bürgerpark: Blumen- und Kräuterbeete wurden angelegt, Obstgehölze gepflanzt, erste Spazierwege und Sitzmöglichkeiten geschaffen. Außerdem entstand eine Kompostanlage für die Küchen- und Gartenabfälle der Siedlung.
Heute liegen rund 60 Biogärten und 40 Grabelandflächen, auf denen ökologischer Landbau betrieben wird, in das Gelände eingebettet. Daneben sind eine große Zahl unterschiedlicher Biotope entstanden, welche zahlreichen Pflanzen und Tieren, die anderenorts längst verschwunden sind, wieder ein Zuhause bieten. Alle Teilbereiche, zu denen nicht nur die Wohnhäuser, sondern auch eine Gärtnerei und sogar ein Gewerbegebiet gehören, sind miteinander vernetzt und in ein weitgehend geschlossenes ökologisches System integriert.
Den Mittelpunkt des Pilotprojekts bildet das Ökozentrum. In diesem Gebäudekomplex finden vielfältige Veranstaltungen statt mit dem Ziel, das ökologische Bewusstsein weit über den Stadtteil hinaus zu fördern. Das „Ökotop Heerdt" ist inzwischen durch Rundfunk- und Fernsehberichte, Ausstellungen und Messen überregional bekannt. Vor Ort informieren sich jährlich rund 4.000 Interessierte, insbesondere die Bauberatung wird gerne in Anspruch genommen.

Rheinpark Bilk DÜSSELDORF

Medienhafen mit dem Neuen Zollhof

49 Karte: G 9

Rheinpark Bilk
Platz des Landtags / Stromstraße
40221 Düsseldorf-Unterbilk
www.duesseldorf.de/stadtgruen/parks/

Größe: 4,9 Hektar
Infos: Landeshauptstadt Düsseldorf
Führung auf Anfrage
Tel.: 02 11/89 94-800

Eintritt frei

Mit dem Strukturwandel im Binnenhafen standen der Landeshauptstadt ehemalige Gewerbegebiete zur Verfügung: Rund um den neuen Landtag, in dem 1988 die Arbeit aufgenommen wurde, konnten Grünanlagen entstehen. Bis 1996 wurde dort nach Entwürfen des Landschaftsarchitekten Georg Penker der Rheinpark Bilk realisiert. Er fungiert seither zugleich als Verbindung zwischen der historisch geprägten Rheinuferpromenade, dem Landtagsgebäude in unmittelbarer Nähe des Fernsehturms, dem gläsernen Stadttor und der zukunftsweisenden Architektur im Medienhafen. Vor allem der Neue Zollhof des amerikanischen Star-Architekten Frank Gehry lockt Fachleute und Interessierte aus aller Welt hierher.

Großzügige Rasenflächen laden im Umfeld des Landtages nun bei schönem Wetter die Touristen wie die Geschäftsleute zum Aufenthalt ein. Eine 40 Meter breite und etwa 100 Meter lange „Landschaftsbrücke“, auf der sogar große Bäume gedeihen, führt zum Stadttor, dem gläsernen Sitz des Ministerpräsidenten von NRW. Unter ihr fließt der Verkehr durch den Rheinufertunnel, und die Erholungsuchenden im Grünen merken kaum etwas davon.

In der Nähe: Floragarten, Düsseldorf-Unterbilk, Bilker Allee

DÜSSELDORF *Schlosspark Benrath*

In unmittelbarer Nähe des Rheins wurden Schloss und Park Benrath im Auftrag von Kurfürst Carl Theodor ab 1755 errichtet. Das Jagd- und Lustschloss (Maison de plaisance) und seine verschiedenen Außenanlagen bilden ein einzigartiges Gesamtkunstwerk, welches in seinem hervorragenden Erhaltungszustand weltweit seinesgleichen sucht. Entworfen wurde es von Nicolas de Pigage (1723–1796), einem in Paris ausgebildeten Architekten, der den Traditionen des französischen Barockzeitalters verbunden war und sich zugleich aufgeschlossen gegenüber neuen Entwicklungen zeigte. Das Hauptgebäude (Corps de logis) bildet optisch den Mittelpunkt der Anlage, an dem alle Hauptachsen des Parks ihren Anfang nehmen. Strahlenförmig durchziehen die Achsen das Gelände und trennen die unterschiedlichen Gartenräume voneinander. Der sich bis zu den Rheinwiesen erstreckende Jagdpark lädt zu ausgedehnten Spaziergängen ein.

Abseits seiner Hauptwege, die in einem zentralen Stern münden, lassen schmale Waldwege die Menschen fast vergessen, dass sie sich mitten in einem absichtsvoll gestalteten Kunstwerk befinden. Hier zeigt sich, wie Nicolas de Pigage dem Wunsch nach mehr Natürlichkeit entsprochen hat, welcher in Eng-

50 Karte: H 10

EGHN EUROPÄISCHES GARTENNETZWERK

Straße der Gartenkunst

Schlosspark Benrath
Benrather Schlossallee 100–106
40597 Düsseldorf-Benrath
www.schloss-benrath.de

Größe: 60 Hektar
Infos: Stiftung Schloss und Park Benrath
Führung auf Anfrage
Tel.: 02 11/8 92 19 03

Eintritt frei

land um 1700 zur Entstehung erster Landschaftsgärten geführt hatte.
Im Zuge der Dezentralen Landesgartenschau, die im Rahmen der Euroga 2002*plus* in Nordrhein-Westfalen durchgeführt wurde, konnten im Park von Schloss Benrath Restaurierungsmaßnahmen vorgenommen werden. Ein nach gartenarchäologischem Befund rekonstruierter Parterregarten mit neuen Pflanzenkompositionen an der sogenannten „Orangerie", einem erhalten gebliebenen Flügel des alten Wasserschlosses, und die Instandsetzung des in seinen Grundstrukturen erhaltenen Küchengartens (Potager) gehören zu den bemerkenswerten Ergebnissen.
Im Ostflügel des Benrather Schlosses präsentiert das Museum für Europäische Gartenkunst die Geschichte dieser Kunstform von der Antike bis zur Gegenwart. Das Hauptgebäude (Corps de logis) ist als architektonisches Meisterwerk mit originaler Ausstattung zu besichtigen und versetzt das Publikum in die Zeit von Kurfürst Carl Theodor. Im Westflügel befindet sich ein Naturkundemuseum.

In der Nähe: Urdenbacher Kämpe; Biologische Station Haus Bürgel, Monheim, Urdenbacher Weg, Tel.: 02 11/99 61-212; Schlosspark Garath, Garather Schlossallee 19–21; Kräutergarten, Schloss Friedestrom, Dormagen-Zons

DÜSSELDORF *Schlosspark Heltorf*

Ein wahrer Geheimtipp ist der Park von Schloss Heltorf: Rund 600 verschiedene Bäume und Sträucher gedeihen in der landschaftlich gestalteten Anlage. Darunter sind auch Azaleen und Rhododendren, die schon 1830/40 gepflanzt wurden und somit zu den ältesten in Deutschland gehören. Zur Blütezeit im Mai verwandelt sich der Waldpark in ein Farbenmeer.
Die Idee zur Anlage eines „Englischen Gartens“ geht auf das Jahr 1796 zurück, als der aus Frankreich stammende Abbé Biarelle zu Gast auf Schloss Heltorf war. Erste Raritäten wurden damals gepflanzt – ein Tulpenbaum *(Liriodendron tulipifera)*, der aus der Hofgärtnerei von Schloss Augustusburg in Brühl stammt, wächst und gedeiht bereits seit 1799 an der Anger, dem kleinen Bach, der das Gelände durchzieht.
Mit der Ausführung des Landschaftsgartens nach Plänen des Gartenkünstlers Maximilian Friedrich Weyhe (1775–1846) wurde ab 1803 begonnen. Im 19. Jahrhundert konnte das Gelände durch Zukäufe auf seine heutige Größe erweitert und die Gehölzsammlung ergänzt werden. Sogar aus Lüttich und Paris wurden Pflanzen herbeigeschafft. Gruppen von Sumpfzypressen, Atlas-Zedern und Scheinzypressen beeindrucken seither im Park. Eine Orangerie entstand für die Überwinterung frostempfindlicher Gewächse.
Im Schlosspark ist heute ein rund zwölf Kilometer langes, künstlerisch gestaltetes Wegenetz vorhanden – wer genügend Zeit mitbringt, kann hier stundenlang spazieren gehen.
Ein Abstecher lohnt sich zum Obstgut Heltorf neben dem Schloss. Nähert man sich ihm, fällt nicht nur eine mächtige Kastanien-Allee, sondern vor allem auch eine 1970 begründete Metasequoia-Allee (Chinesisches Rotholz) ins Auge, die in Deutschland Seltenheitswert besitzt. Der Hofladen bietet frisches Obst, Gemüse, Fleisch, Eier sowie Delikatessen aus der Region an. Das Schloss-Stübchen ist für seine hausgemachten Obstkuchen bekannt.
Achtung: Parkbesichtigungen beginnen nicht am Schloss, sondern sind nur vom Eingang „Am Froschenteich“ aus möglich, in der Nähe der gleichnamigen Straßenbahn-Haltestelle.

51 Karte: G 8

Schlosspark Heltorf
Heltorfer Schlossallee 100
40489 Düsseldorf-Angermund
www.forst-graf-spee.de

Größe: 54 Hektar
Infos: Gräflich von Spee'sche Forstbetriebe
Öffnungszeiten:
Mai–Okt Sa/So und Feiertage 10–18 Uhr
Führung auf Anfrage
Tel.: 02 03/74 12 92

Eintritt

Schlosspark Kalkum DÜSSELDORF

52 Karte: G 8

Schlosspark Kalkum
Oberdorfstraße 10
40489 Düsseldorf-Kalkum
www.duesseldorf.de/
stadtgruen/parks/

Größe: 19 Hektar
Infos: Bau- und
Liegenschaftsbetrieb NRW,
Düsseldorf

Eintritt frei

Der weit im Düsseldorfer Norden gelegene, dörflich geprägte Stadtteil Kalkum ist bekannt für sein Wasserschloss. Den barocken Prachtbau umgibt ein Landschaftsgarten, welcher nach Plänen des rheinischen Gartenkünstlers Maximilian Friedrich Weyhe (1775–1846) in den 1820er Jahren angelegt wurde. Er ist in seiner ursprünglichen Gestaltung weitgehend erhalten geblieben, wird entsprechend dem Parkpflegewerk fachgerecht betreut und präsentiert sich mit seinen alten Bäumen in einem über die Jahrhunderte langsam gereiften Bestzustand.
Im Schloss Kalkum, das heute im Besitz des Landes NRW ist, befindet sich eine Zweigstelle des Hauptstaatsarchivs.

In der Nähe: Denkmalbereich Alte Mühle mit Gärten von Roland Weber, An der Alten Mühle

DÜSSELDORF *Schlosspark Mickeln*

53 Karte: G 10

Schlosspark Mickeln
Kölner Weg
40589 Düsseldorf-Himmelgeist
www.duesseldorf.de/stadtgruen/parks/

Größe: 6,6 Hektar
Infos: Arenberg-Schleiden GmbH
Führung auf Anfrage
Tel.: 02 11/89 94-800
(Gartenamt, Landeshauptstadt Düsseldorf)

Eintritt frei

Das letzte, im Jahr 1843 entstandene Werk des bedeutenden rheinischen Gartenkünstlers Maximilian Friedrich Weyhe (1775–1846) befand sich viele Jahre in einem Dornröschenschlaf. Im Dezember 2000 wurde der verwilderte Landschaftsgarten rund um das klassizistische Schloss „geweckt“, da mit der Wiederherstellung nach Weyhes Plänen begonnen werden konnte. Der Schlosspark Mickeln war damit zugleich das erste Düsseldorfer Projekt der grenzüberschreitenden Initiative Euroga 2002*plus*, welches in die Bauphase eintrat. Das Ziel der Euroga bestand darin, die Kulturlandschaft an Rhein und Maas zu fördern und die hier vorhandenen Schätze aus Kunst, Kultur und Natur noch stärker für die Öffentlichkeit zu erschließen.
Beim Landschaftsgarten von Schloss Mickeln galt es sensibel vorzugehen, denn das Anwesen liegt im Naturschutzgebiet Himmelgeister Rheinbogen. Insbesondere die gewachsenen Verbindungen zwischen Park und Kulturlandschaft wurden durch gezielte Rodungen herausgearbeitet. Nach englischen Vorbildern hatte Weyhe hier ein gartenkünstlerisch verschönertes Landgut (Ornamental Farm) geschaffen und Nutzflächen eingebunden. Heute bildet der Landschaftsgarten zusammen mit dem Dorf Himmelgeist und seinen landwirtschaftlichen Flächen wieder ein ebenso schönes wie kulturhistorisch bedeutsames Gesamtensemble.

In der Nähe: Küchengarten am Gut Meierhof, Kölner Weg 51, Tel.: 02 11/15 76 06 40 (n. V.)

Südpark DÜSSELDORF

54 Karte: G 9

Südpark
Siegburger / Werstener / Volksgartenstraße
40591 Düsseldorf-Wersten
www.duesseldorf.de/stadtgruen/parks/

Größe: 66,4 Hektar
Infos: Landeshauptstadt Düsseldorf
Führung auf Anfrage
Tel.: 02 11/89 94-800

Eintritt frei

Der abwechslungsreich gestaltete Südpark wurde zur Bundesgartenschau (BUGA) 1987 geschaffen. In ihm kann auf ausgedehnten Spaziergängen erlebt werden, wie sich die Naturvorstellungen im Laufe der Jahrhunderte gewandelt haben: Eine Kunstlandschaft mit kostbaren alten Bäumen, die auf weiten Rasenflächen entlang der Düssel zu Landschaftsbildern arrangiert wurden, präsentiert der nördliche Teil – denn dort wurde der im späten 19. Jahrhundert angelegte Volkspark in das BUGA-Gelände integriert.

Den südlichen Teil prägt ein ehemaliger Baggersee, der heute von naturnah gestalteten Bereichen umgeben ist, in denen einheimische Bäume, Sträucher und Wildblumen dominieren. Das Café im Südpark sowie der Bioladen, welche von der Werkstatt für angepasste Arbeit mit der Hilfe behinderter Menschen betrieben werden, bieten Bioobst und -gemüse an, die zum großen Teil vor Ort geerntet werden.

Zwei großzügige Wasserspielplätze und ein Streichelzoo sind dort weitere Hauptanziehungspunkte für Familien.
Verbunden sind die unterschiedlichen Parkteile durch eine Gartenachse, der die BUGA-Herkunft deutlich anzumerken ist: Von hohen Hecken umgebene Themengärten wie der Duft-, der Iris- oder der Wassergarten führen hier Gestaltungsideen vor Augen. Das Erkunden des Heckenlabyrinths ist für Groß und Klein eine Herausforderung. Liegewiesen und Grillplätze laden zum Verweilen ein. Im Biogarten der Volkshochschule Düsseldorf wird Praxiswissen vermittelt.
Über einen begrünten Autobahntunnel ist zu Fuß das Gelände der Heinrich-Heine-Universität mit ihrem Botanischen Garten zu erreichen.

In der Nähe: Schlosspark Eller, Heidelberger Straße; Garten am Rathaus Eller, Gertrudisplatz; Grafenberger Wald mit Rennbahn (Naturdenkmal Kastanienallee); Ostpark, Düsseldorf-Grafenberg, Wittelsbachstraße

DÜSSELDORF *Zentralschulgarten*

Der Garten als Lernort: Im großflächigen Zentralschulgarten können Schülerinnen und Schüler aller Altersstufen aus ganz Düsseldorf Pflanzen im Laufe der Jahreszeiten hautnah kennen lernen und von der Aussaat bis zur Ernte aktiv mitwirken. Die Gewächshäuser gilt es ebenso zu erkunden wie den Obst- und Gemüsegarten, die Streuobstwiese, den Blumen- und Kräutergarten oder auch den Barfußtastpfad u.a. Jährlich nehmen etwa 4.000 junge Menschen die Gelegenheit war, den Sachkunde- bzw. Biologie-Unterricht im Freien zu verfolgen und praktische Erfahrungen im Umgang mit Pflanzen zu sammeln. Bei unbeständigem Wetter stehen eine Unterrichtshalle und zwei Klassenräume zur Verfügung. Die Lehrkräfte können vor Ort selbst das Programm gestalten oder auf das Team des Zentralschulgartens zurückgreifen und aus einem vielfältigen, jahreszeitlich abgestimmten Themenspektrum auswählen.

55 Karte: G 9

Zentralschulgarten
Räuscherweg 40
40221 Düsseldorf-Bilk
www.duesseldorf.de/buergerinfo/40/index.shtml

Größe: 2,7 Hektar
Infos: Landeshauptstadt Düsseldorf
Öffnungszeiten: Tag der offenen Tür, für Gruppen n.V.
Führung auf Anfrage
Tel.: 02 11/89 93-957

Eintritt frei

Zentralschulgarten, Düsseldorf

Entstanden ist der Schulgarten ab 1913 dank der Initiative des Volksschulrektors Christoph Steinmeyer. Seit 1997 steht er als Gartendenkmal unter Schutz.

In der Nähe: Südfriedhof, Am Südfriedhof 16

Botanischer Garten DUISBURG

56 Karte: G 7

Botanischer Garten
Schweizer Straße 24
47058 Duisburg-Duissern
www.duisburg.de/leben/freizeit.php

Größe: 2 Hektar
Infos: Stadt Duisburg
Öffnungszeiten:
täglich ab 8 Uhr
bis zum Einbruch der Dunkelheit
Führung auf Anfrage
Tel.: 02 03/33 05 83

Eintritt frei

Klein, aber fein: Der mit den Jahreszeiten wechselnde Blüten- und Blattschmuck lockt die Stammgäste aus der näheren Umgebung in den Botanischen Garten am Fuß des Kaiserbergs – seien es die Zwiebelblumen, Azaleen und Rhododendren im Frühling, die Stauden und Sommerblumen oder schließlich das bunte Herbstlaub.

Bis in das Jahr 1890 lässt sich die Geschichte dieses Botanischen Gartens zurückverfolgen. Die heutigen Schwerpunkte des Lehr- und Schaugartens sind Alpenpflanzen, Wildpflanzen der Wiesen und Wegraine sowie Gehölze aus aller Welt, die nach ihrer geographischen Herkunft angeordnet sind.

In der Nähe: Zoologischer Garten, Mülheimer Straße 273, Tel.: 02 03/30 55 90; Kaiserberganlagen mit Ehrenfriedhof, Mülheimer Straße; Alter Friedhof mit jüdischem Friedhof, Duisburg-Neudorf, Sternbuschweg 295

DUISBURG *Botanischer Garten Hamborn*

Nicht nur in Duissern befindet sich ein Botanischer Garten, auch der Duisburger Norden kann mit verschiedenen Freilandabteilungen aufwarten. Zusätzlich gibt es hier mehrere Gewächshäuser: Auf etwa 2.000 Quadratmetern werden unter Glas rund 2.500 verschiedene Pflanzenarten kultiviert. Die Schwerpunkte liegen bei den tropischen Nutzpflanzen sowie bei den Hartlaubgewächsen der Subtropen. Zahlreiche Großaquarien mit Wasserpflanzen und Zierfischen, die von der Gesellschaft für Aquarienkunde betreut werden, sind zusätzliche Attraktionen. Im Freiland beeindrucken die Pflanzensammlungen, insbesondere die verschiedenen Farne, Primeln, Rhododendren und vor allem die etwa 250 Fuchsiensorten. Dieser ab 1906 entstandene Botanische Garten, der durch die Eingemeindung von Hamborn seit 1929 zu Duisburg gehört, liegt heute in einem Wohngebiet direkt neben der stark befahrenen Stadtautobahn A 59. Dank entsprechender Lärmschutzmaßnahmen ist dies jedoch kaum wahrnehmbar.

57 Karte: G 6

Botanischer Garten Hamborn
Fürst-Pückler-Straße 18
47166 Duisburg-Hamborn
www.duisburg.de/leben/freizeit.php

Größe: 3,1 Hektar
Infos: Stadt Duisburg
Öffnungszeiten: bis zum Einbruch der Dunkelheit
Führung auf Anfrage
Tel.: 02 03/2 83 52 16

Eintritt frei

In der Nähe: Hamborner Stadtwald, Hamborner Straße

Garten der Erinnerung DUISBURG

58 Karte: G 7

Garten der Erinnerung
Philosophenweg / Springwall
47051 Duisburg-Innenstadt
www.innenhafen-portal.de

Infos: Stadt Duisburg,
Führung auf Anfrage
Tel.: 02 03/2 83-0

Eintritt frei

Der international renommierte, in Paris und Tel Aviv lebende Künstler Dani Karavan hat im Duisburger Innenhafen mit dem „Garten der Erinnerung" ein Zeichen gegen das Vergessen gesetzt. An einem ehemaligen Industriestandort schuf er eine öffentliche Parkanlage, in die Teile der alten Firmengebäude integriert wurden.

Der „Brotkorb des Ruhrgebiets", wie dieser Bereich des größten Binnenhafen Europas früher wegen seiner Getreidemühlen genannt wurde, konnte als Teilprojekt der Internationalen Bauausstellung Emscher-Park (IBA) seit 1989 umgestaltet und einer neuen Nutzung zugeführt werden. Die Basis dafür bildete ein von dem Londoner Architekten Sir Norman Foster entwickelter Masterplan. Ein international beachtetes Ergebnis ist der Umbau der Küppersmühle durch das Schweizer Architekturbüro Herzog & de Meuron zum Kunstmuseum, das seit 1999 die Sammlung deutscher Gegenwartskunst des Duisburger Bauunternehmers Hans Grothe präsentiert. Kultur und Gastronomie in historischen Gebäuden, neue Bürobauten und Wohnhäuser prägen heute den citynahen Bereich am Wasser. Der Yachthafen zeugt von der neuen Lebensqualität, die der ehemalige Industriestandort nun bietet.

Im „Garten der Erinnerung", der von 1996 bis 1999 angelegt wurde, ist es Dani Karavan gelungen, den historisch geprägten Ort auf neue Weise erlebbar zu machen. Die dort zum Abriss freigegebenen Gebäude wurden von ihm nur zum Teil entfernt. Die gezielt erhaltenen Überreste haben die Qualität von Skulpturen und ziehen die Blicke auf sich – wie das Skelett einer Lagerhalle, welches in den Himmel aufragt, freistehende Treppenhäuser, die nun von Bäumen besiedelt werden, sowie Mauern mit hohlen Fensteröffnungen. Ehemalige Gebäudegrundrisse sind als niedrige Mauern gekennzeichnet, die zugleich zum Balancieren und Sitzen einladen. Durch ihren weißen Anstrich, der in der grünen Umgebung hell leuchtet, betonen die Teile ihre Zusammengehörigkeit. Fundamentreste wurden zu einem Ruinenfeld aufgeschichtet und mit robusten Blüten-

sträuchern bepflanzt – hier wächst Neues auf der Erinnerung.

Garten der Erinnerung

Im Umfeld des Jüdischen Gemeindezentrums, einem Neubau von Zvi Hecker, der im Jahr 2000 fertig gestellt wurde, vermag der „Garten der Erinnerung" heute nicht nur neue Wege im Umgang mit der Industriegeschichte, sondern auch mit Vergangenheit überhaupt, aufzuzeigen .

In der Nähe: Kräutergarten am Kultur- und Stadthistorischen Museum, Johannes-Corputius-Platz 1, Tel.: 02 03/2 83 26 40

DUISBURG *Immanuel-Kant-Park*

Kunstinteressierte werden in Duisburg fündig! In dem nur wenige hundert Meter vom Hauptbahnhof entfernten Immanuel-Kant-Park befindet sich mit dem Wilhelm Lehmbruck Museum seit 1964 ein Zentrum internationaler Skulptur. Das Außengelände wird als grüner Ausstellungsraum genutzt. Mehr als 40 Werke verleiten dort im Vorübergehen unversehens zur Kunstbetrachtung. Ein großer Teil wurde gezielt für einen ausgewählten Ort im Park geschaffen. So auch die Installation des renommierten israelischen Bildhauers Dani Karavan mit dem Titel „Dialog" in unmittelbarer Nähe des Skulpturenhofs:

59 Karte: G 7

Immanuel-Kant-Park
Düsseldorfer Straße 51
47049 Duisburg
www.lehmbruckmuseum.de

Größe: 7 Hektar
Infos: Stadt Duisburg
Führung auf Anfrage
Tel.: 02 03/2 83 21 95

Eintritt frei

Sechs Würfel aus Beton laden auf einer quadratischen Plattform zur Benutzung ein. Als nah beieinander platzierte Sitzgelegenheiten bieten sie zugleich die Möglichkeit des Austauschs. Weitere internationale Größen wie Magdalena Abakanowicz, Eduardo Paolozzi und Alan Sonfist sind ebenfalls im Park vertreten. Am Museumseingang empfängt ein Bronzeguss der berühmten „Knienden" von Wilhelm Lehmbruck das Publikum.
Der Immanuel-Kant-Park geht auf den Villengarten der Unternehmer- und Mäzenatenfamilie Böninger zurück. Seit 1925 ist die Anlage öffentlich zugänglich. Dank seines alten Baumbestandes ist der zentral gelegene Park mit Spielplätzen und Liegewiesen die grüne Lunge der Stadt.

In der Nähe: Böninger-Park, Karl-Jarres-Straße

Landschaftspark Duisburg-Nord DUISBURG

60 Karte: G 6

EGHN Europäisches Gartennetzwerk

Landschaftspark Duisburg-Nord
Emscherstraße 71
47137 Duisburg-Meiderich
www.landschaftspark.de

Größe: 230 Hektar
Infos: Stadt Duisburg
Führung auf Anfrage
Tel.: 02 03/4 29 19 42

Eintritt frei

Der preisgekrönte Landschaftspark Duisburg-Nord hat zur Jahrtausendwende neue Wege in der Parkgestaltung aufgezeigt. Er wirkt als Publikumsmagnet und findet in Fachkreisen weltweit Beachtung, denn er ist auf dem Gelände des 1986 stillgelegten Thyssen-Hüttenwerks entstanden, das heute als Industriedenkmal zu besichtigen ist. Wo einst die Stahlkocher zu Werke gingen, können nun alle Interessierten umherspazieren. Informationstafeln geben an Ort und Stelle Auskunft über die früheren Produktionsabläufe.
Zugleich wurden neue Nutzungen erschlossen und außergewöhnliche Erlebnisräume geschaffen: Ein Hochofen dient als Aussichtsturm und ermöglicht in Schwindelerregender Höhe neue Blicke aus ungewohnter Perspektive. Die Werkshallen sind nun faszinierende Veranstaltungsorte. Der Gasometer wurde zu Europas größtem künstlichen Tauchsportzentrum umgebaut. In den Erzlagerbunkern befinden sich Klettergärten des Alpenvereins, die zur Besteigung des „Monte Thyssino" einladen. Am Abend taucht eine Lichtinstallation des englischen Designers Jonathan Park,

der sich schon mit Bühneninszenierungen für die Rolling Stones einen Namen machte, die Industriekulisse in ein weithin sichtbares Farbenspiel.
Der von Peter Latz und Partner seit 1994 gestaltete Landschaftspark gehört als Teilprojekt zu dem etwa 320 Quadratkilometer großen, auf 17 Städte verteilten Gelände der Internationalen Bauausstellung Emscher-Park (IBA). Die Duisburger Industriebrache verwandelten die Gartenarchitekten in eine blühende Landschaft. Neben den gezielt auf dem früheren Werksgelände angelegten Gärten, etwa in den Bunkern der Sinteranlage, ist es gerade die zur Rückeroberung angetretene Natur, welche in ihrer Vielfalt beeindruckt: Birken, Weiden, Sommerflieder, Goldrute und zahlreiche andere, teils ausgesprochen seltene Pflanzen dürfen sich weiterhin spontan einfinden – falls notwendig, setzen Gärtner ihrem Wachstum Grenzen.
Ein größerer Kontrast ist kaum denkbar: In der Nachbarschaft des Stahlwerks liegt der Ingenhammshof inmitten einer bäuerlichen Kulturlandschaft. Er steht heute als Lehrbauernhof allen offen.

In der Nähe: Stadtpark Meiderich; Erholungspark Biegerhof, Duisburg-Angerhausen

Sinterbunkergärten im Landschaftspark Duisburg-Nord

Revierpark Mattlerbusch DUISBURG

61 Karte: G 6

Revierpark Mattlerbusch
Wehofer Straße 42
47169 Duisburg-Hamborn
www.rvr-online.de/freizeit/sehenswuerdigkeiten/duisburg.shtml

Größe: 45 Hektar
Infos: Revierpark Mattlerbusch GmbH
Führung auf Anfrage
Tel.: 02 03/9 95 84-11

Eintritt frei

Das grüne Erholungsgebiet im Städtedreieck Duisburg-Dinslaken-Oberhausen lässt bei Groß und Klein kaum Wünsche offen. Eingebettet in den 45 Hektar großen Landschaftspark liegen neben Spielplätzen und einer Modellbootanlage auch der Reiterhof und das Landgasthaus Mattlerbusch. In jüngerer Zeit wurde ein vorhandenes Wellenbad um eine großzügige Sole- und Saunalandschaft erweitert. Im Außengelände ist eine 40 Meter lange und 8 Meter hohe Salinenanlage hinzugekommen. Salzhaltiges Wasser rieselt dort über aufgeschichtete Zweige herab und erzeugt bei Verdunstung ein wohltuendes Klima für die Atemwege.

Die Revierparks im Ruhrgebiet wurden gezielt geschaffen, um der erhöhten Umweltbelastung zu begegnen und die Lebensqualität im Ballungsraum zu verbessern. Der Mattlerbusch in Duisburg konnte 1979 eröffnet werden und ist damit der jüngste einer ganzen Reihe von solchen Erholungsgebieten mit vielfältigen Freizeitangeboten (siehe auch: Oberhausen – Revierpark Vonderort). Seinen Namen verdankt dieser Revierpark dem angrenzenden Waldgebiet sowie dem historischen Mattlerhof, dessen Ursprünge sich bis ins 13. Jahrhundert zurückverfolgen lassen.

DUISBURG Schwelgern-Park

Flanieren vor filmreifer Kulisse: Gleich hinter dem Schwelgern-Park erheben sich die Schlote eines Hüttenwerks. Die Geschichte des Ruhrgebiets liegt hier zum Greifen nahe.

Entstanden ist diese grüne Lunge von Marxloh ab 1923. Damals erhielt die Stadt vom Stahlmagnaten Thyssen das langgestreckte Grundstück geschenkt. Es war Teil des Schwelgernbruchs, eines versumpften Flussbetts, welches durch einen Altarm des Rheins geformt worden war. Nach der Trockenlegung des tief gelegenen Areals entstanden die öffentliche Grünanlage und ein Stadion mit Schwimmbad.

Aus den 1920er Jahren ist viel erhalten geblieben, und inzwischen steht das Ensemble vor allem wegen seiner kulturgeschichtlichen Bedeutung unter Denkmalschutz. Das Eingangsgebäude des Stadions im expressionistischen Stil ist für Architekturinteressierte beeindruckend. Es konnte im Zuge der Internationalen Bauausstellung Emscher-Park (IBA) in den 1990er Jahren restauriert werden.

Über eine aufwändig gestaltete Treppenanlage führt der Weg vom angrenzenden Wohnviertel in den landschaftlich gestalteten Park mit seinen großzügigen Wiesen rund um einen See. Die imposanten Kronen der zahlreichen „industriefesten“ Platanen sind zugleich auch Staubfilter und Lärmschutz.

In der Nähe: Parkanlage Jubiläumshain, Ziegelhorststraße; Gärten der Siedlung Rheinpreußen, Homberg-Hochheide, Mauerstraße

62 Karte: G 6

Schwelgern-Park
Am Stadion /
Neue Schwelgernstraße
47169 Duisburg-Marxloh
www.duisburg.de/egdu/marxloh/schwelgernpark.php

Größe: 8,5 Hektar
Infos: Stadt Duisburg
Führung auf Anfrage
Tel.: 02 03/2 83-0

Eintritt frei

Staudengärtnerei Diamant DUISBURG

63 Karte: F 7

Staudengärtnerei Diamant
Mühlenweg 39
47239 Duisburg-Rumeln-Kaldenhausen

Größe: 1,5 Hektar
Infos: Gerhild Diamant
Öffnungszeiten: Mi–Fr 8–12 und 14–18 Uhr, Sa 8–14 Uhr
Führung auf Anfrage
Tel.: 02151/419676

Eintritt frei

Kaufen, wo es wächst – das ist für viele Gartenbegeisterte ein Erfolgsrezept. Und so liegen Staudengärtnereien mit einem ausgesuchten Spezialangebot ganz im Trend. Gerhild Diamant legt viel Wert auf persönliche Beratung, schließlich soll die Kundschaft auch die richtige Pflanze für ihren Garten finden. Wer noch Anregungen für harmonische Kombinationen braucht, kann sich im Senkgarten mit seinen bepflanzten Trockenmauern und von den unterschiedlichen Schaubeeten inspirieren lassen.

Eingebettet ist die Gärtnerei in eine seit 40 Jahren gewachsene Gehölzsammlung. Dieses Arboretum mit ausgesuchten Raritäten wurde bereits vom Vater der heutigen Eigentümerin angelegt.

Während der Saison von April bis Oktober gibt es am ersten Samstag im Monat von 10 bis 16 Uhr Veranstaltungen zu ausgewählten Themen, wie etwa den Gartenflohmarkt oder das Kürbisfest. Für das leibliche Wohl wird dann auch gesorgt.

Volkspark Rheinhausen DUISBURG

64 Karte: G 7

Volkspark Rheinhausen
Gartenstraße / Kreuzacker / Moerser Straße
47228 Duisburg-Rheinhausen
www.wb-duisburg.de

Größe: 31 Hektar
Infos: Stadt Duisburg
Führung auf Anfrage
Tel.: 0203/283-0

Eintritt frei

Die Schwerindustrie prägte Rheinhausen: Hier befand sich einst Europas größtes Stahlwerk. In die Geschichtsbücher ging Rheinhausen dann zuletzt 1989 durch einen mehrere Monate andauernden Arbeitskampf ein. Das Stahlwerk wurde dennoch kurz darauf geschlossen und schließlich demontiert.

Die Geschichte des Stadtgrüns hat einen positiveren Ausgang genommen: Am Industriestandort wurde schon zu Beginn des 20. Jahrhunderts der große Erholungswert von Gärten, Parks und Alleen erkannt – und „die Saat“ ging auf. Heute beherrschen mächtige Platanen zahlreiche Straßenzüge dieses Duisburger Stadtteils.

Der grüne Mittelpunkt von Rheinhausen ist der Volkspark. Er ist seit 1928/30 entstanden, als entlang der Gartenstraße zunächst eine fünf Hektar große Anlage eröffnet werden konnte. Durch Erweiterungen wuchs diese 1950 schließlich auf die heutige beachtliche Größe an. Geschwungene Wege führen im östlichen

Teil des Volksparks von einem „Raum" zum nächsten. Die Gestaltung ist durch den Stil der 1950er Jahre geprägt: Treppenanlagen und Beeteinfassungen wurden aus Naturstein erbaut. Ein Musikpavillon dient noch heute als Bühne für Konzerte und Gartenfeste. Der Reichtum seltener Bäume, die harmonisch miteinander kombiniert wurden, und die in jedem Jahr aufs Neue aufwändig bepflanzten Blumenbeete beeindrucken dort noch immer. Im dicht bewachsenen Teil, der fast die Hälfte des Areals ausmacht, mögen sich die Spaziergängerinnen und Spaziergänger hingegen in einen Wald versetzt fühlen.
Auf dem Gelände befinden sich mehrere Spielplätze und eine Minigolfanlage – das Volkspark-Stadion schließt sich in südlicher Richtung an. Vor dem Johanniter-Krankenhaus bestimmen im westlichen Teil des Parks ein großzügiger Teich und Rasenflächen das Bild. Die Kleingartenanlage an der Moerser Straße sowie das Naturschutzzentrum neben dem Dammwildgehege stehen Gästen ebenfalls offen.

In der Nähe: Gärten der Siedlung Rheinpreußen, Homberg-Hochheide, Mauerstraße

Volkspark Rheinhausen

Waldfriedhof DUISBURG

65 Karte: G 7

Waldfriedhof
Düsseldorfer Straße 601
47055 Duisburg-Wanheimerort
www.wb-duisburg.de

Infos: Stadt Duisburg
Öffnungszeiten: bis zum Einbruch der Dunkelheit
Führung auf Anfrage
Tel.: 02 03/2 83-0

Eintritt frei

Der größte Friedhof von Duisburg wurde zu Beginn der 1920er Jahre in einem Waldgebiet angelegt. Seine alten Bäume, vor allem Buchen, Eichen und Platanen, aber auch Nadelgehölze wie Kiefern und Zedern, verleihen diesem Ort des Abschiednehmens, der Trauer und des Gedenkens einen würdigen Rahmen. Seit den ersten Reihengrabbeerdigungen im Jahre 1923 ist der Waldfriedhof kontinuierlich erweitert worden, wobei die einzelnen Bereiche unterschiedlich angelegt wurden. Breite Alleen bilden die Hauptachsen, schmalere Wege schlängeln sich durch Teile, die an Landschaftsgärten erinnern. In anderen Bereichen bietet ein rasterförmiges Wegenetz Orientierung.

Der berühmteste Künstler der Stadt fand auf dem Waldfriedhof seine letzte Ruhestätte: Das Grab des Bildhauers Wilhelm Lehmbruck und seiner Frau Anita in der Nähe des Ehrenhofs wurde von ihrem Sohn, dem Architekten Manfred Lehmbruck, gestaltet. Er bezog den Bronzeguss eines 1918 entstandenen Spätwerks von Wilhelm Lehmbruck, den „Kopf eines Denkers mit Hand", mit ein.

Auf dem Waldfriedhof wurde im Jahre 1927 auch ein jüdischer Friehof angelegt. Heute nimmt dort die nach

dem Zweiten Weltkrieg in Duisburg neu entstandene jüdische Gemeinde weiterhin Bestattungen vor. Außerdem ist ein Gräberfeld für Angehörige des muslimischen Glaubens vorhanden.
Das im Jahr 2002 eingeweihte neue Krematorium hat in Fachkreisen wegen seiner modernen Technik und seiner gelungenen Gestaltung großen Anklang gefunden. Architektin Jutta Heinze stimmte das neue Sakralgebäude auf die bestehende Architektur des Ehrenhofs ab. Große Glasflächen ermöglichen den Blick aus der neuen Trauerhalle auf den Waldfriedhof mit seiner Pflanzenwelt.

In der Nähe: Alter Friedhof, Duisburg-Neudorf, Sternbuschweg 295

EITORF *Karamulis-Gartenatelier*

Im Freien kreativ sein, umgeben von Wiesen, Feldern und einem blütenreichen Garten – was könnte für Kunstschaffende inspirierender sein?
Der Bildhauer Herbert Antweiler hat mit dem „Karamulis-Gartenatelier" seit 1993 einen solchen besonderen Ort geschaffen. Eine kreisförmige Rasenfläche bildet das Zentrum des Außengeländes. Wie ein Ring wurden breite Beete mit Stauden und Sommerblumen darum gelegt, so dass ein „Rundgarten" mit einem Durchmesser von 24 Metern entstanden ist. Steinerne Skulpturen unterstreichen den Charakter dieses künstlerisch gestalteten Gartens und liefern zusätzliche Anregungen.
Hier gibt es seither genügend Platz für die Seminarteilnehmer der „Akademie für Lebendige Kunst". Im Gartenatelier wird bei schönem Wetter mit Ton geformt und in Stein gemeißelt, hier entstehen auch Objekte aus Metall und vieles mehr.
Für die Verpflegung wird gesorgt: Das Gemüse aus dem ländlichen Nutzgarten kommt frisch auf den Tisch. Bei Veranstaltungen ist auch das Gartencafé geöffnet.

In der Nähe: Alter Friedhof, Kirchstraße; Schlosspark Merten, Schlossstraße, Tel.: 0 22 43/8 60; Parkgarten Kläs, Eitorf-Obereip, Heckenweg 11 (www.offene-gartenpforte.de); Garten Neuenhof, Eitorf-Bohlscheid, Tel.: 0 22 43/51 95 (n. V.)

66 Karte: K 14

Karamulis-Gartenatelier
Balenbach 9
53783 Eitorf
www.karamulis.de

Größe: 2.500 qm
Infos: Herbert Antweiler
Öffnungszeiten: Mai–Okt n. V.
Tel.: 0 22 43/28 52

Eintritt frei (Spende)

Alter Friedhof Elten EMMERICH

67 Karte: C 2

Alter Friedhof Elten
Stokkumer Straße
46446 Emmerich-Elten
www.emmerich.de

Infos: Stadt Emmerich am Rhein
Öffnungszeiten: bis zum Einbruch der Dunkelheit
Führung auf Anfrage
Tel.: 0 28 22/7 52 14

Eintritt frei

Ein stimmungsvoller Ort ist der Alte Friedhof in Elten. Er liegt am Hang des Eltenbergs und befindet sich damit zugleich in der Blickachse, welche vom Springenberg in Kleve über die Rheinebene hinweg bis zur Stiftskirche Hochelten reicht. In der Mitte des 19. Jahrhunderts wurden auf dem Alten Friedhof von Elten die ersten Beisetzungen vorgenommen, und einige der Grabsteine stammen noch aus jener Entstehungszeit. Sie vermitteln viel von der Geschichte des kleinen Ortes am Niederrhein.

Seit den 1970er Jahren wurde der Friedhof zum Park umgestaltet, die Kapelle und die Umfassungsmauer blieben nicht erhalten. Inzwischen steht der Alte Friedhof unter Denkmalschutz.

EMMERICH *Schlosspark Borghees*

In seinen Grundzügen stammt der Schlosspark aus dem Mittelalter. Das rechteckige Areal wurde schon damals mit einem Graben umgeben, der heute als Bodendenkmal unter Schutz steht. Eingebettet ist der Park in die niederrheinische Kulturlandschaft mit Wiesen, den typischen Kopfweiden und Auwaldresten. Mehrere Fahrrad- und Wanderrouten führen an dem ländlichen Anwesen vorbei.

Das vergleichsweise kleine „Schlösschen Borghees" wurde bereits im 9. Jahrhundert urkundlich erwähnt. Es erlebte eine wechselvolle Geschichte. Stark beschädigt durch einen Brand im Jahr 1975, konnte es dank einer Bürgerinitiative vor dem Abriss bewahrt werden. Seit dem Wiederaufbau durch die Stadt Emmerich ist es zu einem Kulturzentrum geworden, in dem Ausstellungen und Konzerte stattfinden, und auch der „Bund-fürs-Leben" kann hier geschlossen werden.

68 Karte: C 2

Schlosspark Borghees
Hüthumer Straße 180
46446 Emmerich
www.emmerich.de

Größe: ca. 5.000 qm
Infos: Stadt Emmerich am Rhein
Führung auf Anfrage
Tel.: 0 28 22/93 99 12

Eintritt frei

Burgpark Lechenich ERFTSTADT

69 Karte: G 14

Burgpark Lechenich
Schlossstraße
50374 Erftstadt-Lechenich
www.erftstadt.de

Größe: 7 Hektar
Infos: Freundes- und Förderkreis Lechenicher Schlosspark e.V.
Führung auf Anfrage
Tel.: 0 22 35/95 30 41
Anmeldung zur Burgbesichtigung bei der Stadt Erftstadt
Tel. 0 22 35/40 93 06

Eintritt frei

Im Jahr 1998 feierte Lechenich das Jubiläum des Burgparks. Der 100. Geburtstag dieses Landschaftsgartens wurde zugleich zum Anlass für eine großflächige Erweiterung um rund drei Hektar auf nun insgesamt sieben Hektar genommen. Das verbindende Element ist eine historische Lindenallee. Der frei zugängliche Park lädt zu ausgedehnten Spaziergängen ein.
Das Kernstück rund um die imposante Landesburg aus dem 14. Jahrhundert, die einst den Erzbischöfen und Kurfürsten gehörte, ließ der damalige Burgherr Baron Bleichröder im ausgehenden 19. Jahrhundert anlegen.
Die Landesburg Lechenich befindet sich heute in Privatbesitz und kann nur nach vorheriger Anmeldung besichtigt werden.

In der Nähe: Neue Parkanlage, Schlossstraße; Hausgarten, Oebels Mühle, Auf den Graben 16 (www.tag-des-offenen-denkmals.de)

ERFTSTADT *Schlosspark Gracht*

Einer der ältesten Barockgärten des Rheinlandes befindet sich in Erftstadt, nur wenige Autominuten von Brühl und dem Weltkulturerbe Schloss Augustusburg entfernt. Wie der Name „Gracht" (niederl.: Graben, Kanal) schon vermuten lässt, ist das repräsentative Schloss von einem Wassergraben umgeben. Seine Ursprünge reichen bis ins 15. Jahrhundert zurück. Ende des 17. Jahrhunderts wurde vor Schloss Gracht ein Barockgarten nach französischen Vorbildern angelegt, zunächst im Auftrag von Reichsfreiherr Johann Adolf und nach dessen Tod im Jahr 1699 unter Federführung seines Sohnes Degenhard Adolf. Schon 1717 war das Werk vollendet und damit ist es deutlich älter als die kurfürstlichen Gärten in Brühl und Bonn. Ab 1784 ließ ein Nachkomme,

70 Karte: G 14

Schlosspark Gracht
Fritz-Erler-Straße 1
50374 Erftstadt-Liblar
www.erftstadt.de

Größe: 14,5 Hektar
Infos: Stadt Erftstadt
Führung auf Anfrage
Tel.: 0 22 35/40 94 12

Eintritt frei

Mammutbaum im Schlosspark Gracht

Johann Ignaz, den westlichen Teil der Anlage in einen Landschaftsgarten umgestalten, der damit zu den frühesten dieses Stils in Deutschland zählt.
Imposante Bäume, darunter auch seltene Kostbarkeiten, prägen den Landschaftsgartenteil. Aus der Entstehungszeit des Barockgartens sind Hainbuchenhecken erhalten, die Gänge bzw. eine Galerie bilden und durch ihre Ausmaße beeindrucken. Der Parterregarten vor dem Schloss ist in vereinfachter Form erhalten, Ornamente aus Sommerblumen, Figurenschmuck und Kübelpflanzen gibt es heute allerdings nicht mehr. Der zugehörige Nutzgarten mit Gewächshaus und Orangerie hatte in den 1970er Jahren einem Sportplatz weichen müssen.
Die Stadt und der Förderverein Schlosspark Gracht e.V. bemühen sich um Pflege und Restaurierung dieser für die Geschichte der Gartenkunst im Rheinland so bedeutenden Anlage.

ERFTSTADT *Schlosspark Gymnich*

Die Prominenz ging auf Schloss Gymnich ein und aus: Staatsoberhäupter aus aller Welt – darunter die englische Königin Elisabeth, der spanische König Juan Carlos, die schwedische Königin Silvia und viele andere – speisten hier und übernachteten in den luxuriösen Suiten, da Schloss Gymnich von 1971 bis 1990 als „Bundesgästehaus" der Regierung diente. Ab 1998 stand es dann erneut im Rampenlicht der Öffentlichkeit, da die aus Irland stammenden Musi-

71 Karte: G 13

Schlosspark Gymnich
Balkhausener Straße 2
50374 Erftstadt-Gymnich
www.schlossgymnich.de

Größe: ca. 30 Hektar
Infos: Schloss Gymnich Hotelgesellschaft mbH
Öffnungszeiten:
Mo–Fr 12–22.30 Uhr
Sa/So 11–22.30 Uhr
Führung auf Anfrage
Tel.: 0 22 35/79 04-0

Eintritt frei

ker der Kelly Family für einige Jahre hier lebten. Seit 2003 befindet sich im Schloss nun ein Hotel mit Restaurant, Café und Biergarten.
Seine heutige Gestalt erhielt das Barockschloss in der Mitte des 17. Jahrhunderts, seine Geschichte reicht jedoch bis ins 13. Jahrhundert zurück. Der großzügige Schlosspark im landschaftlichen Stil beeindruckt mit seiner großen Vielfalt an Bäumen und schönen Raumwirkungen. Er wurde in der Mitte des 19. Jahrhunderts angelegt und zu Beginn des 20. Jahrhunderts um einen formalen Garten mit Skulpturen ergänzt.
Führungen durch das Schloss und den Park werden dienstags um 17 Uhr angeboten. Einen Teil des Parks nutzt die Falknerei Schmidt: Dort können Greifvögel aus nächster Nähe beobachtet werden (Di–Sa 15–18 Uhr, So 11.30–18 Uhr). Bei entsprechendem Wetter finden nachmittags Flugvorführungen statt (Di–So 15 Uhr). Darüber hinaus ziehen Veranstaltungen wie das sommerliche Dorffest, Konzerte oder der Weihnachtsmarkt an den Adventswochenenden ein großes Publikum an.

Ziegelweiher-Park ERKELENZ

72 Karte: D 11

Ziegelweiher-Park
Krefelder / Oestricher Straße
41812 Erkelenz
www.erkelenz.de

Größe: ca. 6,5 Hektar
Infos: Stadt Erkelenz
Führung auf Anfrage
Tel.: 0 24 31/8 53 43

Eintritt frei

Eine grüne Oase ist in Erkelenz aus einer ehemaligen Sand- und Tongrube entstanden. Der sogenannte „Ziegelweiher" wurde mit verschiedenen Wassertiefen angelegt, so dass hier zahlreiche Pflanzen- und Tierarten optimale Lebensbedingungen vorgefunden haben. Zahlreiche Bänke laden zum Betrachten und Genießen ein. Eingebettet liegt der See in eine Parkanlage, die seit 1994 neu gestaltet wurde. Wildblumenwiesen, ein Bauerngarten und der große Kinderspielplatz sind besondere Attraktionen.

In der Nähe: Stadtpark, Krefelder / Oestricher Straße; Hausgarten, Erkelenz-Gerderath, Genender Straße, Tel.: 0 24 32/16 95 (n. V.); Hausgarten, Erkelenz-Grambusch, Oerather Weg 19, Tel.: 0 24 31/ 29 25 (n. V.); Hausgarten, Erkelenz-Houverath, In der Vore 20 (www.offene-gartenpforte.de); Hausgarten, Erkelenz-Hoven, Hoven 16, Tel.: 0 24 31/80 50 68 (n. V.); Hausgarten, Erkelenz-Wockerath, Jakobstr. 28, Tel.: 01 70/8 17 50 37 (n. V.)

Ziegelweiher-Park, Erkelenz

ERKRATH *Pfarrgarten*

Traditionen werden von Pfarrer Ernst lebendig gehalten: Gehörte doch zu einem Pfarrhaus in den vergangenen Jahrhunderten stets auch ein Garten, der für die Selbstversorgung genutzt wurde. In Alt-Erkrath erfreuen daher nicht nur die Blüten der Rosen, zahlreicher Stauden und Sommerblumen das Auge, es kann auch reichlich Gemüse geerntet werden. Gebändigt wird die Pracht von einem traditionellen Wegekreuz. Niedrige Buchsbaumhecken umgeben die Beete, das Zentrum betont ein Rondell.

In der Nähe: Parkanlage Haus Morp, Parkstraße; Naturschutzzentrum Bruchhausen, Bruchhausener Straße 47–49, Tel.: 0 21 04/ 79 79 89; Hausgarten CBT Wohnhaus, Kirchstraße 9–11 (n. V.); Parkanlage Haus Unterbach, Erkrath-Unterfeldhaus, Gerresheimer Landstraße 63 (n. V.)

73 Karte: H 9

Pfarrgarten
Kirchstraße 7
40699 Erkrath
www.st-johannes-erkrath.de

Größe: ca. 1.000 qm
Infos: Katholische Kirchengemeinde St. Johannes der Täufer, Pfarrer Günter Ernst
Öffnungszeiten:
www.offene-gartenpforte.de
sowie n. V.
Tel.: 02 11/24 31 34 oder
02 11/41 14 42

Eintritt frei

Friedhof ESCHWEILER

(74) Karte: D 14

Friedhof
Dürener / Südstraße
52249 Eschweiler
www.eschweiler.de

Infos: Kath. Kirchengemeinde St. Peter und Paul
Öffnungszeiten: bis zum Einbruch der Dunkelheit

Eintritt frei

Die Vorfahren der katholischen Pfarrgemeinde St. Peter und Paul ruhen auf diesem Friedhof an der Dürener Straße. Die ältesten erhaltenen Grabanlagen stammen aus dem späten 19. Jahrhundert und weisen auf die Entstehungszeit des Friedhofs hin. Einige Grabstätten im ältesten Teil stehen heute unter Denkmalschutz. Sie wurden aufwändig gestaltet und mit reichem Figurenschmuck ausgestattet. Kunstinteressierte können hier verschiedene Stile entdecken: neoromanische, neogotische und neoklassische Formen. Diese kostbaren Grabmonumente bezeugen die große Wertschätzung der Toten durch die Nachfahren und vermitteln zugleich Eindrücke von der künstlerischen Entwicklung in der Zeit des Historismus. Nach dem Zweiten Weltkrieg wurde der Friedhof nach Osten erweitert.

ESSEN *Alter Friedhof Werden*

Durch seine hoch über der Ruhr gelegene ehemalige Benediktinerinnenabtei ist Werden weit über die Region hinaus bekannt. Ein Rundgang durch den kleinen Ort führt zu den bedeutenden Sehenswürdigkeiten. Neben der Abteikirche St. Ludgerus befindet sich die ehemalige Residenz der Fürstäbte von Werden, welche heute die renommierte Folkwang Hochschule für Musik, Theater und Tanz beherbergt. Ein Kleinod ist die Luziuskirche, rund 500 Meter nordwestlich der Abteikirche gelegen. In ihrer unmittelbaren Nähe befindet sich der Alte Friedhof. Er wurde als erster kommunaler Friedhof von Werden angelegt und im Jahre 1824 in Benutzung genom-

(75) Karte: I7

Alter Friedhof Werden
Luzius- / Dückerstraße
45239 Essen-Werden
www.essen.de

Infos: Stadt Essen
Öffnungszeiten: bis zum Einbruch der Dunkelheit
Führung auf Anfrage
Tel.: 02 01/8 88 31 04

Eintritt frei

men. Aufwändig gestaltete Grabmale vermögender Tuchmacherfamilien vermitteln einen Eindruck von der Geschichte Werdens. Heute wird der stimmungsvolle Ort als Park genutzt.
Ein beliebtes Ausflugsziel ist die bequem über Brücken zu erreichende Brehminsel in der Ruhr. Schatten spendende Bäume, Liegewiesen und Spielplätze laden bei schönem Wetter zum längeren Verweilen ein.

In der Nähe: Brehminsel in der Ruhr; Kräuter- und Heilpflanzengarten an der Abtei, Essen-Werden/Heidhausen; Parkanlage und Golfplatz Haus Oefte, Werdener Straße

Grugapark ESSEN

Zu den größten und schönsten Freizeitparks in Nordrhein-Westfalen zählt die „Gruga" unweit der Essener Innenstadt. „Natur jeden Tag neu erleben" – ihrem Motto gemäß bietet sie im Ballungsraum Ruhrgebiet ein grünes Refugium für Alt und Jung: Ob Ruhe und Entspannung oder Spiel und Spaß, Stadtmenschen können hier eine Auszeit vom Alltag nehmen. Themengärten wie der Rosen-, Staudenoder Mittelmeergarten, die Farbenterrassen oder die halbkreisförmige „Arena" mit jahreszeitlich wechselndem Blütenflor inspirieren Gartenbegeisterte. Im April und Mai ist das Rhododendron-Tal eine farbenprächtige Attraktion. Bemerkenswert ist auch die große Zahl der aufgestellten Skulpturen.
Der Name „Gruga" weist auf den Ursprung des Parks hin, der im Kern zur Großen Ruhrländischen Gartenbauaustellung im Jahr 1929 angelegt wurde. Spätere Erweiterungen, zuletzt im Zuge der Bundesgartenschau 1965, ließen das Gelände auf seine heutige Größe anwachsen. Ein Botanischer Garten wurde eingegliedert, welcher schon ab 1923 dank einer Privatinitiative entstanden war und heute eine der größten Nadelgehölzsammlungen Europas besitzt. Sein Wahrzeichen sind drei Glaspyramiden, die als unterschiedlich temperierte Gewächshäuser Pflanzen der tropischen Regenwälder, der subtropischen Bergnebelwälder und der Trockenzonen

beherbergen. In einem Innenhof ist eine beachtliche Bonsai-Sammlung ausgestellt.
Betreten der Rasenflächen erwünscht! Zahlreiche kreativ gestaltete Spielplätze, Sportanlagen wie Badminton- und Tennisplätze sowie eine Rollschuhbahn bringen Familien in Schwung. Der Tierhof, die Vogelvolieren und eine Freiflughalle laden zur Erkundung ein. Für das leibliche Wohl sorgt das vielfältige Gastronomieangebot. Das große Veranstaltungsprogramm mit Pflanzenschauen, Ausstellungen, Konzerten und Führungen findet großen Zuspruch. Die Schule Natur richtet sich als Umweltbildungszentrum an Schulklassen und bietet auch Workshops für andere Gruppen.

In der Nähe: Gärten der Siedlung Margarethenhöhe; Südwestfriedhof, Fulerumer Straße

76 Karte: I7

EGHN EUROPÄISCHES GARTENNETZWERK

Grugapark
Lührmannstraße 82
45131 Essen
www.grugapark.de

Größe: 65 Hektar
Infos: Stadt Essen
Öffnungszeiten:
täglich ab 9 Uhr bis zum Einbruch der Dunkelheit
Führung auf Anfrage
Tel.: 02 01/8 88 31 24

Eintritt

Park der Villa Hügel ESSEN

77 Karte: I7

Park der Villa Hügel
Hügel 15
45133 Essen-Bredeney
www.villahuegel.de

Größe: 28 Hektar
Infos: Alfried Krupp von Bohlen und Halbach-Stiftung
Öffnungszeiten:
täglich 8–20 Uhr
Führung auf Anfrage
Tel.: 02 01/1 88 48 23

Eintritt

Zu Gast bei Familie Krupp: Die Villa Hügel mit ihrem weitläufigen Park ist der ehemalige Wohnsitz der weltbekannten Industriellenfamilie. Das Anwesen liegt in einer der landschaftlich reizvollsten Gegenden des Ruhrgebiets, vom Krupp-Wald umgeben, in unmittelbarer Nähe des Baldeneysees. Während die Schwerindustrie anderenorts das Gesicht der Städte prägte, blieb das Ruhrtal im Essener Süden eine grüne Idylle. Die ab 1870 errichtete repräsentative Villa hat mit ihren rund 8.000 Quadratmetern Wohnfläche die Ausmaße eines Schlosses und thront – wie der Name schon erahnen lässt – auf einem „Hügel". Der zur gleichen Zeit angelegte Park wird geprägt von einer gartenkünstlerischen Geländemodellierung und einer Gehölzvielfalt; darunter sind auch Exoten aus fernen Ländern wie Mammutbäume, Zedern und Tulpenbäume.

Der Parkentwurf im „gemischten Stil" stammt vom Bauherrn Alfred Krupp selbst. Sommerblumenbeete, Hecken, Wasserbecken und andere formale Elemente fanden in Hausnähe ihren Platz, während die tiefer liegenden Bereiche als Landschaftsgarten mit geschlängelten Wegen zwangloser gestaltet wurden.

Seite 88/89:
Park der Villa Hügel

Abbildung rechts:
Schlosspark Borbeck

Weil Alfred Krupp seinen Park noch zu Lebzeiten genießen wollte, ließ er sogar 50-jährige Großbäume hierher verpflanzen.
In der Villa Hügel werden Wechselausstellungen von internationalem Rang zu Kunst und Kulturgeschichte gezeigt.

In der Nähe: Stadtwald; Kruppwald

ESSEN *Schlosspark Borbeck*

Im dicht besiedelten Essener Stadtteil Borbeck ist der Schlosspark ein beliebter Naherholungsort. Die Geschichte des Wasserschlosses lässt sich bis ins 10. Jahrhundert zurückverfolgen. Seine heutige Gestalt erhielt es im Zuge von Erweiterungsmaßnahmen Mitte des 18. Jahrhunderts. Nachfolgend wurde der Park ab 1783 nach englischen Vorbildern zu einem Landschaftsgarten mit weiten Rasenflächen umgestaltet. Inzwischen sind große Teile bewaldet, die ursprüngliche Gestaltung soll jedoch im Laufe der kommenden Jahre wiederhergestellt werden. Im Schloss befindet sich neben dem Standesamt auch ein Kulturzentrum.

78 Karte: H 6

Schlosspark Borbeck
Schlossstraße 101–103
45355 Essen-Borbeck
www.schloss-borbeck.essen.de

Größe: 42 Hektar
Infos: Stadt Essen
Führung auf Anfrage
Tel.: 02 01/88 44-219

Eintritt frei

Schürmannhof ESSEN

79 Karte: 17

Schürmannhof
Kaninenberghöhe 13–15
45136 Essen-Bergerhausen
www.schuermannhof.de

Größe: 6.000 qm
Infos: Dieter Ochel
Führung auf Anfrage
Tel.: 0201/89 59 500

Eintritt frei

Gärten sind eine Quelle der Lebensfreude für Menschen jeden Alters – wie wahr diese alte Weisheit ist, wird auf dem Schürmannhof deutlich. Die denkmalgeschützte Hofanlage soll nach Abschluss aufwändiger Restaurierungs- und Umbauarbeiten schließlich elf Seniorenwohnungen beherbergen.
Zur Lebensqualität trägt nicht zuletzt das großzügige Außengelände bei, welches in jüngster Zeit von dem Mülheimer Landschaftsarchitekten Helmut Fox gestaltet wurde. Dem Innenhof verleihen Buchen und Esskastanienbäume grünen Charme. Von der Gartenterrasse aus lassen sich Bauernblumen bewundern. Die Mithilfe der Bewohnerinnen und Bewohner im Garten ist stets willkommen. Und auch Tiere sollen dazu anregen, sich am Bauernhofleben zu beteiligen. Pferde, Schafe, Gänse und eigene Haustiere wollen versorgt werden. Dieses besondere Konzept des Schürmannhofes ermöglicht älteren Menschen einen langen Kontakt zur Natur.

Stadtgarten ESSEN

80 Karte: 17

Stadtgarten
Hohenzollern-/Brunnenstraße
45128 Essen-Südviertel
www.essen.de

Infos: Stadt Essen
Führung auf Anfrage
Tel.: 0201/8 88 31 04

Eintritt frei

Die älteste öffentliche Parkanlage Essens ist einer bürgerschaftlichen Initiative zu verdanken und entstand ab 1864: Finanziert wurde der Stadtgarten, welcher damals vor den Toren der Stadt lag, durch eine gemeinnützige Aktiengesellschaft. Im Jahr 1881 kam er dann in kommunalen Besitz und ist seither frei zugänglich. Mit dem Wachstum der Industriestadt wurde auch der Stadtgarten nach und nach erweitert. Inzwischen ist er als größter Park der Innenstadt für die Bevölkerung von unschätzbarem Wert und besitzt ein großes Stammpublikum. Die großzügigen Rasenflächen, der Teich mit Wasserfontäne und die beiden Spielplätze sind besondere Anziehungspunkte. Das von dem weltberühmten Architekten Alvar Aalto entworfene Opernhaus dominiert das Umfeld.

In der Nähe: Park am Moltkeplatz; Vorgärten Semperstraße 13–22; Ostfriedhof, Saarbrücker Straße; Parkfriedhof und Jüdischer Friedhof, Schulz-Straße; EGHN-Kulturlandschaft Zeche Zollverein, Gelsenkirchener Straße 181

Rechte Seite:
Stadtgarten

Hausgarten „Op de Bartelt" GELDERN

81 Karte: D 6

Hausgarten „Op de Bartelt"
Bartelter Weg 20
47608 Geldern
www.angelfire.com/
country/gardener/

Größe: 2.550 qm
Infos: Hildegard Beauvy und Robert Uster
Öffnungszeiten:
einzelne Wochenenden (siehe Internet-Adresse), nur für Gruppen auch n.V.
Tel.: 0 28 31/76 48

Eintritt

„Op de Bartelt" wird dieser idyllisch in der Nähe von Schloss Haag gelegene Hausgarten auf Niederdeutsch genannt: „Am Waldesrand". Seit einigen Jahren ist er im Rahmen der Initiative „Gärten am Niederrhein öffnen ihre Pforten" an einzelnen Wochenenden im Mai und Juni zu besichtigen. Die Termine werden jeweils mit den vier weiteren Beteiligten abgesprochen, um so zur schönsten Blütezeit Rundreisen zu ermöglichen (siehe auch: Bedburg-Hau, Kranenburg, Sonsbeck, Xanten).

Der sorgsam gepflegte Privatgarten von Hildegard Beauvy und Robert Uster bietet höchst unterschiedliche Bereiche: Vor dem Haus liegt ein von Buchsbaumhecken klar gegliederter Garten. Eine beeindruckende Blütenfülle in harmonisch aufeinander abgestimmten Farbnuancen zaubern Rosen und Stauden darin hervor. Über den „Schattenpfad", an dem unter alten Gehölzen zahlreiche Stauden wachsen, die wenig Sonnenlicht benötigen, gelangen die Besucherinnen und Besucher in den hinteren Teil des Gartens. Hier befinden sich neben einer Rasenfläche ein Teich und zwanglos gestaltete Beete sowie Obstbäume.

Den Gästen wird bei Tee und Gebäck auch das Schmökern in umfangreicher Gartenliteratur ermöglicht.

In der Nähe: Schlosspark Haag, Bartelter Weg 4; Garten Alte Kaplanei, Veert, Schulstraße 12, Tel.: 0 28 31/66 34 (n.V.); Hausgarten Vermöhlen, Veert, Wettener Straße 66, Tel.: 0 28 33/62 35 (n.V.)

Bauerngärten des Niederrheinischen Freilichtmuseums GREFRATH

Gleich mehrere Bauerngärten sind im Niederrheinischen Freilichtmuseum vorhanden. Auf dem Gelände rund um die Dorenburg, einem adeligen Landsitz, dessen Geschichte sich bis ins Jahr 1326 zurückverfolgen lässt, haben verschiedene Niederrhein-Fachwerkhäuser eine neue Heimat gefunden. Ihre Gärten wurden nach traditionellen Vorbildern angelegt und zeigen ebenso schöne wie typische Details: von Buchsbaum eingefasste Beete mit Gemüse, Stauden, Kräu-

tern und Sommerblumen, bäuerliche Heckenschnittkunst und vieles mehr. Altes Gartenwissen lässt sich hier neu entdecken: Welcher Stadtmensch weiß heute noch, was ein Bongert ist? Auch eine solche Obstwiese gibt es im Niederrheinischen Freilichtmuseum zu sehen.

In der Dorenburg werden Sonderausstellungen zu volkskundlichen Themen präsentiert. Das Spielzeugmuseum auf dem Gelände erfreut sich insbesondere bei Familien großer Beliebtheit. Neben dem historischen Spielzeug fasziniert dort auch eine Modelleisenbahn, die auf 60 Quadratmetern durch eine Welt im Miniaturformat fährt.

Ein vielfältiges Veranstaltungsprogramm bietet im Laufe der Saison zahlreiche Anlässe für den Besuch. Für Menschen mit Behinderungen gibt es spezielle Angebote. Im Pannekookehuus wird für das leibliche Wohl gesorgt.

82 Karte: D 8

Bauerngärten des Niederrheinischen Freilichtmuseums
An der Dorenburg 28
47929 Grefrath
www.freilichtmuseum-dorenburg.de

Größe: ca. 25 Hektar
Infos: Kreis Viersen
Öffnungszeiten:
März/Nov täglich außer Mo 10–16 Uhr, Apr–Okt täglich außer Mo 10–18 Uhr, Ostermontag und Pfingstmontag geöffnet, Karfreitag geschlossen
Führung auf Anfrage
Tel.: 0 21 58/9 17 30

Eintritt

In der Nähe: Hausgarten, Oedt, An der Floeth 8, Tel.: 0 21 58/66 27; Schwingbodenpark / Stadtpark, Stadionstraße

„Garten der Ruhe und Harmonie" GREFRATH

83 Karte: D 8

„Garten der Ruhe und Harmonie"
Am Graben 37
47929 Grefrath
www.guenter-heymans.de

Größe: 800 qm
Infos: Günter Heymans
Öffnungszeiten: Mai–Okt n. V.
Tel.: 0 21 58/36 78

Eintritt

Eine fernöstliche Welt eröffnet dieser Hausgarten am Niederrhein. Von japanischer Gartenkunst ließ sich Günter Heymans anregen, als er begann, „ein Stück Natur in den Garten zu holen". Um von den Meistern dieses Faches zu lernen, erklärt der Pharmareferent rückblickend, habe er zunächst mehrere Reisen nach Japan und China unternommen. Das ist fast 20 Jahre her, und inzwischen hat er es selbst zu großer Perfektion gebracht. Jeder Winkel des Grundstücks wurde von ihm gestaltet, jedes Detail wohlüberlegt eingefügt.

Der Name dieses Gartens verrät den Geist des Zen-Buddhismus: „Ruhe und Harmonie" strahlt schon die steinerne Buddha-Figur am Eingang aus. Wie bei einem traditionellen Teegarten treten Gäste durch eine Pforte ein und erreichen zunächst ein Wasserbecken, das der rituellen Reinigung dient. Das geräumige Teehaus ruht auf Pfählen und scheint so über der Wasserfläche des Teiches zu schweben. Einige Trittsteine trennen den Wassergarten von einem Trockenlandschaftsgarten, in dem geharkte Granitsplittflächen das Wasser und die Wellen symbolisieren. Inseln aus Moos, Findlinge, die wie Berge wirken, Bonsai-Bäume (Mädchenkiefern, Bergkiefern, Lärchen u.a.) und zu grünen Hügeln geformte Azaleen vervollständigen das Bild einer japanischen Landschaft.

Auf seiner Internetseite gibt Günter Heymans viele Erfahrungen zu verschiedenen Themen weiter: Teichbau, Bonsai-Pflege, Haltung von Koi-Karpfen u.a. Der Besuch des Gartens kann mit der Teilnahme an einer Teezeremonie verbunden werden.

Landesgartenschau GREVENBROICH

„Die Erde heilen" – so lautete 1995 das ehrgeizige Motto der Landesgartenschau Grevenbroich. Das Ergebnis kann sich immer noch sehen lassen: Seither genießt die Bevölkerung ein Naherholungsgebiet,

das sich vom Stadtzentrum entlang der Erft in nördlicher und südlicher Richtung erstreckt und den Schlosspark einbezieht.
Für Kunstinteressierte gibt es auf dem ehemaligen Landesgartenschau-Gelände zwischen dem Alten Schloss und der Alten Feuerwache Hochkarätiges zu entdecken. Der renommierte Künstler Ian Hamilton Finlay (1925–2006), welcher durch seinen eigenen Privatgarten „Little Sparta" in Schottland internationales Ansehen erlangte, hat hier neun Installationen geschaffen. Manche sind in dem dicht von hohen Bäumen bestandenen Park erst auf den zweiten Blick zu entdecken: Das Zitat von Hölderlin an der Teichmauer vor der Alten Feuerwache beispielsweise oder die Tafel mit einer Inschrift von Vergil an einer stattlichen Rotbuche nahe der Mühlenerft oder auch die kleine steinerne Pyramide zu Ehren des deutschen Malers Caspar David Friedrich unweit der Schlossallee. Sie alle sollen dazu anregen, den Park mit anderen Augen zu sehen.

In der Nähe: Künstlergarten, Montanusstraße 36, Tel.: 01 71/ 5 46 37 19 (n.V.); Friedhof, Montanusstraße; Stadtpark – Villa Erckens, Am Stadtpark

84 Karte: F 11

Landesgartenschau Grevenbroich
Schloss-/Karl-Oberbach-Straße
41515 Grevenbroich
www.grevenbroich.de

Infos: Stadt Grevenbroich
Führung auf Anfrage
Tel.: 0 21 81/60 82 11

Eintritt frei

Kloster Langwaden GREVENBROICH

85 Karte: F 10

Park von Kloster Langwaden
Langwadener / St.-Bernhard-Straße
41516 Grevenbroich-Langwaden
www.klosterlangwaden.de
www.zisterzienserlangwaden.de

Größe: 2 Hektar
Infos: Zisterzienserkonvent Langwaden e.V.
Führung auf Anfrage
Tel.: 0 21 82/88 02-0

Eintritt frei

„Rast auf dem Lebensweg" wollen die Mönche des Klosters Langwaden ihren Gästen ermöglichen. Im Rheinkreis Neuss ist das Kloster ein beliebtes Naherholungsziel.

Die verschiedenen Gebäude liegen eingebettet in eine frei zugängliche Parkanlage, welche der französische Eigentümer Nicolas-Joseph Maison nach der Säkularisation ab 1805 anlegen ließ. Der Nutzgarten, welcher von Mauern umschlossen ist, dient den Mönchen heute vorrangig als Klausurgarten.

In der warmen Jahreszeit wird im Klostergastgarten für das leibliche Wohl gesorgt. Ganzjährig bietet sich die Einkehr in die Klosterschenke an. Im Klosterkeller werden mittelalterliche Gaumenfreuden nach alten Rezepten und Musik geboten.

Ein Besuch von Kloster Langwaden lässt sich mit der Teilnahme an einem Gottesdienst der Mönche verbinden. Konzerte und andere öffentliche Veranstal-

tungen sind immer wieder schöne Anlässe, auch den Park zu besichtigen.

Park von Kloster Langwaden, Grevenbroich

In der Nähe: Schlosspark Hülchrath, Grevenbroich-Hülchrath; Hausgarten, Grevenbroich-Hülchrath, Herzogstraße 15 (www.offene-gartenpforte.de)

HAAN *Hausgarten Lamberty*

Ein Besuch dieses ländlichen Cottage-Gartens in historischer Hofanlage mit alten Rosensorten, Funkien *(Hosta)*, Taglilien *(Hemerocallis)* und Duftpflanzen ist im Juni zur besten Blütezeit möglich. Bei der Anlage wurde großer Wert auf die Verwendung historischer Baustoffe gelegt, wie alter Feldbrandziegel. Inzwischen haben sich eine ganze Reihe von Eigentümern in der „Arbeitsgruppe Haaner Gartenlust" zusammengetan und präsentieren ihre Gärten gemeinsam.

In der Nähe: Hausgarten, Haan-Ost, Zwengenbergerstraße 41 (www.offene-gartenpforte.de); Hausgarten, Haan-Unterhaan, Dellerstraße 77 (www.offene-gartenpforte.de)

86 Karte: I9

Hausgarten Lamberty
Horst 3A, 42781 Haan-Mitte
www.haaner-gartenlust.de

Größe: 600 qm
Infos: Gabriele Lamberty
Öffnungszeiten: www.offene-gartenpforte.de und in den ersten drei Juniwochen n. V.
Tel.: 0 21 29/5 36 39

Eintritt frei

Stadtpark Ville d'Eu HAAN

87 Karte: 19

Stadtpark Ville d'Eu
König-/Bismarck-/
Kaiserstraße
42781 Haan
www.haan.de

Größe: 4.600 qm
Infos: Stadt Haan
Führung auf Anfrage
Tel.: 0 21 29/91 13 70

Eintritt frei

Die Gartenkunst der 1920er Jahre ist in Haan lebendig: Der angesehene Gartenarchitekt Walter Baron von Engelhardt (1864–1940), zu jener Zeit Gartendirektor in Düsseldorf, erhielt 1926 den Auftrag, diese öffentliche Grünanlage zu entwerfen.

Den Park im Ortskern von Haan ließ er in schlichten architektonischen Formen anlegen. Zwei parallel zur Königstraße geführte Wege erschließen auf unterschiedlichem Niveau das abschüssige Gelände. Die untere Parkebene nimmt eine Rasenfläche ein. Ein Schmuckstück ist der offene Musikpavillon aus dem Jahr 1927, welcher noch heute für Konzerte im stilvollen Ambiente genutzt wird.

In den 1980er Jahren erhielt der Park seinen heutigen Namen: Die Städtepartnerschaft von Haan mit der französischen Stadt Ville d'Eu gehört zu den ältesten, die in NRW gepflegt werden. Seit der Jahrtausendwende steht der Stadtpark Ville d'Eu unter Denkmalschutz.

HAMMINKELN *Bauerngarten Stenkamp*

Für Familien ist dieser Bauernhof ein herrliches Ausflugsziel, denn hier kommen alle auf ihre Kosten: In dem großzügigen Bauerngarten wachsen Gemüsesorten neben Stauden und Einjährigen. Kübelpflanzen und kunstvoll in Form geschnittene Buchsbaum-Exemplare sind eine wahre Augenfreude. Die Kinder können außerdem zahlreiche Tiere kennen lernen und streicheln.

Das Landfrauencafé bietet auf dem nahen Bauernmarkt in Loikum freitags von 14 bis 18 Uhr hausgemachte Kuchen an.

In der Nähe: Gartenanlage Kloster Wertherbruch, Hölzerweg 7, Tel.: 0 28 73/94 92 10 (n. V.)

88 Karte: F 3

Bauerngarten Stenkamp
Beerenhuk 14
46499 Hamminkeln-Loikum

Größe: 2.000 qm
Infos: Ursula Stenkamp
Öffnungszeiten: www.offene-gartenpforte.de sowie n. V.
Parkmöglichkeiten auf dem Hof
Tel.: 0 28 52/7 25 76

Eintritt frei (Spende)

HAMMINKELN *Schlosspark Ringenberg*

Die Kunst ist auf Schloss Ringenberg zu Gast. Das Atelier- und Ausstellungszentrum am Niederrhein beherbergt heute zehn Wohnateliers für bildendende Künstlerinnen und Künstler aus Deutschland und aus den Niederlanden. Die Geschichte des Anwesens lässt sich bis in das frühe 13. Jahrhundert zurückverfolgen. Nachdem die ehemalige Wehrburg im Dreißigjährigen Krieg zerstört worden war, wurde in der Mitte des 17. Jahrhunderts auf deren Resten das von Wassergräben umgebene Schloss im Barockstil errichtet.

Gleich vor dem Portal liegen reiche Inspirationsquellen für Kunstschaffende und Interessierte: Der jederzeit frei zugängliche Parterregarten wurde von den Ehrenamtlichen des Heimatvereins nach dem Vorbild des einst hier vorhandenen Barockgartens auf Weideflächen und Ackerland neu angelegt. Als historische Quelle diente ein alter Kupferstich, der das charakteristische Wegekreuz und das Rondell im Zentrum zeigt. Im Jahre 2003 konnte er der Öffentlichkeit übergeben werden.

Zur Gesamtanlage gehören außerdem Obstwiesen, auf denen rund 40 verschiedene Sorten angebaut werden, sowie ein Waldgebiet. Gepflegt wird das Außengelände vom Heimatverein, der neben Schloss- auch Parkführungen anbietet.

89 Karte: F 3

Schlosspark Ringenberg
Schlossstraße 8
46499 Hamminkeln-Ringenberg
www.hamminkeln.de
www.schloss-ringenberg.de

Größe: 1,6 Hektar
Infos: Heimatverein Ringenberg e.V.
Führung auf Anfrage
Tel.: 0 28 52/63 64

Eintritt frei

Bauerngarten Benz-Kulka HEILIGENHAUS

90 Karte: I 8

Bauerngarten Benz-Kulka
Flurweg 18
42579 Heiligenhaus-Abtsküche

Größe: 3.000 qm
Infos: Waltraud Benz-Kulka
Öffnungszeiten: www.offene-gartenpforte.de sowie n. V.
Tel.: 0 20 56/6 06 97

Eintritt frei (Spende)

Wer weiß heute noch, was Topinambur ist? Die Staude ähnelt mit ihren gelben Strahlenblüten den Sonnenblumen, doch ihr wahrer Wert befindet sich unter der Erde, weshalb sie auch Erdbirne genannt wird: Ihre Knollen sind als Gemüse zubereitet ebenso schmackhaft wie gesund, denn sie enthalten Inulin (ein Polysaccharid mit unverdaulichen Fruchtzuckermolekülen) und sind darum Diabetikern besonders zu empfehlen.

In diesem Bauerngarten gibt es viele weitere alte Gemüsesorten, außerdem Wein, Spargel, Beerenobst, Blütenstauden, Sommerblumen und eine Kräuterspirale. Idyllisch neben einer Pferdeweide und einem Bachlauf liegt die große Streuobstwiese. Naturnahe Hecken mit Haselnusssträuchern und vielen weiteren einheimischen Gehölzen bieten zahlreichen Tieren ein Zuhause.

An den Wochenenden der „Offenen Gartenpforte“ gibt es einen Infostand zum Biogärtnern sowie zum Ernten und Konservieren von Obst und Gemüse. Eine Attraktion für Kinder ist dann das Ponyreiten. Nach Absprache wird gerne Kaffee und Kuchen zum Selbstkostenpreis angeboten.

In der Nähe: Garten am Museum Abtsküche, Abtsküchen Straße 37, Tel.: 0 20 56/1 31 93

Hausgarten Lindenhof HENNEF

91 Karte: K 14

Hausgarten Lindenhof
Frankfurter Straße 123
53773 Hennef
www.frameworks-arts.de

Größe: ca. 2.700 qm
Infos: Eva-Maria und Jörg Decker-Conradi
Öffnungszeiten: www.offene-gartenpforte.de
Tel.: 0 22 42/9 17 67 98

Eintritt frei

Fast 300 Jahre alt ist der Lindenhof. Das imposante Hauptgebäude wurde 1711 im Stil des Barock errichtet und ist heute von mehreren neu gestalteten Gärten umgeben: Der Rosengarten entfaltet ab Juni seine Pracht. Der Nutzgarten, in dem neben Obst und Gemüse auch zahlreiche Blütenstauden gedeihen, ist ebenso nützlich wie schön.

Der Hof beherbergt eine Galerie für zeitgenössische Kunst, und die Ausstellungseröffnungen sind eine gute Gelegenheit, auch einen Blick in die Gärten zu werfen.

In der Nähe: Kurpark; Schlosspark Allner; Alter Friedhof Bödingen, An der Klostermauer

HERZOGENRATH *Friedhof Oststraße*

Am Rande des Naherholungsgebietes Wurmtal liegt idyllisch der Friedhof von Kohlscheid. Die ersten Beerdigungen fanden hier 1836 statt. Mehrmals wurde der Friedhof Oststraße im Laufe des 19. und 20. Jahrhunderts erweitert, noch heute wird er im ursprünglichen Sinne genutzt. Sein ältester Teil ist in ein Waldstück eingebettet. Der südöstliche, „Brachemich" genannte Bereich befindet sich auf dem ehemaligen Gelände der Grube Langenberg, die 1846 ihren Betrieb einstellte und ihr Zechengebäude verkaufte.
Ein Kriegsgräberfeld des Zweiten Weltkriegs wurde außergewöhnlich gestaltet: Trauerbuchen umgeben diesen Ehrenfriedhof und tragen mit ihren zum Boden geneigten Ästen zur besinnlichen Wirkung des Ortes bei.

In der Nähe: ehemaliger Friedhof mit Kriegsgräberstätte, Eygelshover Straße; ehemaliger Friedhof Afden, Weidstraße; Friedhof, Lange Hecke/Kirchrather Staße; Waldfriedhof, Am Waldfriedhof

(92) Karte: B 13

Friedhof Oststraße
Oststraße/Am Langenberg
52134 Herzogenrath-Kohlscheid
www.herzogenrath.de

Größe: ca. 4 Hektar
Infos: Stadt Herzogenrath
Öffnungszeiten: bis zum Einbruch der Dunkelheit
Führung auf Anfrage
Tel.: 0 24 06/98 91 27

Eintritt frei

HILDEN *Hauptfriedhof*

Der Hauptfriedhof ist noch heute die wichtigste Begräbnisstätte von Hilden. Seine ältesten Teile wurden im 19. Jahrhundert angelegt und stehen inzwischen unter Denkmalschutz. Zahlreiche Grabmale stammen aus der Entstehungszeit und sind wegen ihrer künstlerischen Gestaltung und historischen Bedeutung erhaltenswert. Die Stadtgeschichte Hildens lässt sich an diesem Ort der Ruhe und des Gedenkens besonders eindringlich nachvollziehen.
Besonders bemerkenswert ist der von dem Düsseldorfer Landschaftsarchitekten Roland Weber (1909–1997) in den 1950er Jahren gestaltete Ehrenfriedhof.

In der Nähe: Parkanlage Haus Horst, Horster Allee; Parkanlage Institut für öffentliche Verwaltung, Hochdahler Straße 280, Tel.: 0 21 03/49 11 25 (n.V.); Ringwall-Anlage, Holterhöfchen, Gartenstraße/Am Holterhöfchen; Stadtpark, Skulpturengarten, Klotz-/Hofstraße

(93) Karte: H 10

Hauptfriedhof
Kirchhofstraße 61
40721 Hilden
www.hilden.de

Infos: Stadt Hilden
Öffnungszeiten: bis zum Einbruch der Dunkelheit
Führung auf Anfrage
Tel.: 0 21 03/24 21 79

Eintritt frei

Hauptfriedhof Hilden

Ehrenfriedhof Vossenack HÜRTGENWALD

Mehrere Gedenkorte in Vossenack erinnern an die Kampfhandlungen der Jahre 1944/45 im Hürtgenwald, denen Zehntausende Soldaten auf deutscher und alliierter Seite sowie viele Zivilisten zum Opfer fielen: Auf dem zwischen 1949 und 1952 angelegten Ehrenfriedhof wurden ca. 2.400 deutsche Soldaten beerdigt. Die amerikanischen Opfer der „Allerseelenschlacht" (ca. 55.000) wurden zu einem überwiegenden Teil in ihre Heimat überführt oder erhielten ihre letzte

Ruhestätte auf amerikanischen Ehrenfriedhöfen in Belgien und in den Niederlanden.

Der „Pfad des Gedenkens“ ist ein 10 Kilometer langer Wanderweg, der vom Rureifel Tourismus e.V. eingerichtet wurde und entlang des ehemaligen Westwalls an Zeugnissen des Zweiten Weltkriegs vorbeiführt. Die historischen Ereignisse können auf diesem Weg eindringlich nachempfunden werden. Schützenlöcher, Panzerketten, Bunker und andere Bauten wie beispielsweise die Mestrenger Mühle, welche zeitweise als Gefechtsstand, als Hauptquartier und als Lazarett von beiden Kriegsgegnern genutzt wurde, sind erhalten geblieben. Sachkundige Führungen durch den Geschichtsverein bringen diese Relikte zum Sprechen.

Das im Jahr 2001 eingeweihte historische Museum in der Ortsmitte von Vossenack (Pfarrer-Dickmann-Straße 23) zeigt die Dauerausstellung „Hürtgenwald 1944 und im Frieden“ (März–Dez So 11–17 Uhr).

(94) Karte: D 15

Ehrenfriedhof Vossenack
Simonskaller Straße / Franziskusweg
52393 Hürtgenwald-Vossenack
www.huertgenwald.de

Infos: Geschichtsverein Hürtgenwald e.V.
Öffnungszeiten: bis zum Einbruch der Dunkelheit
Führung auf Anfrage
Tel.: 0 24 29/90 26 13

Eintritt frei

Park und Hausgarten Dahlen ISSUM

95 Karte: E 6

Park und Hausgarten Dahlen
Nieukerker Straße 30–32
47661 Issum-Sevelen
www.dahlen.org

Größe: ca. 8.000 qm (Park), ca. 2.500 qm (Hausgarten)
Infos: Irmhild Dahlen
Öffnungszeiten: Mitte April bis Ende Mai Sa/So 10–18 Uhr (Hausgarten), der Park ist ganzjährig n. V. zugänglich
Führung auf Anfrage
Tel.: 0 28 35/44 47 09

Eintritt

Eine denkmalgeschützte Windmühle von 1869 ist der historische Kern dieses landschaftlich gestalteten Parks. Seit dem Jahr 2000 widmet sich der „Museumsverein Dahlen-Mühle e.V." dem Erhalt des imposanten Bauwerks, an dem die Jahrhunderte und vor allem der Zweite Weltkrieg nicht spurlos vorübergegangen sind. Zukünftig soll darin ein heimatkundliches Museum eingerichtet werden.
Mit der Anlage des Hausgartens begann Familie Dahlen in den 1980er Jahren. Ein Teil wurde nach japanischen Vorbildern als „Oase der Ruhe und Harmonie" gestaltet. Dieser „Japangarten" ist inzwischen sogar aus dem WDR-Fernsehen bekannt.
Der Wohngarten mit Swimmingpool und Sitzplätzen bietet viel Platz für Spiel, Spaß und Erholung. Zur Rhododendronblüte im April und Mai sind Park und Hausgarten besonders farbenprächtig.
Die Eintrittsgelder kommen als Spenden dem Erhalt der Dahlen-Mühle zugute.

Hausgarten Fellner JÜCHEN

96 Karte: E 10

Hausgarten Fellner
Kamphausen 171
41363 Jüchen

Größe: 5.000 qm
Infos: Renate Fellner
Öffnungszeiten: www.offene-gartenpforte.de sowie n. V.
Tel.: 0 21 66/60 37 75

Eintritt frei

Wasser fasziniert in diesem Hausgarten. Gleich mehrere Teiche wurden auf dem vergleichsweise großen Grundstück angelegt. Die Feuchtbiotope sind zur Heimat für zahlreiche Tier- und Pflanzenarten geworden, darunter auch exotische Koi-Karpfen. Eine blütenreiche Staudenvielfalt umgibt die Wasserflächen und beeinduckt im Wechsel der Jahreszeiten. Besondere Blickfänge bieten zahlreiche Skulpturen, die von der Eigentümerin Renate Fellner selbst stammen.
Für Familien heißt es bei den ungesicherten Teichen aufgepasst: Eltern haften für ihre Kinder!

In der Nähe: Hausgarten, Korschenbroich, Kleinenbroicher Straße 85, Tel.: 0 21 61/46 54 99 (n. V.); Hausgärten Hermannshof, Korschenbroich, Raitz-von-Frentz-Straße 2, Tel.: 0 21 61/67 15 21 (n. V.)

JÜCHEN *Schlosspark und Neue Gärten Dyck*

Abseits der großen Verkehrswege liegt der Schlosspark Dyck verborgen hinter hohen Bäumen in einer schon früh vom Ackerbau geprägten Region. Durch Alleen ist der Park mit seiner ländlichen Umgebung verbunden. Das barocke Wasserschloss, welches seine heutige Gestalt Mitte des 17. Jahrhunderts erhielt, wurde mit seiner inneren und äußeren Vorburg und zahlreichen Nebengebäuden auf drei Inseln errichtet. Es bildet den optischen Mittelpunkt eines Landschaftsgartens im englischen Stil, der von einem weit hierher gereisten Gartenkünstler entworfen wurde: Thomas Blaikie aus Schottland hatte bis dahin hauptsächlich in Frankreich gearbeitet und wurde von dem an Botanik und Gartenkunst interessierten Fürsten Joseph zu Salm-Reifferscheidt-Dyck beauftragt, eine bereits vorhandene Sammlung seltener Bäume aus aller Welt in eine Parkanlage zu integrieren, die ein malerisches Ganzes verkörpern sollte. In den Jahren 1820 bis 1835 wurde diese schließlich verwirklicht und ist

97 Karte: F 10

Schlosspark und
Neue Gärten Dyck
Schloss- / Heerstraße
41363 Jüchen-Bedburdyck
www.stiftung-schloss-dyck.de

Größe: 53 Hektar
Infos: Stiftung Schloss Dyck
Öffnungszeiten: März–Okt täglich außer Mo 10–18 Uhr (Schloss 14–18 Uhr),
Nov–Feb täglich außer Mo 10–17 Uhr (Schloss Sa, So und Feiertage 12–17 Uhr)
Führung auf Anfrage
Tel.: 0 21 82/8 24-0

Eintritt

heute ein herausragendes Beispiel für die Sammelleidenschaft des 19. Jahrhunderts. Der das Anwesen umgebende Gehölzsaum (engl.: belt) sorgt für ein mildes Kleinklima, bei dem auch frostempfindliche Exoten gedeihen. Eine Auflistung aller Pflanzen im Besitz des Fürsten ist der Nachwelt mit dem 1834 erschienenen Buch „Hortus Dyckensis" überliefert. Anlässlich der Dezentralen Landesgartenschau, die im Rahmen der Euroga 2002*plus* in Nordrhein-Westfalen durchgeführt wurde, konnte der Schlosspark nach den Originalplänen von Thomas Blaikie restauriert werden. Er lädt ein, seltene Pflanzen in einer ganzjährig beeindruckenden Parklandschaft kennen zu lernen. Jahreszeitliche Höhepunkte sind die Narzissenblüte im März und die Blüte der Azaleen und Rhododendren im April/Mai. Als Pendant entstanden 2002 zur Landesgartenschau die sogenannten „Neuen Gärten" auf dem Dycker Feld in unmittelbarer Nachbarschaft des Schlosses. Die 22 Themengärten sind von Chinaschilf *(Miscanthus)* umgeben und zeigen beispielhaft neue Gestaltungsmöglichkeiten.

Die Stiftung Schloss Dyck präsentiert als Zentrum für Gartenkunst und Landschaftskultur Ausstellungen zur Geschichte der Garten- und zur Gegenwartskunst sowie ein vielfältiges Veranstaltungsprogramm. Der Schlosspark Dyck ist Ankergarten der Route Rheinland im Europäischen Gartennetzwerk (EGHN).

In der Nähe: Nikolauskloster; Schlosspark Liedberg, Korschenbroich, Schlossstraße 39

Brückenkopf-Park JÜLICH

„Erleben – Entdecken – Entspannen" lautet das Motto des Brückenkopf-Parks. Zahlreiche Attraktionen machen die großflächige Anlage an der Rur rund um den Brückenkopf zu einem beliebten Ausflugsziel in der Region: Ein Hauptanziehungspunkt für Familien ist der Zoo mit über 550 Tieren, darunter auch Wölfe und Luchse. Auf zahlreichen Spielplätzen können sich Kinder und Jugendliche austoben – der Kletter-

felsen und die Skateranlage werden bei schönem Wetter von Stammgästen umlagert. Themengärten liefern Pflanzenbegeisterten Ideen für das eigene grüne Reich. Oster- und Gartenmarkt, Zoofest und Saisonabschlussfest sind Höhepunkte des vielfältigen Veranstaltungsprogramms.
Seine heutige Gestaltung verdankt der Brückenkopf-Park der Landesgartenschau des Jahres 1998. Unter der Leitung des Landschaftsarchitekten Norbert Kloeters, Aachen, wurde der französische Einfluss auf das Rheinland zum Kernthema dieser Landesgartenschau. Der Bund Deutscher Landschaftsarchitekten (BDLA) würdigte 1999 das in Fachkreisen viel gelobte Ergebnis als herausragende Leistung. Die Brückenkopf genannte napoleonische Festungsanlage ist teilweise zu besichtigen und gibt Einblicke in den Festungsbau dieser Zeit.

In der Nähe: Landesdenkmal Zitadelle, Tel.: 0 24 61/37 68-0

98 Karte: D 12

Brückenkopf-Park
Rurauenstraße 11
52428 Jülich
www.brueckenkopf-park.de

Größe: 33 Hektar
Infos: Brückenkopf-Park Jülich GmbH
Öffnungszeiten:
Apr–Okt täglich 9.30–18 Uhr,
Nov–März täglich 10–17 Uhr
Führung auf Anfrage
Tel.: 0 24 61/97 95-0

Eintritt

Seite 112:
Brückenkopf-Park

KAARST *Bauerngarten Tuppenhof*

Viel Lob aus Fachkreisen und die begehrte Auszeichnung der Deutschen Stiftung Denkmalschutz gab es für die denkmalgerechte Restaurierung des Tuppenhofs von 1996 bis 2004. In seiner Bauweise ist der ab 1705 errichtete Vierkanthof für den Niederrhein besonders typisch. Heute dient er als „Museum und Begegnungsstätte für bäuerliche Geschichte und Kultur". Die Sammlung steht in engem Zusammenhang mit dem Tuppenhof und vermittelt ein authentisches Bild des früheren bäuerlichen Lebens.
Eine alte Eibenallee ist die Visitenkarte des Tuppenhofs. Der von Ehrenamtlichen gepflegte Bauerngarten mit traditionellen Nutzpflanzen und einer Vielfalt von Sommerblumen und Stauden bietet Anregungen für den eigenen Hausgarten. Informationstafeln des Naturschutzbundes Deutschland e.V. (NABU) machen den Besuch zum lehrreichen Erlebnis. Faltblätter zu verschiedenen Gartenthemen werden im Museum angeboten.

99 Karte: F9

Bauerngarten Tuppenhof
Rottes 27
41564 Kaarst-Vorst
www.tuppenhof.de

Größe: 4.500 qm
Infos: Museumsförderverein Kaarst e.V.
Öffnungszeiten: Mai–Okt Sa/So 11–18 Uhr sowie n.V.
Führung auf Anfrage
Tel.: 0 21 31/51 48 50

Eintritt

KAMP-LINTFORT *Kloster Kamp*

Ausgerechnet am Niederrhein, der für seine weithin zu überblickende flache Landschaft bekannt ist, erwartet die Besucherinnen und Besucher am Südhang des Kamper Bergs ein Terrassengarten im barocken Stil. Die repräsentative Anlage, in der sowohl Zier- als auch Nutzpflanzen ihren Platz finden, gehört zum ehemaligen Kloster Kamp, das im Jahre 1123 als erstes deutsches Zisterzienserkloster gegründet wurde. In Zeiten seiner größten Machtentfaltung beauftragte Abt Franziskus Daniels einen dem Konvent angehörenden Mathematiker und Baumeister mit der Planung der Außenanlagen. Nach „italienischem Muster" wurden kurz nach 1740 vier Terrassen in den Hang gebaut, die über eine prachtvolle, von Skulpturen geschmückte Treppe zu betreten waren. An den Mauern dieser Terrassenanlage zogen die Mönche Spaliergehölze wie Aprikosen- und Pfirsichbäume sowie möglicherweise auch Wein. Unterhalb wurde ein Parterregarten mit quadratischen Beeten für Ge-

100 Karte: E6

Terrassengarten Kloster Kamp
Abteiplatz 13
47475 Kamp-Lintfort
www.kloster-kamp.de

Größe: 2,2 Hektar
Infos: Geistliches und Kulturelles Zentrum Kloster Kamp e.V.
Öffnungszeiten: bis zum Einbruch der Dunkelheit
Führung auf Anfrage
Tel.: 0 28 42/92 75 40

Eintritt frei

müse angelegt, eingerahmt von Sommerblumen und Kräutern. Im Zentrum dieses Gemüsegartens befand sich ein Springbrunnen. Weitere Gartenbereiche und ein Spiegel genannter Fischteich schlossen sich an. Nachdem das Kloster im Jahre 1802 aufgelöst worden war, verfiel der Terrassengarten. Erst in den 1980er Jahren wurde auf der Basis genauer archäologischer Untersuchungen mit dessen Wiederherstellung begonnen. Am Fuß des Kamper Bergs befanden sich statt des einstigen barocken Parterregartens zu dieser Zeit Acker- und Weideflächen. Durch den Bau einer Bundesstraße waren Teile der Anlage zerstört worden. Auf eine detailgetreue Rekonstruktion wurde in dieser Situation zugunsten einer Neuschöpfung verzichtet. Die heutige Anlage auf kleinerem Terrain kommt in ihrer Gestaltung dem historischen Vorbild nahe und vermittelt den engen Zusammenhang zwischen dem Klosterbau und seinen Zier- und Nutzgärten. Ein Kräutergarten mit Pflanzenverkauf hält die Traditionen lebendig. Der sogenannte „Alte Garten", ein ehemaliger Nutzgarten, wurde kürzlich wiederhergestellt. In der westlichen Orangerie sind regelmäßig Wechselausstellungen zeitgenössischer Kunst zu sehen.

In der Nähe: Staudengärtnerei Förster, Rheurdter Straße 501, Tel.: 0 28 42/4 77 03; Bauerngarten, Leuchtstraße 73, Tel.: 0 28 02/64 46 (n.V.)

KEMPEN *Alter Friedhof*

Als Orte der Trauer und des Gedenkens sind Friedhöfe wichtige Kulturzeugnisse der Menschheit. Ihre Gestaltung hat sich über die Jahrhunderte gewandelt. In Kempen lässt sich auf dem denkmalgeschützten Alten Friedhof erkennen, dass sich im 19. Jahrhundert in Deutschland eine neue Anlageform durchzusetzen begann: der Park- und Waldfriedhof.
Beim Alten Friedhof wurde der klare geometrische Grundriss mit einer Hauptachse, die vom Haupteingang im Westen bis zum Hockkreuz im Osten führt, bereits durch landschaftlich gestaltete Bereiche aufgelockert. Heute kann dieser Kempener Friedhof daher als ein Vorbote für die spätere Entwicklung gesehen werden, welche zu Neuanlagen im Stil englischer Landschaftsgärten führte.

(101) Karte: E 7

Alter Friedhof
Kerkener Straße
47906 Kempen
www.kempen.de

Größe: 1,8 Hektar
Infos: Stadt Kempen
Öffnungszeiten: bis zum Einbruch der Dunkelheit
Führung auf Anfrage
Tel.: 0 21 52/9 17-0

Eintritt frei

In der Nähe: Burgwäldchen mit Skulpturenpark, Burgring

Baumschule Höfkes KEMPEN

102 Karte: E 7/8

Baumschule Höfkes
Unterweiden 82
47906 Kempen
www.baumschule-hoefkes.de

Größe: 6.000 qm
Infos: Rudolf Höfkes
Öffnungszeiten:
Mo–Fr 8–18 Uhr, Sa 8–13 Uhr
Tel.: 0 21 52/5 05 08

Eintritt frei

Neben seiner Baumschule widmet sich Rudolf Höfkes einer privaten Sammelleidenschaft: In dem parkartigen Außengelände hat er zahlreiche seltene Bäume und Sträucher vereint. So wachsen im „Rhododendron-Tal“ rund 150 verschiedene Arten bzw. Sorten, die zeigen, dass hier ein Experte am Werke ist. Garten-Bonsais verleihen der Parkanlage einen fernöstlichen Charme. Außerdem gibt es eine Sammlung von rund 350 historischen landwirtschaftlichen Geräten zu sehen – von der handlichen Sense bis hin zum großen Heuwagen.
Wechselausstellungen mit zeitgenössischer Kunst, die in Zusammenarbeit mit dem Krefelder Galeristen Egon Heidefeld während der Sommersaison präsentiert werden, bieten auch für Kulturinteressierte immer wieder einen Anlass, die Parkanlage zu besuchen.

In der Nähe: Parkanlage Haus Bockdorf, Kempen-Unterweiden, Tel.: 0 21 52/8 98 90 (n. V.); Bauerngarten Naturparkzentrum Haus Püllen, Wachtendonk, Feldstraße 35, Tel.: 0 28 36/91 99-00

KEMPEN *Landschaftsgarten im japanischen Stil*

Eine Berglandschaft im Miniaturformat präsentiert dieser Privatgarten eines Profigärtners. „Alles fing mit einzelnen großen Steinen an, die ich aus Österreich mitgebracht habe“, erklärt Petro Randazzo. Die japanische Gartenkunst hat es dem schon seit vielen Jahren in Deutschland lebenden Italiener angetan. Der naturnah geformte Teich wirkt dank geschickt platzierter Findlinge wie ein Gebirgssee. Über Trittsteine und schmale Uferpfade können die Besucherinnen und Besucher den Garten erkunden, vorbei an zwei Bachläufen und einem Wasserfall. Zur Azaleenblüte ab Mitte April zeigt er sich von seiner farbenprächtigsten Seite.
Ein kleiner Innenhof wurde im japanischen Zen-Stil mit Kiesflächen und grünen Inseln ausgestattet, auf denen Bonsai-Schönheiten wachsen.
Inzwischen ist der Garten von Petro Randazzo durch verschiedene Gartenmagazine auch überregional bekannt.

103 Karte: D 8

Landschaftsgarten im japanischen Stil
Klixdorfer Straße 2
47906 Kempen
www.randazzo-gartenbau.de

Größe: 800 qm
Infos: Petro Randazzo
Öffnungszeiten: www.offene-gartenpforte.de sowie n. V.
Tel.: 0 21 52/31 91

Eintritt frei

KERPEN *Friedhof Mödrath*

Auch vor Friedhöfen hat der Braunkohletagebau nicht haltgemacht. Von 1958 bis 1962 wurde Alt-Mödrath umgesiedelt und an den Ortskern von Kerpen angeschlossen. Wo sich einst das Dorf befand, liegt heute das Marienfeld mit dem Papsthügel. Das rekultivierte Areal ist seit 2005 vielen Menschen ein Begriff, denn hier fand die von Papst Benedikt XVI. gehaltene Abschlussmesse des katholischen Weltjugendtages statt. Seither ist das Marienfeld auch in den Jakobsweg einbezogen, welcher als Pilgerweg Köln und Aachen verbindet.
Die von der Umsiedelung betroffenen Bewohnerinnen und Bewohner von Alt-Mödrath konnten bestimmen, wohin ihre verstorbenen Angehörigen umgebettet werden sollten. Ein Teil der Grabstätten wurde auf dem Mitte der 1950er Jahre angelegten Friedhof von Neu-Mödrath wieder errichtet, der über einen

104 Karte: G 13

Friedhof Mödrath
Friedhofs-/Alte Landstraße
50171 Kerpen-Mödrath
www.stadt-kerpen.de

Infos: Stadt Kerpen
Öffnungszeiten: bis zum Einbruch der Dunkelheit
Führung auf Anfrage
Tel.: 0 22 37/9 23 27 21

Eintritt frei

schmalen Fußweg vom Kirchplatz aus zu erreichen ist. Er befindet sich nun in unmittelbarer Nähe des alten Kerpener Friedhofs und ist doch durch eine niedrige Mauer deutlich als eigenständige Anlage gekennzeichnet – die historische Entwicklung bleibt so ablesbar.

In der Nähe: Parkanlage Schloss Lörsfeld, Tel.: 0 22 73/5 77 55

KERPEN Schlosspark Türnich / Obstpark

„Ein richtig verstandener Landschaftspark ist per se ein ausgezeichnetes, weil vielfältiges Biotop", erklärt Godehard Graf Hoensbroech den Besucherinnen und Besuchern des Schlossparks. Seit er in den 1980er Jahren das Anwesen übernahm, hat er nicht nur den Landschaftsgarten aus der zweiten Hälfte des 19. Jahrhunderts restauriert, sondern auf einer immensen Fläche von 37 Hektar auch einen Obstpark hinzugefügt. Nach dem englischen Vorbild einer Ornamental Farm (verschönertes Landgut) wurde die Landschaftsgestaltung mit einer gartenbaulichen Nutzung verbunden. Naturbelassene Wiesen dominieren das Bild, darin eingebettet liegen die Obstpflanzungen.

Das Stammpublikum weiß es zu schätzen: Die Äpfel können sogar selbst gepflückt werden – frischer geht es nicht. Weitere biologisch-dynamisch erzeugte Demeter-Produkte wie Säfte, Edelbrände, Obstessig, Fruchtaufstriche u.a. gibt es im Hofladen. Allerlei hausgemachte Delikatessen können die Gäste des Cafés in der ehemaligen Bibliothek und auf der Terrasse im Schlosshof genießen.

105 Karte: G 13

Schlosspark Türnich/
Obstpark
Am Schlosspark/Ulmenweg
50169 Kerpen-Türnich
www.schloss-tuernich.de

Größe: 7 Hektar (Schlosspark),
37 Hektar (Obstpark)
Infos: Gräfliche Hoens-
broechsche Verwaltung
Führung gegen Gebühr auf
Anfrage
Tel.: 0 22 37/97 46 70 und
0 22 37/56 22 24 (Obstpark)

Eintritt frei

Seine Gartenphilosophie und sein Verständnis der Geomantie, jener Grenzwissenschaft von den energetischen Strukturen der Erde, die auch auf die Parkgestaltung Einfluss hatte, vermittelt Graf Hoensbroech bei seinen Parkführungen.

In der Nähe: Hof Vorburg Schloss Frens, Kerpen-Horrem, Zum Frenser Feld; Schlosspark Bergerhausen, Kerpen-Blatzheim, Burgstraße 12; Hof Vorburg Bachem, Frechen-Bachem, Schlossstraße 8, Tel.: 0 22 34/1 74 29 (n. V.)

Hausgarten „Te Gesselen“ KEVELAER

106 Karte: D 5

Hausgarten „Te Gesselen“
Kapellener Straße 4
47625 Kevelaer-Wetten
www.kevelaer.de

Größe: ca. 2 Hektar
Infos: Georg und Ursula Keuck
Öffnungszeiten: n. V.
Führung auf Anfrage
Tel.: 0 28 32/46 80

Eintritt

Rund um das Haus te Gesselen, einem ehemaligen Rittersitz, liegt eine naturnah gestaltete Gartenlandschaft. Vor rauem Wind schützt ein Kopfweidensaum das an die Niers grenzende Grundstück. Diese markanten Baumgestalten wurden seit 1990 nach und nach angepflanzt. Fast 200 Exemplare sind inzwischen zu einem neuen Wahrzeichen des ländlichen Anwesens herangewachsen. Das reichlich anfallende Schnittgut wird für Flechtzäune oder als Brennholz verwendet. Ein Weidenkreis und ein Weidenzelt geben Anregungen, wie diese regionaltypischen Bäume Hausgärten bereichern können.
Alte Obstbäume und eine wohl 150-jährige Esskastanie tragen zum besonderen Charme des Anwesens bei. Ein kleiner Gemüsegarten liefert ebenso gesunde wie schmackhafte Köstlichkeiten. Zur spätsommerlichen Erntezeit sind die „Kürbishügel“ besonders eindrucksvoll.
Das ganze Jahr über gibt es im Kräutergarten viel zu entdecken: Auf einer Fläche von rund 350 Quadratmetern, umgeben von den schützenden Mauerresten eines alten Stalls, zieht Ursula Keuck klassische Küchenkräuter, traditionelle Heilpflanzen und allerlei Raritäten. Wenn sie von ihren Schätzen berichtet, erfahren selbst Fachleute noch viel Neues.
Eine Besichtigung des denkmalgeschützten Wohnhauses, das bereits Mitte des 13. Jahrhunderts erstmals urkundlich erwähnt und Ende des 16. Jahrhunderts mit außergewöhnlichen Renaissance-Giebeln versehen wurde, kann angeschlossen werden. Nach Absprache wird gerne eine Stärkung angeboten.

KEVELAER *Marienpark*

„Nordwesteuropas größter Wallfahrtsort", nennt sich Kevelaer stolz. Mehr als 800.000 Menschen besuchen jedes Jahr die Gemeinde am Niederrhein. Ihr Ziel ist vor allem die Gnadenkapelle: Hinter dem Altar ist darin ein kleiner Kupferstich zu sehen, der die Muttergottes zeigt. Das Heiligenbild war in den Wirren des Dreißigjährigen Krieges für den Kaufmann Hendrik Busmann Anlass gewesen, im Jahr 1642 ein Heiligenhäuschen zu errichten. Eine erste Wallfahrtskirche wurde kurze Zeit später, zwischen 1643 und 1645, erbaut – die heutige Kerzenkapelle. Schon im 17. Jahrhundert entwickelte sich so ein Wallfahrtszentrum. Zu einer Wallfahrt gehört auch der Gang des Kreuzweges. Er beginnt gegenüber dem Klarissenkloster an der Twistedener Straße, führt durch den Marienpark mit den einzelnen Kreuzwegstationen und endet vor einem monumentalen Bild der Schutzmantelmadonna. Die einzelnen Stationen entlang der Allee nahe dem Friedhof wurden im Laufe mehrer Jahre von Gläubigen gestiftet. Als der Kreuzweg 1889 angelegt wurde, waren es zunächst nur wenige kleine Kapellen. Bis zum Jubiläumsjahr 1892 – „250 Jahre Wallfahrt Kevelaer" – erhöhte sich die Zahl auf zwölf. Nach dem Zweiten Weltkrieg wurden die teils erheblich beschädigten Stationen von kirchlichen Verbänden wieder aufgebaut.

In der Nähe: Niederrheinpark, Kevelaer-Twisteden, Tel.: 0 28 32/9 32 70

107 Karte: C 5

Marienpark (Wallfahrtspark)
Gelderner / Römerstraße
47623 Kevelaer
www.wallfahrt-kevelaer.de

Infos: Wallfahrtsleitung
Öffnungszeiten: bis zum Einbruch der Dunkelheit
Führung auf Anfrage
Tel.: 0 28 32/9 33 80

Eintritt frei

„Café im Gärtchen" KLEVE

108 Karte: B 2

„Café im Gärtchen"
(Bauerngarten)
Spicker 45
47533 Kleve-Keeken
www.cafe-im-gaertchen.de

Größe: 1.400 qm
Infos: W. und D. Euwens
Öffnungszeiten:
Fr–Di 14–18 Uhr
Tel.: 0 28 21/3 06 38

Eintritt frei

Für das Auge und den Gaumen gibt es in Keeken viel zu genießen: Ein denkmalgeschützter Bauernhof in landschaftlich herrlicher Lage nahe einem Altarm des Rheins beherbergt seit rund 10 Jahren das „Café im Gärtchen". Ein Stall wurde zur Café-Stube umgebaut, und bei schönem Wetter lässt sich im Garten bei hausgemachtem Kuchen zugleich die Blütenpracht bewundern.

Der bäuerliche Garten – nach alten Vorbildern neu angelegt – vereint in seinen von Buchsbaum gesäumten Beeten eine bunte Mischung aus Einjährigen und Stauden, darunter viele traditionsreiche Sorten wie Stockrosen, Lupinen, Pfingstrosen, Phlox und Glockenblumen. Dazu gesellen sich in jedem Jahr zahlreiche Salat- und Gemüsesorten. Zum Naschen verleiten Beerenobststräucher und Spalierobstbäume.

Kein Wunder, dass Ausflügler auf „Beckers Halbem Hof" gern Rast machen. Und auch das ebenfalls hier ansässige Infozentrum Keeken wird rege genutzt. Es lädt zur weiteren Erkundung der Region mit dem klingenden Namen „De Gelderse Poort" (www.gelderse-poort.de) und ihrer zahlreichen Rad- und Wanderwege ein.

Seite 123:
Amphitheater mit Minerva-Statue im Neuen Tiergarten

„Neuer Tiergarten" KLEVE

109 Karte: B 3

Historische Gartenanlagen
„Neuer Tiergarten" Kleve
Tiergartenstraße 41–43
47533 Kleve
www.kleve.de
Infos: Stadt Kleve
Führung auf Anfrage
Tel.: 0 28 21/8 42 67

Eintritt frei

Die Gärten von Kleve gehören zu den herausragenden frühen Schöpfungen in der Geschichte der europäischen Gartenkunst. Ihren historischen Kern bilden zwei großflächige barocke Parkanlagen – der Alte und der Neue Tiergarten –, welche bereits in der Mitte des 17. Jahrhunderts, auf Veranlassung von Johann Moritz von Nassau-Siegen (1604–1679), dem brandenburgischen Statthalter im Herzogtum Kleve, realisiert wurden. Von der städteplanerischen Absicht geleitet, in seiner Residenzstadt „Landesverschönerungen" durchzuführen, übernahm der Statthalter selbst die entsprechenden Planungen. Er sollte zu einem Vorreiter werden und Gartenschöpfer von Berlin bis Versailles inspirieren.

Forstgarten

Prägend wirken die Barockanlagen noch heute durch ihr Achsensystem auf die Stadt Kleve und deren Umland. Besonders sehenswert ist das Amphitheater im Neuen Tiergarten – ein terrassenförmig nach antiken Vorbildern am Hang des Springenbergs angelegter Garten mit zwei Laubengängen, die zu einem Pavillon (Monopteros) führen, und einem Springbrunnen mit der nachgebildeten Statue der mythologischen Göttin Minerva; das Original befindet sich im benachbarten Museum Kurhaus. Schon Johann Moritz hatte das Amphitheater immer wieder

umgestalten lassen, weitere Veränderungen gab es in den folgenden Jahrhunderten. In seiner heutigen Form macht das Amphitheater die ursprünglichen Entwurfsgedanken deutlich, bezieht aber auch die weitere Geschichte bis zur Gegenwart ein.
Von der Kuppe des Springenbergs, oberhalb des Amphitheaters, lässt sich die weite Sicht entlang des Prinz-Moritz-Kanals genießen bis hin zum jenseits der Rheinebene gelegenen Eltenberg mit der Stiftskirche Hochelten, welche als „Point de vue“ (Blickpunkt) in die Gestaltung einbezogen wurde.
Als weitere künstliche Erhöhung ließ Johann Moritz den Sternberg errichten. Zwölf Sichtschneisen strahlen von dieser bewaldeten Anhöhe aus und führen den Blick etwa zur Schwanenburg in Kleve und – je nach Wetterlage – sogar bis zu Schloss Moyland bei Bedburg-Hau.
Eine Erinnerung an den einstigen Regenten bildet das 1677/78 bei „Berg und Tal“ südöstlich von Kleve errichtete Grabmal des Johann Moritz, das er selbst in Auftrag gab. Die gusseiserne Tumba steht im Zentrum einer halbkreisförmigen Exedra, doch sie ist leer – seine letzte Ruhestätte fand Johann Moritz schließlich in der Familiengruft in Siegen. Der nahe gelegene Aussichtspunkt am Papenberg ermöglicht ebenfalls eine Sicht auf Kleve und sein Schloss.
Im Stil englischer Landschaftsgärten wurde in den 1820er Jahren vom Gartenkünstler Maximilian Friedrich Weyhe (1775–1846) neben dem Tiergarten der Forstgarten angelegt. Bäume einer älteren, formalen Anlage, die 1782 von Ernst Julius von Buggenhagen begonnen worden war, konnten einbezogen werden. Hinweistafeln informieren heute über die botanischen Raritäten, zu denen auch ein riesiger Urwelt-Mammutbaum *(Metasequoia glyptostroboides)* gehört.
Auf der Grundlage eines detaillierten Parkpflegewerks der Wuppertaler Gartenarchitekten Gustav und Rose Wörner werden die Gärten von Kleve seit 1975 restauriert und fachgerecht betreut.

In der Nähe: Villengarten Belriguardo, Tiergartenstraße 39, Tel.: 0 28 21/2 63 62 (n. V.); Schlosspark Gnadenthal, Gnadenthal 8, Tel.: 0 28 21/2 90 80 (n. V.); Park der Schwanenburg

Hausgarten „Kuelsche Hostey" KLEVE

110 Karte: B 2

Hausgarten der „Kuelschen Hostey"
Düffelgaustraße 22
47533 Kleve-Keeken
www.kuelschehostey.de
www.gaerten-kleverland.de

Größe: 2.800 qm
Infos: Claudia Weber
Öffnungszeiten: einzelne Wochenenden im Rahmen der Aktion „Offene Gärten im Kleverland" (siehe Internet-Adresse) sowie n. V.
Tel.: 0 28 21/3 03 08

Eintritt

Fabelwesen verleihen dem Garten der „Kuelschen Hostey" sein unverwechselbares Gesicht: Die Figuren aus Keramik stammen von der Eigentümerin und Designerin Claudia Weber. Zusammen mit den aus alten Ziegelsteinen angelegten Wegen und Gartenmauern sowie der üppigen Bepflanzung unterstreichen sie den romantischen Charakter dieses Gartens. Zahlreiche historische Strauchrosen verströmen zur Blütezeit im Juni ihren Duft.

Das Herzstück der Anlage erinnert an einen traditionellen Bauerngarten mit Gemüse, Kräutern und Stauden. Im Zentrum plätschert ein selbst gestalteter Springbrunnen – die Tierfiguren symbolisieren die vier Elemente: Erde, Feuer, Luft und Wasser. Naturnahe Hecken bieten zahlreichen Tieren ein Zuhause. Die „Kuelsche Hostey" ist ein rund 160 Jahre altes Bauernhaus. Der Begriff Hostey bezeichnet ein von Weideland umgebenes bäuerliches Anwesen. An frühere Besitzer erinnert wohl der Familienname Kuel. Im Rahmen der Aktion „Offene Gärten im Kleverland" finden im Scheunentrakt Ausstellungen statt.

Reichswald Forest War Cemetery (Ehrenfriedhof) KLEVE

111 Karte: B 3

Reichswald Forest War Cemetery (Ehrenfriedhof)
Grunewaldstraße (L 484)
47533 Kleve-Reichswalde
www.kleve.de

Größe: 5,7 Hektar
Infos: Commonwealth War Graves Commission
Öffnungszeiten: bis zum Einbruch der Dunkelheit
Führung auf Anfrage
shg.reichswald@t-online.de
Tel.: 0 28 21/4 81 15

Eintritt frei

Dieser weltweit größte britische Ehrenfriedhof (Commonwealth) ist die letzte Ruhestätte für 7.654 Soldaten, die im Zweiten Weltkrieg ihr Leben ließen. Er befindet sich im Reichswald an der Landstraße zwischen Kleve und der niederländischen Gemeinde Gennep.

Nach 1945 wurden die Leichname von verschiedenen Begräbnisstätten in Westdeutschland hierher umgebettet. Viele der hier begrabenen Opfer starben in den letzten Kriegsmonaten an der Westfront. Gestaltet wurde dieser Ehrenfriedhof nach den strengen künstlerischen Grundsätzen des Architekten Philip Dalton Hepworth. Weitere renommierte Künstler schufen Elemente, die auch für andere britische Ehrenfriedhöfe charakteristisch sind: Der

einem Altar ähnelnde „Stone of Remembrance" (Gedenkstein) mit der Inschrift „Their Name Liveth For Evermore" (Ihr Name lebt weiter bis in alle Ewigkeit) wurde von Sir Edwin Lutyens entworfen. Das gegenüber errichtete „Cross of Sacrifice" (Opferkreuz) stammt von Sir Reginald Blomfield.

KLEVE *Villengarten Koekkoek*

Ein bedeutendes Künstlerhaus Europas aus dem 19. Jahrhundert liegt weit im Norden des Rheinlandes, unweit der deutsch-niederländischen Grenze: In Kleve ließ der erfolgreiche Landschaftsmaler Barend Cornelis Koekkoek (1803–1862) ein repräsentatives Palais im klassizistischen Stil errichten. Hier empfing der in den Niederlanden (Middelburg) geborene Malerfürst seine einflussreichen Auftraggeber – selbst Könige kamen zu ihm an den Niederrhein.
Fünf Jahre vor Haus Koekkoek war 1842 bereits im oberen Teil des Grundstücks der Atelierturm „Belvedere" erbaut worden, dessen obere Etage noch heute einen weiten Blick über die Dächer der Stadt ermög-

112 Karte: C 3

Villengarten Koekkoek
Koekkoekstege 5
47533 Kleve
www.kleve.de
www.culture-castles.de

Größe: 3.500 qm
Infos: Werner van Ackeren
Öffnungszeiten: n. V.
Tel.: 0 28 21/2 51 00

Eintritt frei

licht. Ein zeittypischer Garten im gemischten Stil von bescheidenen Ausmaßen entstand zwischen Palais und Atelierturm.

Die Stiftung B. C. Koekkoek-Haus zeigt in dem Gebäude Werke des Landschaftsmalers und weiterer Mitglieder der Koekkoek-Künstlerfamilie sowie einen Überblick zur romantischen Landschaftsmalerei des 19. Jahrhunderts (Di–Sa 14–17 Uhr, So und Feiertage 11–17 Uhr).

Der von dem Architekten Werner van Ackeren restaurierte Atelierturm sowie Teile des historischen Gartens, ein neuer Gartenteil im mediterranen Stil und ein liebevoll gepflegter Nutzgarten befinden sich in Privatbesitz und sind nach Vereinbarung zugänglich. Seit 2006 werden auch Übernachtungsgäste empfangen, die „Bed & Breakfast" in einer Wohnung direkt neben dem Atelierturm genießen können. Die Gastgeber haben sich dem Verein „Culture & Castles" angeschlossen, der auch Kontakte zu weiteren Schlössern und Herrensitzen im deutsch-niederländischen Grenzgebiet vermittelt.

Apothekengarten KÖLN

113 Karte: I 12

Apothekengarten
Berliner Straße 10
51063 Köln-Mülheim
www.rheingold-apotheke-koeln.de

Infos: Rheingold-Apotheke,
Öffnungszeiten: Mo/Di/Do/Fr 8.30–13 Uhr und 15–18.30 Uhr
Mi/Sa 8.30–13 Uhr
Führung auf Anfrage
Tel.: 02 21/61 21 69

Eintritt frei

Kamille, Ringelblume oder Johanniskraut – wer kennt noch diese Heilpflanzen und vor allem deren Wirkung? Das einst ganz selbstverständlich von Generation zu Generation weitergegebene Wissen schwindet immer mehr. Um so bemerkenswerter ist das Engagement von Hedwig Buballa-Atzrodt, für die ein Heilpflanzengarten einfach zu einer Apotheke gehört. „Ich bin die Kräuterhexe von Köln" titelte der Express einen Bericht über die Apothekerin. Tatsächlich hat sie sich auf Naturheilmittel spezialisiert und teilt ihr Wissen gern mit ihrer Kundschaft und anderen Interessierten. Sogar Schulklassen pilgern inzwischen nach Mülheim, um Pflanzenkunde „live" zu erleben.

Seit 1996 hat Hedwig Buballa-Atzrodt mit Übernahme der Rheingold-Apotheke den Garten angelegt. Inzwischen gedeihen darin mehr als 100 Pflanzen, die den jeweiligen Beschwerden zugeordnet sind: Gleich im ersten Bereich wachsen Baldrian, Melisse, Laven-

del und Johanniskraut friedlich nebeneinander, denn sie lindern Nervosität, Einschlafstörungen und depressive Verstimmungen. Bei Erkältungskrankheiten helfen Holunder- und Lindenblüten, und so sind diese Gehölze auch im Garten zu finden. Bebilderte Informationstafeln geben Auskunft über die Pflanzen und ihre Heilwirkung.
Wer sich zu Hause auf den lehrreichen Weg durch die Welt der Heilpflanzen machen möchte, findet auf den Internetseiten der Apotheke detaillierte Informationen.

KÖLN Bauerngarten Thurner Hof

114 Karte: I 12

Bauerngarten Thurner Hof
Mielenforster Straße 1
51069 Köln-Dellbrück
www.stadt-koeln.de/vhs/projekte/
http://groups.msn.com/biogartenthurnerhof

Größe: 7.200 qm
Infos: Volkshochschule Köln
Öffnungszeiten:
ganzjährig Sa 11–18 Uhr,
im Sommer zusätzlich
Mi 16–18 Uhr sowie n. V.
Tel.: 02 21/2 21-9 96 02

Eintritt frei

Dicke Bohnen, Rübstiel oder Gartenmelde – hier gibt es alte Gemüsesorten zu sehen. Im Bauerngarten des ehemaligen Rittergutes, dessen Geschichte sich bis ins 16. Jahrhundert zurückverfolgen lässt, wachsen sie neben vielen weiteren traditionellen Nutz- und Zierpflanzen. Die Anlage ist nach historischen Vorbildern seit 1988 entstanden. Zu verdanken ist dies vielen Ehrenamtlichen, die sich im „Arbeitskreis Biogarten" der Volkshochschule zusammenfanden, der das Projekt seither fachlich begleitet. Belohnt wurde die Arbeit 1990 mit dem Umweltschutzpreis der Stadt Köln.
Zu den beachtlichen Ergebnissen gehört darüber hinaus die Flutung des historischen Wehrgrabens. Entstanden ist so ein Feuchtbiotop, das vielen einheimischen Sumpf- und Wasserpflanzen sowie Insekten- und anderen Tierarten ein neues Zuhause bietet. Das Ufer schmücken im Frühling die gelben Blüten der Sumpfdotterblumen *(Caltha palustris)* und im Sommer der rotviolette Blutweiderich *(Lythrum salicaria)*.
Eine Streuobstwiese nimmt die größte Fläche des Außengeländes ein. Auch hier werden alte, regionaltypische Sorten bevorzugt, etwa der Rheinische Bohnapfel. Inzwischen wird auf der Streuobstwiese auch Honig gewonnen: die Marke „Thurner Hof". Die Imkerei kann in einem Arbeitskreis erlernt werden. Die Pflanzentauschbörsen im Frühjahr und im Herbst sowie das Sommerfest sind beliebte Anlässe, das

Rittergut zu besuchen. Von der Volkshochschule werden in jedem Semester Kurse, Vorträge und Exkursionen zu Garten- und Umweltthemen angeboten. Der Verein der Freunde und Förderer des Biogartens Thurner Hof engagiert sich für den Erhalt und die Fortführung des Projektes.

KÖLN *Blücherpark*

Dieser Volkspark wurde zwischen 1910 und 1913 angelegt, um die Lebensqualität der Bevölkerung zu verbessern. In den dicht besiedelten und von Industrie geprägten nördlichen Stadtteilen Kölns waren Grünflächen damals Mangelware. Der Entwurf des Blücherparks stammt von Gartendirektor Fritz Encke (1861–1931). Im Unterschied zum zuvor entstandenen Klettenbergpark im Kölner Süden gestaltete er diesen Volkspark streng architektonisch. Entlang einer breiten Hauptachse ordnete er unterschiedlich zu nutzende Bereiche symmetrisch an. Großzügige Spiel- und Liegewiesen waren von Beginn an für die Freizeitgestaltung gedacht. Das geometrische Wasserbecken konnte schon zur Entstehungszeit mit Booten befahren werden. An eisigen Wintertagen verwandelt es sich in eine Schlittschuhbahn. Die blütenreichen Gärten, in denen Bänke zum Verweilen einladen, wurden von Encke als Ruhezonen geplant. Hohe Baumreihen und Alleen spenden heute an heißen Tagen willkommenen Schatten. Schlank aufragende Pyramidenpappeln bilden im südlichen Teil einen Blickfang.

115 Karte: H 12

Blücherpark
Parkgürtel
50825 Köln-Ehrenfeld
www.stadt-koeln.de

Größe: 18,5 Hektar
Infos: Stadt Köln
Führung auf Anfrage
Tel.: 02 21/2 21-2 25 84

Eintritt frei

In der Nähe: Parkanlage Hauptverwaltung RheinEnergie AG, Köln-Ehrenfeld, Parkgürtel 24, Tel.: 02 21/1 78 26 72 (n. V.)

Bürogarten im japanischen Stil KÖLN

116 Karte: H 12

Bürogarten im japanischen Stil
Stolberger Straße 307/311
50933 Köln-Braunsfeld

Größe: ca. 400 qm
Infos: LIAG Lammerting Industriebau AG
Öffnungszeiten: n. V.
Tel.: 02 21/4 85 10 00

Eintritt frei

Von japanischer Gartenkunst ließ sich Kristin Lammerting bei der Gestaltung dieses Bürogartens inspirieren: In einem „Meer“ aus Kies liegen grüne Inseln. Die darauf wachsenden Kiefern werden durch regelmäßigen Formschnitt als kostbare „Outdoor-Bonsais“ gezogen.

Der vergleichsweise kleine Garten wurde gezielt für den Blick von oben gestaltet – von den Büros aus. Er strahlt Ruhe und Beständigkeit aus und mag so als Ausgleich zum hektischen Arbeitsalltag wirken.

Die Besichtigung ist nach telefonischer Anmeldung vom Treppenhaus aus möglich.

Dachgarten Künstlerin Bauermeister KÖLN

117 Karte: H 12

Dachgarten Künstlerin Bauermeister
Theodor-Heuss-Ring 11
50668 Köln-Innenstadt

Infos: Gen Re – Kölnische Rückversicherungs-Gesellschaft AG
Öffnungszeiten: nur für Fachgruppen n. V.
Tel.: 02 21/9 73 86 10

Eintritt frei

Wie viele Gärten könnten in einer dicht bebauten Großstadt wie Köln entstehen, wenn weitere Unternehmen die Dächer ihrer Gebäude entsprechend gestalten ließen?

Für die Objektkünstlerin Mary Bauermeister, die heute bei Köln lebt (siehe auch: Rösrath – Künstlergarten Bauermeister), war der Auftrag „ein Glücksfall“, wie sie rückblickend betont. Mit der Entscheidung der Kölnischen Rückversicherungs-Gesellschaft, in den 1980er Jahren einen Anbau zu errichten, wurde auch der Weg frei, um mit mehreren Dachgärten auf verschiedenen Ebenen eine Verbindung zwischen dem alten Gebäude und dem Neubau zu schaffen. Heute ist schon beim Betreten der Eingangshalle durch die großen Fenster des Treppenhauses der repräsentative Garten in luftiger Höhe zu sehen.

Das Zentrum bildet eine „Flusslandschaft“ aus einem schmalen künstlichen Wasserlauf und Kiesflächen, die für den Blick von oben konzipiert wurde. Bonsai-Gewächse tragen zum Eindruck einer Landschaft im Miniaturformat bei. Kristalle glitzern im Sonnenlicht, geradezu spektakulär jedoch ist die Wirkung der verwendeten Glasprismen: Sie werden von unten angestrahlt und lassen mit Beginn der Abend-

dämmerung geradezu surreale Lichteffekte entstehen. Das Treppenhaus, die Flure, verschiedene Büros und Sitzungsräume eröffnen immer wieder andere Blicke auf unterschiedlich gestaltete Gartenbereiche. Kletterpflanzen verbinden die verschiedenen Ebenen.
Der Künstler-Dachgarten ist nicht öffentlich zugänglich. Besichtigungen sind daher nur für Fachgruppen nach vorheriger Absprache möglich – ohne fachliche Führung.

KÖLN „Die Groov" (Freizeitinsel-Park)

Mit dem „Krokodil" beginnt der Ausflug zur „Groov" besonders zünftig: Die Rheinfähre pendelt täglich zwischen dem linksrheinischen Weiß und der vor Zündorf gelegenen Freizeitinsel. Deren Name geht wohl zurück auf das gallische Wort „grava", was soviel wie Kies oder Sand bedeutet. Tatsächlich handelte es sich ursprünglich um eine lang gestreckte Sandbank im Rhein, die einen natürlichen Hafen entstehen ließ. In der Mitte des 19. Jahrhunderts wurde diese Insel über einen Damm mit dem Festland verbunden. Seit den 1970er Jahren entstand dann ein Park, der heute mit seinem schönen Baumbestand zu Spaziergängen einlädt.
Das Schwimmbad von Zündorf, die Minigolfanlage und der Tretbootverleih sind beliebte Attraktionen am Rande. Der Yachthafen und die zahlreichen Straßencafés am Marktplatz von Zündorf vermitteln eine mediterrane Atmosphäre – die hektische Großstadt scheint ganz weit weg zu sein …

In der Nähe: Friedhof Oberzündorf; Porzer Rheinpromenade, Köln-Porz

118 Karte: I 13

„Die Groov" (Freizeitinsel-Park)
Leinpfad / Am Markt /
Marktstraße
51143 Köln-Zündorf
www.porz-am-rhein.de

Infos: Stadt Köln
Führung auf Anfrage
Tel.: 02 21/2 21-2 25 84

Eintritt frei

Finkens Garten KÖLN

119 Karte: I 13

Finkens Garten
Friedrich-Ebert-Straße 49
50996 Köln-Rodenkirchen
www.stadt-koeln.de/natur/index.html

Größe: 5 Hektar
Infos: Stadt Köln
Öffnungszeiten: Sa/So und Feiertage 9–18 Uhr, an Wochentagen nur für Kindergärten und Schulen n. V.
Führung auf Anfrage
Tel.: 0221/2857364

Eintritt frei

Speziell für Kinder und Jugendliche wurde auf dem Gelände einer ehemaligen Baumschule und Staudengärtnerei dieser Naturerlebnisgarten angelegt. Hier können kleine wie große Menschen die Vielfalt der Pflanzen- und Tierwelt sowie den Wechsel der Jahreszeiten aus nächster Nähe mit allen Sinnen erfahren.

An der Pflege der Anlage sind benachteiligte Jugendliche in Berufsvorbereitungsprogrammen maßgeblich beteiligt, denn Finkens Garten ist zugleich eine ökosoziale Einrichtung der Stadt Köln.

Das erfolgreiche Konzept ist preisgekrönt: Aus einem Naturschutzwettbewerb des Bundes und der Länder ging Finkens Garten 1998 als Hauptpreisträger hervor.

Flora/Botanischer Garten KÖLN

120 Karte: H 12

Flora / Botanischer Garten
Alter Stammheimer Weg (Haupteingang)
Amsterdamer Straße 34 (Verwaltung)
50735 Köln-Riehl
www.stadt-koeln.de/natur/index.html

Größe: 11,5 Hektar
Infos: Stadt Köln
Öffnungszeiten:
täglich 8 Uhr bis zum Einbruch der Dunkelheit
Führung auf Anfrage
Tel.: 0221/5608916

Eintritt frei

Das Ensemble aus Flora-Park und Botanischem Garten bietet heute die seltene Verbindung eines herausragenden Gartenkunstwerks mit einem nach wissenschaftlichen Kriterien angelegten Lehrgarten. Besonders beeindruckend ist der alte Baumbestand: Mehr als 60 Exemplare stehen als Naturdenkmäler unter Schutz.

Die Entstehungsgeschichte der Parkanlage ist beispielhaft für das Engagement des Großbürgertums in der Mitte des 19. Jahrhunderts: „Die Flora" wurde 1863 als Aktien-Gesellschaft gegründet. Der Park befand sich damit in Privatbesitz, durch hohe Eintrittsgebühren blieb großen Teilen der Bevölkerung der Zutritt verwehrt.

Für die Gestaltung konnte der Königliche General-Gartendirektor gewonnen werden. Der aus Bonn stammende Peter Joseph Lenné (1789–1866) war durch seine Werke im Auftrag der preußischen Krone in Potsdam und Berlin zu großem Ansehen gelangt. Die Kölner Flora zählt zu den reifen Spätwerken des 1866 verstorbenen Gartenkünstlers und zu den wenigen in seiner Heimat, dem Rheinland (siehe auch: Aachen – Stadtgarten, Brühl – Schlosspark Augustusburg).

Parterregarten der Flora

Lenné verfolgte bei der 1864 eröffneten Flora nach eigenem Bekunden das Konzept, die „Geschichte der Gartenkunst in den verschiedenen Stylarten zur lebendigen Anschauung zu bringen" – die Anlage gilt als Meisterwerk des Historismus. In einen englischen Landschaftsgarten mit geschwungener Wegeführung und scheinbar natürlich geformtem Flora-Weiher fügte Lenné einen großzügigen Parterregarten im Stil französischer Barockanlagen ein. Dessen zu jeder Saison aufwändig aus farbenreichen Zwiebelpflanzen und Sommerblumen „gewebter" Blütenteppich empfing das Publikum zwischen Eingang und Hauptgebäude. Das Vorbild für dieses auch als Wintergarten oder Glaspalast bezeichnete Bauwerk, das den repräsentativen Rahmen für gesellschaftliche Anlässe bildete, war der für die Londoner Weltausstellung im Jahr 1851 errichtete Crystal Palace.
An italienische Renaissancegärten sollte eine formale Kaskade vor einer der Schmalseiten dieses Gebäudes erinnern. Über steinerne Stufen plätschert dort auch heute das im Sonnenlicht glitzernde Wasser. Zu beiden Seiten spenden Laubengänge aus Hainbuchen Schatten.

Botanischer Garten

Zu Beginn des 20. Jahrhunderts geriet die Aktien-Gesellschaft in finanzielle Schwierigkeiten, was schließlich zu einer Übernahme durch die Stadt führte. Im Zuge dieser Entwicklung wurde der Botanische Garten an der Nordgrenze der Flora angefügt. Den Übergang markieren Schaugewächshäuser, die im Rahmen des Wiederaufbaus nach dem Zweiten Weltkrieg neu errichtet wurden, jedoch inzwischen marode sind. Der „Freundeskreis Botanischer Garten Köln e.V." engagiert sich für den Erhalt der Anlage und die Errichtung neuer Gewächshäuser.
Die wichtigsten Elemente des historischen Flora-Teils wurden auf der Basis einer denkmalpflegerischen Leit- und Zielplanung des Landschaftsarchitekten Gerd Bermbach, Nümbrecht, seit 1984 wiederhergestellt. Die „Grüne Schule Flora" unterrichtet Schulklassen zu rund 25 verschiedenen Themen (Tel.: 02 21/ 5 60 89 23).

In der Nähe: Zoologischer Garten, Riehler Straße 173; Skulpturenpark, Riehler Straße

KÖLN *Forstbotanischer Garten*

Wer bei einem Botanischen Garten an abgezirkelte Beete und Tropenhäuser denkt, wird im Kölner Süden staunen. Der Forstbotanische Garten mag zunächst wie ein dichter Wald wirken, doch für Liebhaberinnen und Liebhaber seltener Baumschönheiten und farbenprächtiger Blütensträucher beginnt mit dem Eintreten eine faszinierende Entdeckungsreise.

Ein besonderer Anziehungspunkt ist die „Rhododendron-Schlucht". Ein künstlicher Bachlauf durchzieht dieses Tal und sorgt für ein angenehmes Klima, in dem ein großer Teil der rund 500 Arten und Sorten umfassenden Sammlung gedeiht, darunter auch frostempfindliche Exemplare aus China. Zur Blütezeit im April und Mai ist ihr Farbenspiel beeindruckend.

Schon ab März präsentieren die Zierapfel- und Zierkirschbäume in der Japan-Abteilung ihre Blütenpracht – insgesamt gibt es rund 200 verschiedene Obstgehölze. Die weite Paeonien-Wiese wird im Juni von Pfingstrosenblüten in allen Variationen gesäumt. Im Sommer spenden mächtige Bäume willkommenen Schatten.

Kaum zu glauben, dass der Forstbotanische Garten noch so jung ist: Zu Beginn der 1960er Jahre entstand er auf ehemaligen Ackerflächen. Der angrenzende Friedenswald (26 Hektar) wurde ab 1979 vor dem Hintergrund der damals besonders aktiven Friedensbewegung als landschaftlich gestalteter Park mit großzügigen Rasenflächen zum Spielen und Erholen angelegt. Jeder Baum symbolisiert ein Land von insgesamt 141, zu denen die BRD damals diplomatische Beziehungen pflegte.

In der Nähe: Friedenswald

121 Karte: I 13

Forstbotanischer Garten
Schillingsrotter Straße 100
50996 Köln-Rodenkirchen
www.stadt-koeln.de/natur/index.html

Größe: 25 Hektar
Infos: Stadt Köln
Öffnungszeiten: bis zum Einbruch der Dunkelheit, Führungen an jedem 1. Mi des Monats um 14.30 Uhr und jedem 3. Sa um 15 Uhr sowie auf Anfrage
Tel.: 02 21/35 43 25

Eintritt frei

Fritz-Encke-Volkspark KÖLN

(122) Karte: H 13

Fritz-Encke-Volkspark
Sinziger / Kardorfer Straße
50968 Köln-Raderthal
www.stadt-koeln.de

Größe: 13 Hektar
Infos: Stadt Köln
Führung auf Anfrage
Tel.: 02 21/2 21-2 25 84

Eintritt frei

Am Tag des offenen Denkmals des Jahres 2006, der ganz den historischen Gärten und Parks gewidmet war, konnte der wieder errichtete Brunnen im sogenannten „Brunnentempel" feierlich eingeweiht werden (www.tag-des-offenen-denkmals.de). Mit diesem Fest wurden zugleich die ehrenamtlichen Aktivitäten gewürdigt, die seit 2001 maßgeblich zur Restaurierung des Volksparks Raderthal beigetragen haben. Anliegerinitiativen und der Rheinische Verein für Denkmalpflege und Landschaftsschutz (www.rheinischer-verein.de) hatten sich gemeinsam für den Park stark gemacht.

Der Name des Parks erinnert an den Gartenarchitekten Fritz Encke (1861–1931), der die Kölner Gartendirektion von 1903 bis 1926 leitete und vor allem im Zuge der Entstehung des Inneren und des Äußeren Grüngürtels für die Gestaltung zahlreicher öffentlicher Anlagen verantwortlich war. Zusammen mit Hermann Muthesius (1861–1927) gilt Encke als Wegbereiter des architektonischen Gartenstils zu Beginn des 20. Jahrhunderts. Seine Entwürfe sollten für Volksparks in ganz Deutschland zu Vorbildern werden.

Brunnentempel im Fritz-Encke-Volkspark

In Raderthal schuf Encke 1923/24 einen mustergültigen Volkspark, der für alle Bevölkerungsschichten gedacht war. Auf dem Gelände im Kölner Süden hatte sich zuvor ein Pulvermagazin befunden, dessen Erdwälle Encke in seine Gestaltung einbezog. Entlang zweier Hauptachsen ordnete er zahlreiche Gärten und Nutzungsbereiche symmetrisch an. Nach dem Zweiten Weltkrieg büßte der Park durch Bebauung zwei Drittel seiner Fläche ein, doch noch heute gilt er als eines der wichtigsten Werke von Fritz Encke.

Eine große Spiel- und Liegewiese bildet das Zentrum. Von den Blumen- und Sondergärten konnten einzelne dank ehrenamtlicher Hilfe wieder mit Stauden bepflanzt werden. Das fast vergessene Naturtheater wurde von Wildwuchs befreit und wartet nun auf seine Instandsetzung, damit es zukünftig wieder bespielt werden kann.

KÖLN *Grüngürtel*

„Breite Ströme von Licht und Luft werden diese Kanäle bis in den Mittelpunkt der zukünftigen linksrheinischen Stadt hineinführen ..." Die Bedeutung der beiden Grüngürtel für die wachsende Metropole betonte kein Geringerer als Konrad Adenauer im Jahre 1920. Der spätere erste Bundeskanzler der jungen Bundesrepublik Deutschland war zu diesem Zeitpunkt Oberbürgermeister von Köln und förderte eine zukunftsorientierte Grünplanung. Sein Ziel war die Verbesserung der städtischen Lebensbedingungen und die Eindämmung der Luftverschmutzung durch Industrie und insbesondere die nahe gelegenen Braunkohlezechen.

Das für die Anlage der Grüngürtel vorhandene Areal war militärischen Ursprungs. Unter preußischer Herrschaft war Köln nicht nur durch seine innere Umwallung geschützt worden, sondern hatte auch einen um die Stadt geführten äußeren Festungsring aus 183 Einzelwerken erhalten und war so zur wichtigsten Festungsstadt im Deutschen Reich ausgebaut worden. Das sich an diesen äußeren, rund 40 Kilometer langen Ring anschließende, etwa 600 Me-

123 124 Karte: H 12

Grüngürtel, Äußerer (123)
und Innerer (124)
Innere Kanal-/Universitäts-/
Militärringstraße
50670 Köln
www.stadt-koeln.de

Größe: 104 Hektar (Innerer Grüngürtel), 800 Hektar (Äußerer Grüngürtel)
Infos: Stadt Köln
Führung auf Anfrage
Tel.: 02 21/2 21-2 25 84

Eintritt frei

Innerer Grüngürtel

ter tiefe Schießfeld hatte zu dieser Zeit nicht besiedelt werden dürfen. Konrad Adenauer setzte sich dafür ein, die Bebauung dieser Freiflächen um die aufstrebende Großstadt zu stoppen.

Für die Ausgestaltung des 1923/24 angelegten Inneren Grüngürtels und des zwischen 1926 und 1929 entstandenen Äußeren Grüngürtels bildeten Bebauungspläne von Fritz Schumacher die Grundlage. Die ausführende Planung war Aufgabe der Kölner Gartendirektion, welche bis 1926 von Fritz Encke und anschließend von Theodor Nussbaum geleitet wurde.

Der Innere Grüngürtel wurde auf seiner Länge von etwa 7 Kilometern zu einer Abfolge von öffentlichen Grünanlagen gestaltet, die nach dem Zweiten Weltkrieg allerdings weitreichende Veränderungen erfuhren. Ein besonderer Anziehungspunkt ist der Aachener Weiher westlich der Innenstadt. Der naturnah gestaltete Park bietet Spiel- und Liegewiesen. Ältere Parks wurden in den Inneren Grüngürtel integriert, wie die Außenanlagen von Fort X, der Melaten-Friedhof, der Botanische und der Zoologische Garten.
Der Äußere Grüngürtel ist auf einer immensen Fläche von rund 800 Hektar die grüne Lunge Kölns. Zu beiden Seiten der Militärringstraße zieht er sich linksrheinisch um die Innenstadt. Weite Bereiche wurden in den 1920er Jahren aufgeforstet, sodass er heute zur Hälfte aus Wald besteht. Die neuen Sport-, Spiel- und Kleingartenanlagen boten schon zur Entstehungszeit Ausgleich und Erholung, heute sind diese Flächen für die Bevölkerung unverzichtbar – zu verdanken sind sie dem städtebaulichen Engagement und der Weitsicht Konrad Adenauers.

In der Nähe – Äußerer Grüngürtel: Beethovenpark, Köln-Sülz, Neuenhöfer Allee; Grünanlage Decksteiner Weiher, Köln-Lindenthal; Felsengarten Fort VI, Köln-Lindenthal, Militärringstraße

In der Nähe – Innerer Grüngürtel: Neustadt/Nord; Rosengarten Fort X, Neusser Wall; Gartenanlage „Alhambra“, Köln-Nippes, Innere Kanalstraße

Hausgarten Palm

KÖLN *Hausgarten Palm*

„Glückliche Geometrie“ präsentiert dieser schlicht gehaltene Hausgarten von Familie Palm in den Augen einer Fachjury: Im bundesweit durchgeführten Wettbewerb „Die besten Hausgärten“ des Architekturmagazins „Häuser“ wurde er 2004 mit dem zweiten Preis prämiert.
Der Düsseldorfer Gartenarchitekt Horst Schümmelfeder setzte auf eine lineare Wegeführung und mehrere architektonische Wasserbecken, um das Grundstück klar zu gliedern und einen deutlichen Bezug zum neu errichteten Wohnhaus herzustellen. Ein besonderer Blickfang ist die wellenförmig geschnittene Eibengruppe am Swimmingpool.

125 Karte: H/I 13

Hausgarten Palm
Am Neuen Forst 22
50996 Köln-Hahnwald

Größe: 2.500 qm
Infos: Maryann Palm
Öffnungszeiten: n. V.
Tel.: 0 22 36/38 15 85

Eintritt frei

Hausgarten Pohl KÖLN

126 Karte: H 12

Hausgarten Pohl
Am Morsdorfer Hof 5
50933 Köln-Braunsfeld

Infos: Landschaftsarchitekt Friedrich Altzweig
Öffnungszeiten: nur für Gruppen n. V. im Rahmen einer Führung
Tel.: 02 21/5 10 72 84

Eintritt frei

Von japanischer Gartenkunst ließ sich Landschaftsarchitekt Friedrich Altzweig, Köln, bei der Neugestaltung dieses Villengartens am Rande des Stadtwaldes inspirieren. Das Zentrum bildet eine Wasserlandschaft, die mit Hilfe von einzelnen kostbaren Gehölzen und markanten Steinsetzungen dramatisch inszeniert wurde. Rasenflächen unter alten Bäumen strahlen Ruhe aus. Skulpturen wurden als Blickfänge in die Gartenplanung einbezogen. Am Tag der Architektur, der alljährlich im Juni von der Architektenkammer NRW durchgeführt wird (www.aknw.de), beeindruckte dieser Garten 2005 das Fachpublikum.

Hausgarten Roellenbleck KÖLN

127 Karte: I 13

Hausgarten Roellenbleck
Im Brunnenhof 12
50999 Köln-Sürth

Größe: ca. 150 qm
Infos: Annette Roellenbleck
Öffnungszeiten: n. V.
Tel.: 0 22 36/6 23 15

Eintritt frei

Wie sich auf einem kleinen Grundstück vortrefflich gärtnern lässt, das beweist Annette Roellenbleck. Ganze 150 Quadratmeter stehen ihr zur Verfügung, denn sie besitzt einen typischen „Handtuchgarten“. Ideen hatte sie durch ihre Tätigkeit als Übersetzerin englischer Gartenbücher genug gesammelt. Weitere Anregungen brachte sie von Reisen mit. Dann ging es los: Durch eine geschickte Unterteilung des 18 Meter tiefen Gartenareals in unterschiedlich gestaltete Abschnitte wirkt es nun optisch weniger lang gestreckt. Im hinteren Bereich legte sie einen zusätzlichen Sitzplatz an, der den Blick zurück auf das Haus und die dortige Terrasse ermöglicht. Eine Weidenblättrige Hänge-Zierbirne *(Pyrus salicifolia* ‚Pendula') dominiert das Ende des Gartens mit ihren überhängenden Zweigen. Ihr graues Laub harmoniert mit den zarten Blütenfarben der ausgewählten Rosen und Stauden. Zahlreiche Kübelpflanzen werden in jedem Jahr neu arrangiert und ergänzen die blühenden Rabatten.

Inzwischen arbeitet Annette Roellenbleck auch professionell als Gartengestalterin – das eigene grüne Reich ist ihre Visitenkarte.

In der Nähe: Gärtnerei Jürgl, Köln-Rodenkirchen, Sürther Straße 300, Tel.: 0 22 36/6 47 70

KÖLN *Hausgarten Schubert*

„Farbe, Fülle, Vielfalt – more is more“, so charakterisiert Landschaftsarchitekt Jürgen Schubert seinen Privatgarten. 1985 begann er mit der Anlage, und im Laufe der Jahrzehnte veränderte das grüne Refugium immer wieder sein Gesicht. Heute beherbergt ein großzügiges Feuchtbiotop im Zentrum zahlreiche Tiere und Pflanzen. Im bewussten Kontrast liegt gleich daneben ein Rasenteppich, über den Buchsbaum-Kugeln zu rollen scheinen. Dank der Gehölz- und Staudenvielfalt grünt und blüht es von März bis November. In den Wintermonaten treten die immergrünen Pflanzen deutlich hervor. Verschiedene Kunstobjekte ziehen ganzjährig Blicke auf sich.

„Das Grundkonzept bis zum heutigen Tage ist das Spannungsfeld zwischen Natur, Ästhetik und Kunst“, betont Jürgen Schubert (siehe auch: Köln – MediaPark). Für sein herausragendes Werk wurde der Landschaftsarchitekt im Wettbewerb „Privatgärten – Ein schönes Stück Natur“ des Landes NRW mit dem 1. Preis geehrt.

128 Karte: I 13

Hausgarten Schubert
Judenpfad 50 a
50996 Köln-Hahnwald
www.schubert-gala-plan.de

Größe: 600 qm
Infos: Jürgen Schubert
Öffnungszeiten: n. V.
Tel.: 0 22 36/9 62 34-10

Eintritt frei

Klettenbergpark KÖLN

129 Karte: H 12/13

Klettenbergpark
Siebengebirgsallee
50939 Köln-Klettenberg
www.stadt-koeln.de

Größe: 6 Hektar
Infos: Stadt Köln
Führung auf Anfrage
Tel.: 0221/221-22584

Eintritt frei

Typische Landschaftsausschnitte des Rheinlandes sollten in der Großstadt auf vergleichsweise kleinem Raum neu entstehen. Eine ehemalige Kies- und Sandgrube wurde nach den Plänen von Gartendirektor Fritz Encke (1861–1931) im Kölner Süden in den Jahren 1906/07 in einen Landschaftspark verwandelt. Der tiefer liegende Mittelpunkt des Geländes bot sich für eine künstliche Teichanlage an. Durch die Umleitung des Duffesbaches konnte die Wasserversorgung gesichert werden. Über Felsen schlängelt er sich seither wie ein Wildbach durch Blumenwiesen und ergießt sich als Wasserfall in den Teich. Uferzonen, eine Heidelandschaft, bewaldete Bereiche sowie nachgebildete Basalt- und Schiefersteinbrüche sollten im Klettenbergpark sowohl der Erho-

lung wie auch der Belehrung dienen. Auf Straßenniveau bildete ein architektonisch gestalteter Rosengarten mit umgebenden Laubengängen das Entree von der angrenzenden Landhausbebauung aus.
In den letzten Jahren führte die Stadt Köln zusammen mit dem Rheinischen Verein für Denkmalpflege und Landschaftsschutz (www.rheinischer-verein.de) umfangreiche Restaurierungen durch.

In der Nähe: Manderscheider Platz, Köln-Sülz, Berrenrather Straße; Nikolausplatz, Köln-Sülz; De-Noel-Platz, Köln-Sülz; Asbergplatz, Köln-Sülz; Kleingartenanlage in Deckstein, Köln-Sülz

KÖLN *Lindenthaler Kanal*

Als Ost-West-Achse verbindet der Lindenthaler Kanal den Inneren mit dem Äußeren Grüngürtel. Im Schatten alter Kastanien- und Linden-Alleen flanieren, joggen und radeln Erholungsuchende fern der stark befahrenen Straßen zwischen Aachener Weiher und Stadtwald. Geplant wurde der 1925 erbaute Kanal von Fritz Schumacher. Brücken, Einfriedungen, Geländer und steinerne Figuren verschiedener Künstler bilden attraktive Details. Insgesamt ist der Lindenthaler Kanal so ein schönes Beispiel für die Gartenarchitektur der 1920er Jahre.

In der Nähe: Japanischer Garten, Museum für Ostasiatische Kunst, Universitätsstraße; Karl-Schwering-Platz; Lortzingplatz

130 Karte: H 12

Lindenthaler Kanal
Universitäts-/
Clarenbachstraße
50931 Köln-Lindenthal
www.stadt-koeln.de

Größe: 8,5 Hektar
Infos: Stadt Köln
Führung auf Anfrage
Tel.: 02 21/2 21-2 25 84

Eintritt frei

MediaPark KÖLN

Der MediaPark hat sich in den letzten Jahren zum neuen Szeneviertel entwickelt. Das Kölner Filmhaus im ältesten Gebäude des Ensembles, das Literaturhaus, das Tanzmuseum und die Photographische Sammlung gehören zu den besten Kulturadressen der Stadt. Kinos und Restaurants ziehen ein breites Publikum an. Das große Freizeitangebot ist eine Seite des MediaParks, eine andere ist die Businesswelt: Aktuell sind insgesamt rund 250 Unternehmen mit rund 5.000 Arbeitsplätzen hier angesiedelt.
Als „Collage aus Klein-Manhattan, Piazza del Campo und begrünter Vorstadt“ wurde der MediaPark von Journalisten beschrieben. Und tatsächlich steht der futuristisch anmutende Gebäudekomplex, an dem diverse internationale Stararchitekten mitwirkten, in einem gezielt gestalteten Spannungsverhältnis

zur Landschaftsarchitektur. Einst gehörte das insgesamt 20 Hektar große, citynahe Grundstück zum Güterbahnhof Gereon. Heute dominieren Wasserflächen das 10 Hektar einnehmende Außengelände, dessen Planung von dem Landschaftsarchitekten Jürgen Schubert (siehe auch: Köln – Hausgarten Schubert) und der städtebaulich ausgerichteten Arbeitsgemeinschaft Zeidler stammt. Das Kernstück bildet ein 2 Hektar großer See, der dem zentralen Platz vorgelagert ist. Die naturnah angelegten Uferzonen jenseits der Fußgängerbrücke dienen vielen Tierarten als Refugium – sogar Graureiher sind hier zu beobachten. Großzügige Freiflächen sowie ein Spielplatz liegen hinter den Gebäuden, der Bahnlinie zugewandt. Über Brücken lässt sich vom MediaPark aus zu Fuß rasch der Innere Grüngürtel erreichen, außerdem der südlich gelegene Stadtgarten und der Blücherpark im Nordwesten.

131 Karte: H 12

MediaPark
Erft- / Maybachstraße
50672 Köln-Innenstadt
www.mediapark.de

Größe: 10 Hektar
Infos: Stadt Köln
Führung auf Anfrage
Tel.: 0221/221-22584

Eintritt frei

Melaten-Friedhof KÖLN

(132) Karte: H 12

Melaten-Friedhof
Aachener Straße 204 /
Melatengürtel
50931 Köln-Braunsfeld
www.stadt-koeln.de/natur/friedhoefe/index.html
www.melatenfriedhof.de

Größe: 37 Hektar
Infos: Stadt Köln
Öffnungszeiten: bis zum Einbruch der Dunkelheit
Führung auf Anfrage
Tel.: 02 21/2 21-2 33 32
(Köln Tourismus GmbH)

Eintritt frei

„Kölsche Anekdoten" werden bei Führungen auf dem Melaten-Friedhof besonders lebendig erzählt – etwa am Grab von Maria Clementine Martin, der Klosterfrau mit dem berühmten „Melissengeist", oder von Familie Farina mit dem „Erfinder" des Eau de Cologne. Der Name Melaten (frz. malade – krank) erinnert an die lange Geschichte dieses Ortes: Ab dem 12. Jahrhundert war hier, vor den Toren der Stadt, ein Asyl für Leprakranke entstanden. Als die Lepra im ausgehenden 18. Jahrhundert in Europa kaum noch auftrat, wurden die Asylgebäude als Gefängnis genutzt. Der Melaten-Friedhof entstand, nachdem unter napoleonischer Herrschaft im Jahre 1804 per Dekret die Beisetzung außerhalb der Gemeinden angeordnet worden war. 1810 konnte der Melaten-Friedhof westlich von Köln eingeweiht werden, auf dem bis 1829 allerdings nur Katholiken ihre letzte Ruhestätte fanden. Protestanten wurden zunächst weiterhin auf dem Geusenfriedhof im Weyertal südwestlich der Stadtmauern beerdigt. Im Verlauf des 19. Jahrhunderts wurde der „neue" Friedhof zur wichtigsten Begräbnisstätte Kölns und musste mehrfach erweitert werden.

Die Gestaltung folgte dem klassizistischen Stil. Die Grabfelder wurden rasterförmig angeordnet, die Wege parallel bzw. rechtwinklig geführt. In der Anordnung der Grabstätten spiegelt sich noch heute ein Stück Sozialgeschichte: Die Hauptwege waren stets den Wohlhabenden vorbehalten und heißen darum im Volksmund auch „Millionenalleen". Die dort errichteten Gräber umfassen nicht nur bedeutende Kunstwerke, sie vermitteln auch viel Geschichte von der im 19. Jahrhundert aufstrebenden Wirtschaftsmetropole.
Der vielfältige alte Baumbestand, welcher auf Planungen von Maximilian Friedrich Weyhe (1775–1846) zurückgeht, hat den Melaten-Friedhof in jüngerer Zeit zu einem innerstädtischen grünen Refugium werden lassen – insbesondere unzählige Vogelarten leben hier. Symbolcharakter hat die immergrüne Lebensbaum-Allee *(Thuja plicata)*, welche als Sinnbild für die Auferstehung und das ewige Leben gilt.

In der Nähe: Geusenfriedhof, Kerpener Straße

KÖLN *Mülheimer Stadtgarten*

Der Märchenbrunnen ist Generationen von Kindern in Erinnerung. Seit 1914 befindet er sich auf einem erhöhten Rondell am Rand des Mülheimer Stadtgartens. Von hier aus lässt sich noch immer ein weiter Blick über die großzügige Anlage genießen, die zwischen 1910 und 1912 in der Niederung des Strunderbachs angelegt wurde. Gerade diese natürliche Bodenmodellierung macht den Park so attraktiv. Offene Wiesenflächen und einzelne Baumgruppen lassen ein schönes Landschaftsbild entstehen.
Zum Mülheimer Stadtgarten gehört auch der geometrisch angelegte Rosengarten an der Lasallestraße. Sein Zentrum bildet ein Seerosenbecken, das von Zierapfelbäumen gerahmt wird. Vom Frühjahr bis zum Herbst leuchten darin farbenfrohe Blüten oder Früchte.

In der Nähe: Evangelischer Friedhof Mülheim, Graf-Adolf-Straße 22; Schlosspark Stammheim, Stammheimer Hauptstraße; Friedhof Stammheim, Scharfensteinstraße; Volkspark Merheimer Heide

133 Karte: I 12

Mülheimer Stadtgarten
Lasalle- / Jan-Wellem-Straße
51061 Köln-Mülheim
www.stadt-koeln.de

Größe: 7,5 Hektar
Infos: Stadt Köln
Führung auf Anfrage
Tel.: 02 21/2 21-2 25 84

Eintritt frei

Nordfriedhof KÖLN

134 Karte: H 12

Nordfriedhof
Pallenberg- / Merheimer Straße
50737 Köln-Mauenheim
www.stadt-koeln.de/natur/friedhoefe/index.html

Infos: Stadt Köln
Öffnungszeiten: bis zum Einbruch der Dunkelheit
Führung auf Anfrage
Tel.: 02 21/2 21-2 40 60

Eintritt frei

Zur Entlastung des Melaten-Friedhofs beschloss die Stadt Köln im Jahre 1895, einen weiteren Friedhof zu errichten, der 1896 eröffnet werden konnte. Der Entwurf stammte vom Kölner Gartendirektor Adolph Kowallek. Die ältesten Teile des Nordfriedhofs liegen an der Merheimer Straße, nach dem Zweiten Weltkrieg kamen Erweiterungen an der Pallenbergstraße hinzu. Insgesamt handelt es sich um einen landschaftlich gestalteten Parkfriedhof mit wertvollen alten Bäumen und schönen Blütensträuchern. Die breite, am Haupteingang beginnende Wegachse ermöglicht die leichte Orientierung. Zahlreiche künstlerisch gestaltete Grabmale sind bemerkenswert. Auch die Schauspielerin Trude Herr (1927–1991) hat auf dem Nordfriedhof ihre letzte Ruhestätte gefunden.

In der Nähe: Gartenstadtsiedlung mit „Grünem Hof“, Köln-Weidenpesch, Am grünen Hof; Erzberger Platz, Köln-Nippes, Blücherstraße; Leipziger Platz, Köln-Nippes, Blücherstraße; Pferderennbahn, Köln-Weidenpesch, Rennbahnstraße 56

Rheinpark KÖLN

135 Karte: I 12

Rheinpark
Auenweg / Kennedyufer
50679 Köln-Deutz
www.stadt-koeln.de

Größe: 40 Hektar
Infos: Stadt Köln
Führung auf Anfrage
Tel.: 02 21/2 21-2 25 84

Eintritt frei

Zu den schönsten Parkanlagen im Rheinland gehört der Rheinpark nördlich des Kölner Messegeländes. Vor allem der Panoramablick von der „Schäl Sick“ – der rechten Rheinseite – über den breiten Strom hinweg zur Kölner Altstadt, auf die Hohenzollernbrücke und den Dom ist ein besonderes Highlight.
Das Element Wasser spielt auch im Park eine wichtige Rolle: Bei der Gestaltung wurden die besondere Lage und gerade dieser herrliche Blick bewusst einbezogen. In der Uferzone befinden sich naturnahe Wiesen. An der Fließrichtung des Rheins orientierten sich die Planer, als sie den Verlauf der Hauptwege bestimmten. Verschiedene Wasserbecken in den unterschiedlichen Gartenbereichen und beeindruckende Fontänen beleben die Szenerie.
Diese heutige Gestaltung geht zurück auf zwei Bundesgartenschauen (BUGA), die 1957 und 1971 durchgeführt wurden. Der Rheinpark gehört damit bun-

Wasserspiele im Rheinpark

desweit zu den ersten öffentlichen Grünanlagen, die nach dem Zweiten Weltkrieg angelegt wurden, und zwar auf einer von Trümmerschutt bedeckten, überwucherten Fläche, die in den 1920er Jahren schon einmal als Volkspark gestaltet worden war. Mit seinen nierenförmig gestalteten Wasserbecken, inselartigen Blumenbeeten, Terrassenflächen auf verschiedenen Ebenen und seinen verschiedenen baulichen Elementen, darunter eine von Gartenarchitektin Herta Hammerbacher (1900–1985) entworfene Pergola, ist der Rheinpark heute ein herausragendes Beispiel für die Gartenarchitektur der Nachkriegszeit. Das Wahrzeichen des Rheinparks ist eine Seilbahn, die zur ersten Kölner BUGA erbaut wurde und den Fluss überquert. Das Publikum kann so den Park und die Stadt aus einer neuen Perspektive sehen und bequem den Kölner Zoo sowie die Flora mit dem

Botanischen Garten auf der gegenüberliegenden Rheinseite erreichen. Und noch eine zweite Bahn erfreut sich großer Beliebtheit: Auf einer zwei Kilometer langen Rundstrecke fährt die Kleinbahn seit der zweiten Kölner BUGA im Jahr 1971 durch den Park. Der alte Westernzug wurde kürzlich technisch komplett überholt und von dem Künstler Otmar Alt neu gestaltet.

Ein Publikumsmagnet ist der Tanzbrunnen im südlichen Teil des Rheinparks – eine Open-Air-Bühne, die über einem Brunnenbecken zu schweben scheint. Bis zu 12.500 Zuschauer können hier in der Sommersaison verschiedenste Veranstaltungen erleben. Die schirmartige Überdachung wurde von Frei Otto entworfen, der später durch seine Dachkonstruktion für das Münchener Olympiastadion berühmt werden sollte. In unmittelbarer Nähe befinden sich die Rheinterrassen mit Biergarten, welche zur Internationalen Presse-Ausstellung (Pressa) im Jahr 1928 eröffnet wurden.

In der Nähe: Rheinuferpromenade bis Poller Wiesen, rechtsrheinisch; Rheinuferpromenade mit Rheingarten, linksrheinisch; ehemaliger Friedhof Deutz, Nähe Fachhochschule; Jüdischer Friedhof Deutz, Judenkirchhofsweg; ehemaliger Friedhof Kalk

Stadtgarten KÖLN

136 Karte: H 12

Stadtgarten
Venloer Straße 40
50672 Köln-Innenstadt
www.stadtgarten.de
www.prostadtgarten.de

Größe: 6 Hektar
Infos: Stadt Köln
Führung auf Anfrage
Tel.: 02 21/2 21-2 25 84

Eintritt frei

Der Name „Stadtgarten“ klingt in den Ohren von Jazzfans wie Musik. Während der letzten drei Jahrzehnte hat die im Park gelegene gleichnamige Veranstaltungsbühne Kultstatus erreicht. Mit aktuell über 400 Veranstaltungen im Jahr deckt das Programm eine beachtliche kulturelle Bandbreite ab. Entsprechend zahlreich ist das in den Park strömende Publikum. Ganz erstaunlich ist daher, wie viel Ruhe die landschaftlich gestaltete Anlage in den weniger frequentierten Bereichen fern der Venloer Straße bietet.

Der Stadtgarten ist die älteste erhaltene öffentliche Grünanlage Kölns. Er entstand zwischen 1827 und 1829 auf Betreiben einer Verschönerungskommission und sollte vor allem dem bürgerlichen Repräsentationsbedürfnis dienen. Die Stadt Köln errichtete auf einem damals außerhalb der Umwallung gelege-

nen Festungsgelände, dem sogenannten „Ziegelfeld", den zunächst 3 Hektar großen Park und eine 8 Hektar große Baumschule. Im Zuge des Eisenbahnbaus wurde die Gesamtanlage ab 1860 verkleinert und von dem Kölner Gartendirektor Adolph Kowallek neu gestaltet. Nach dem Vorbild englischer Landschaftsgärten entstand ein Park mit weiten Rasenflächen und einer besonders großen Baum- und Strauchvielfalt. Im Herbst bieten diese Gehölze ein reiches Farbenspiel.
Der Verein Pro Stadtgarten e.V. engagiert sich seit 2000 für den Erhalt des Parks und hat bereits einen städtebaulichen Ideenwettbewerb durchgeführt, dessen Ergebnisse in Zukunft umgesetzt werden sollen. Neupflanzungen exotischer Gehölze, etwa eines Tulpenbaums, sind deutliche Zeichen, dass hier nun ein „frischer Wind" weht.

In der Nähe: Schmuckanlagen und Alleen an der nördlichen Ringstraße

KÖLN *Stadtwald*

Aus der Großstadt raus ins Grüne: Lange Anfahrtswege müssen mit einem solchen Ausflug nicht verbunden sein. Der Stadtwald ist sogar von der Kölner Innenstadt in wenigen Minuten bequem mit öffentlichen Verkehrsmitteln zu erreichen. Das Kernstück der weiträumigen Anlage wurde von 1895 bis 1898 nach einem Entwurf von Adolph Kowallek am Stadtrand geschaffen. Die von zahlreichen exotischen Bäumen gesäumten Wiesen waren ursprünglich weitgehend als Nutzflächen zur Heugewinnung vorgesehen gewesen. Zunächst wurde nur die zentrale Grünfläche als Spiel- und Liegewiese freigegeben. Ein großer Teich, der zu Bootsfahrten einlud, wurde in der Nähe der damaligen Kitschburg angelegt. Außerdem entstanden Sportstätten wie eine Reitbahn, eine Radrennbahn und Tennisplätze. Eine Erweiterung und Umgestaltung erfolgte von 1919 bis 1924 durch Fritz Encke. Heute reicht der Stadtwald bis zum Äußeren Grüngürtel. Im beliebten Tierpark werden überwiegend einheimische Tiere gehalten.

In der Nähe: Hültzplatz und Platanenallee an der Hültzstraße; Decksteiner Friedhof, Decksteiner Straße

137 Karte: H 12

Stadtwald
Kitschburger / Dürener Straße
50935 Köln-Lindenthal
www.stadt-koeln.de

Größe: ca. 205 Hektar
Infos: Stadt Köln
Führung auf Anfrage
Tel.: 02 21/2 21-2 25 84

Eintritt frei

Seite 154: Stadtwald

Entwurfsplan von Adolph Kowallek für den Stadtwald, 1895

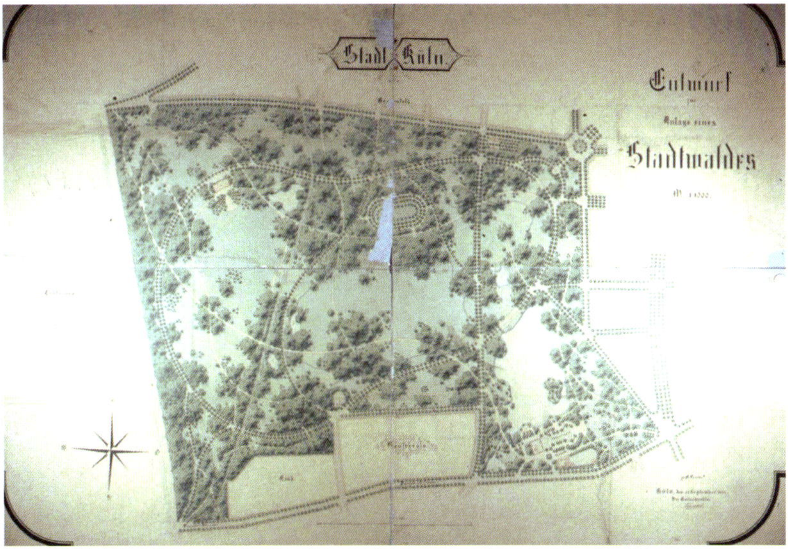

Südfriedhof KÖLN

(138) Karte: H 13

Südfriedhof
Höninger Platz 25 /
Militärringstraße
50969 Köln-Zollstock
www.stadt-koeln.de/natur/
friedhoefe/index.html

Größe: ca. 62 Hektar
Infos: Stadt Köln
Öffnungszeiten: bis zum
Einbruch der Dunkelheit
Führung auf Anfrage
Tel.: 0221/221-24441

Eintritt frei

Zur Entlastung des Melaten-Friedhofs wurde von der Stadt Köln beschlossen, den Nordfriedhof (1895) und den Südfriedhof (1897) anzulegen. Nach einem Entwurf von Gartendirektor Adolph Kowallek wurde in Zollstock ein zunächst 20 Hektar großer Parkfriedhof errichtet und 1901 eingeweiht. Schon während des Ersten Weltkriegs musste der Südfriedhof erweitert werden, seit 1963 hat er seine heutigen Ausmaße.

Durch den Haupteingang erreichen Besucherinnen und Besucher den ältesten Teil. Entlang des breiten Hauptweges, der von alten Bäumen gesäumt wird, liegen repräsentative Grabstätten. Ein beeindruckendes Bauwerk ist die aus der Eröffnungszeit erhaltene achteckige Trauerhalle.

Der Südfriedhof umfasst auch verschiedene Ehrenfriedhöfe: Auf dem älteren deutschen Ehrenfriedhof, der ab 1920 geschaffen wurde, erinnert eine Skulptur nach dem Entwurf des renommierten Bildhauers Adolf von Hildebrand (1847–1921) an die Opfer des Ersten Weltkriegs.

Der britische Ehrenfriedhof ist erkennbar an den beiden Kuppelbauten, die den Eingang flankieren. Hier ruhen mehr als 3.000 Opfer aus den Commonwealth-Staaten, die während des Ersten oder des Zweiten Weltkriegs in Westdeutschland starben.

Ein weiterer deutscher Ehrenfriedhof, auf dem Gefallene des Zweiten Weltkriegs beigesetzt wurden, befindet sich in einer Niederung, die stimmungsvoll von Nadelbäumen und Trauerweiden eingerahmt ist.

Das Andenken an den Friedhofsgestalter wird nicht nur durch sein Werk lebendig gehalten, sondern auch durch seine eigene Grabstätte auf dem Südfriedhof (Flur 2):

„In Gott ruht hier der Schöpfer dieses Friedhofs und der Parkanlage Adolph Kowallek, von 1887 bis zu seinem Tod am 16. Mai 1902 Gartendirektor der Stadt Köln. Wir alle sind Samen in Gottes Hand, der aufgeht für die Ewigkeit zu reifen."

In der Nähe: Innenhof, Breniger Straße; Vorgebirgspark, Kreuznacher Straße

Südpark KÖLN

139 Karte: I 13

Südpark
Leyboldstraße / Am Südpark
50968 Köln-Marienburg
www.stadt-koeln.de

Größe: 5 Hektar
Infos: Stadt Köln
Führung auf Anfrage
Tel.: 0221/221-22584

Eintritt frei

Inmitten des Villenviertels Marienburg liegt der Südpark. Im Stil eines Landschaftsgartens wurde er zwischen 1898 und 1901 nach Plänen des Kölner Gartendirektors Adolph Kowallek (1852–1902) angelegt. Geschwungene Wege führen an kulissenartig wirkenden Baumgruppen vorbei. Vor allem die alten Kiefern sind zu beeindruckender Größe herangewachsen. Sie sind auch in den umliegenden Villengärten zu finden und verbinden den Park mit seiner ebenfalls gartenkünstlerisch gestalteten grünen Umgebung.

KÖLN *Volksgarten*

Zu den beliebtesten Grünanlagen in der Kölner Südstadt gehört der Volksgarten. An schönen Tagen und vor allem an sommerlichen Wochenenden genießen hier zahllose Menschen Spiel, Spaß und ein Picknick im Freien. Der Erholungswert von Großstadtparks zeigt sich dann besonders deutlich.

Der Volksgarten bietet Rasenflächen auf einem sanft modellierten Gelände mit kleinen Hügeln und Tälern. Den Mittelpunkt dieses landschaftlich gestalteten Parks nimmt ein großer Teich ein, dessen geschwungene Uferlinien viele Buchten ausbilden. Bäume und Sträucher wurden so am Ufer arrangiert, dass sich immer wieder neue malerische Ansichten ergeben. Ein ausgedehntes Wegenetz und ein zentraler Rundweg führen zu den schönsten Blickpunkten. Schon zur Entstehungszeit galt der vom Kölner Gartendirektor Adolph Kowallek entworfene und 1889 eröffnete Volksgarten als Meisterwerk deutscher Gartenkunst.

Der Volksgarten und die umgebenden Wohnviertel konnten erst nach Aufgabe des inneren Festungsringes in den 1880er Jahren errichtet werden. Zwei Elemente der alten Wehranlage, die Lünette III und das Fort IV, wurden zu Bestandteilen der Parkanlage. Die sogenannte „Orangerie", in der sich heute ein Theater befindet, war 1841 als Munitionslager erbaut worden. Nach dem Ende der militärischen Nutzung wurden zwei Glashäuser ergänzt, damit die Orangerie über viele Jahre von der Stadtgärtnerei genutzt werden konnte. Heute genießen dort Kulturinteressierte (www.orangerie-theater.de) das grüne Ambiente.

In der Nähe: Schmuckanlagen und Alleen an der südlichen Ringstraße; Rathenauplatz; Friedenspark; Römerpark, Nähe Fachhochschule; Freiraumgestaltung am Rheinau-Hafen

140 Karte: H 12

Volksgarten
Volksgartenstraße 10 / Eifelstraße
50677 Köln-Neustadt-Süd
www.stadt-koeln.de

Größe: 15 Hektar
Infos: Stadt Köln
Führung auf Anfrage
Tel.: 02 21/2 21-2 25 84

Eintritt frei

Westfriedhof KÖLN

(141) Karte: H 12

Westfriedhof
Venloer Straße 1132 /
Westendstraße
50829 Köln-Ehrenfeld
www.stadt-koeln.de/natur/
friedhoefe/index.html

Infos: Stadt Köln
Öffnungszeiten: bis zum
Einbruch der Dunkelheit
Führung auf Anfrage
Tel.: 02 21/2 21-2 35 11

Eintritt frei

Nach den Eingemeindungen im Kölner Westen wuchs ab 1888 der Bedarf an Begräbnisstätten. Die Planung des neuen Friedhofs, welche 1914 auf der deutschen Werkbundausstellung vorgestellt werden sollte, wurde durch den Beginn des Ersten Weltkriegs grundlegend beeinflusst: Die Ausstellung wurde abgesagt und es bedurfte einer „schnellen Lösung" für den Westfriedhof. Die Grünplanung übernahm schließlich der Kölner Friedhofsverwalter Johannes Ibach. Der 1917 eingeweihte Westfriedhof zeigt eine Verbindung von architektonisch und landschaftlich gestalteten Bereichen. Von der Venloer Straße aus wird der formal gestaltete Teil über einen breiten Hauptweg erschlossen, der auf die Trauerhalle von 1921 zuführt. Große Kriegsgräberfelder erinnern an die Gefallenen des Zweiten Weltkriegs. Eine Bronzeplastik des Bildhauers Ossip Zadkine mit dem Titel „Die Gefangenen" zeigt hier eindringlich das Leid der Kriegsopfer.

In der Nähe: Jüdischer Friedhof, Voranmeldung erforderlich, Stadt Köln, Tel.: 02 21/2 21-2 25 84

Ossip Zadkine, „Die Gefangenen"

Hausgarten „Kuelsche Hostey" KLEVE

(110) Karte: B 2

Hausgarten der
„Kuelschen Hostey"
Düffelgaustraße 22
47533 Kleve-Keeken
www.kuelschehostey.de
www.gaerten-kleverland.de

Größe: 2.800 qm
Infos: Claudia Weber
Öffnungszeiten: einzelne Wochenenden im Rahmen der Aktion „Offene Gärten im Kleverland" (siehe Internet-Adresse) sowie n. V.
Tel.: 02821/30308

Eintritt

Fabelwesen verleihen dem Garten der „Kuelschen Hostey" sein unverwechselbares Gesicht: Die Figuren aus Keramik stammen von der Eigentümerin und Designerin Claudia Weber. Zusammen mit den aus alten Ziegelsteinen angelegten Wegen und Gartenmauern sowie der üppigen Bepflanzung unterstreichen sie den romantischen Charakter dieses Gartens. Zahlreiche historische Strauchrosen verströmen zur Blütezeit im Juni ihren Duft.
Das Herzstück der Anlage erinnert an einen traditionellen Bauerngarten mit Gemüse, Kräutern und Stauden. Im Zentrum plätschert ein selbst gestalteter Springbrunnen – die Tierfiguren symbolisieren die vier Elemente: Erde, Feuer, Luft und Wasser. Naturnahe Hecken bieten zahlreichen Tieren ein Zuhause.
Die „Kuelsche Hostey" ist ein rund 160 Jahre altes Bauernhaus. Der Begriff Hostey bezeichnet ein von Weideland umgebenes bäuerliches Anwesen. An frühere Besitzer erinnert wohl der Familienname Kuel. Im Rahmen der Aktion „Offene Gärten im Kleverland" finden im Scheunentrakt Ausstellungen statt.

Reichswald Forest War Cemetery (Ehrenfriedhof) KLEVE

(111) Karte: B 3

Reichswald Forest War Cemetery (Ehrenfriedhof)
Grunewaldstraße (L 484)
47533 Kleve-Reichswalde
www.kleve.de

Größe: 5,7 Hektar
Infos: Commonwealth War Graves Commission
Öffnungszeiten: bis zum Einbruch der Dunkelheit
Führung auf Anfrage
shg.reichswald@t-online.de
Tel.: 02821/48115

Eintritt frei

Dieser weltweit größte britische Ehrenfriedhof (Commonwealth) ist die letzte Ruhestätte für 7.654 Soldaten, die im Zweiten Weltkrieg ihr Leben ließen. Er befindet sich im Reichswald an der Landstraße zwischen Kleve und der niederländischen Gemeinde Gennep.
Nach 1945 wurden die Leichname von verschiedenen Begräbnisstätten in Westdeutschland hierher umgebettet. Viele der hier begrabenen Opfer starben in den letzten Kriegsmonaten an der Westfront. Gestaltet wurde dieser Ehrenfriedhof nach den strengen künstlerischen Grundsätzen des Architekten Philip Dalton Hepworth. Weitere renommierte Künstler schufen Elemente, die auch für andere britische Ehrenfriedhöfe charakteristisch sind: Der

KREFELD *Sollbrüggenpark*

Der vermögenden Seidenhändlerfamilie de Greiff sind gleich mehrere Landschaftsgärten zu verdanken, die heute zu den beliebtesten Krefelder Erholungsgebieten zählen: Neben dem Burgpark Linn und dem Greiffenhorstpark wurde auch der Sollbrüggenpark in ihrem Auftrag zu Beginn des 19. Jahrhunderts angelegt. Mit der Gestaltung betraute sie wiederum den rheinischen Gartenkünstler Maximilian Friedrich Weyhe (1775–1846).

Das von Wassergräben umgebene Haus Sollbrüggen, welches auf einen mittelalterlichen Rittersitz zurückgeht, bildet den Mittelpunkt. Im Rahmen der Euroga 2002*plus* konnte der Park restauriert werden, wobei gemäß gartendenkmalpflegerischer Zielsetzungen zahlreiche Bäume und Sträucher rund um das Herrenhaus entfernt wurden und das Eingangsrondell wiederhergestellt werden konnte. So gelang es, das weitgehend verdeckte Gebäude im klassizistischen Stil wieder zum attraktiven Blickfang zu machen.

157 Karte: F 8

Sollbrüggenpark
Uerdinger Straße 500
47800 Krefeld-Bockum
www.krefeld.de

Größe: 5 Hektar
Infos: Stadt Krefeld
Führung auf Anfrage
Tel.: 0 21 51/86 44 02

Eintritt frei

Stadtpark Fischeln KREFELD

158 Karte: F 8

Stadtpark Fischeln
Kölner / Kimplerstraße
47807 Krefeld-Fischeln
www.stadtpark-fischeln.de

Größe: 35 Hektar
Infos: Stadt Krefeld
Führung auf Anfrage
Tel.: 0 21 51/86 44 02

Eintritt frei

Seite 179: Stadtpark Uerdingen

Ein neuer Park entsteht in Fischeln, der eines Tages 100 Hektar einnehmen soll. Er wird den Übergang von der Stadt zur umgebenden Landschaft bilden und eine Verbindung zwischen den Biotopen im Krefelder Süden schaffen. Ein erster Bauabschnitt konnte zur Euroga 2002*plus* realisiert werden. Das Ziel dieser deutsch-niederländischen Initiative bestand darin, die Kulturlandschaft an Rhein und Maas zu fördern und die hier vorhandenen Schätze aus Kunst, Kultur und Natur noch stärker für die Öffentlichkeit zu erschließen. Dafür engagiert sich vor Ort weiterhin neben der Stadt Krefeld auch der Förderverein des Stadtparks Fischeln. Die Planung des neuen Stadtparks stammt vom Duisburger Landschaftsarchitekturbüro Andreas Kipar, das als Gewinner aus einem Wettbewerb hervorging. Auffällige Elemente lassen in dem bereits fertig gestellten, 35 Hektar großen Teilbereich die künstlerische Handschrift erkennen: Alleen, Baumreihen, Haine, Solitärbäume auf weiten Wiesenflächen. Mit der Abenddämmerung verwandelt sich der Stadtpark Fischeln durch eine Lichtinszenierung. Vor allem die rund 120 Säuleneichen an der nördlichen Grenze des Parks treten dann ins Rampenlicht.

In der Nähe: Kleingartenanlage, Mühlenfeld 160; Bergmann's Primose Cottage-Garten, Hees 30, Tel.: 0 21 51/30 02 76 (n. V.); Obstwiese, Imkerei Koch/Roulands, Im Witschen, Tel.: 01 74/6 60 20 06 (n. V.)

Stadtpark Uerdingen KREFELD

159 Karte: F 7/8

Stadtpark Uerdingen
Nikolaus-Groß- / Parkstraße
47829 Krefeld-Uerdingen
www.krefeld.de

Größe: 16 Hektar
Infos: Stadt Krefeld
Führung auf Anfrage
Tel.: 0 21 51/86 44 02

Eintritt frei

Eine großzügige Spielwiese, die in ihrer ovalen Form an eine Pferderennbahn (Hippodrom) erinnert, ist neben dem Weiher das Herzstück dieses Stadtparks. Angelegt wurde er schon ab 1897 nach Plänen der Gärtner Peter und Heinrich Vincenz. Die waldartigen Parkbereiche laden zu ausgedehnten Spaziergängen unter ihrem schattigen Laubdach ein. Im Stadtparkrestaurant wird für das leibliche Wohl gesorgt.

In der Nähe: Ehemaliger Alter Friedhof, Alte Friedhofsstraße; Hausgarten, Flensburger Zeile 26 (www.offene-gartenpforte.de)

Stadtwald KREFELD

160 Karte: F 8

Stadtwald
Hüttenallee 108
47800 Krefeld-Bockum
www.krefeld.de

Größe: 120 Hektar
(inkl. Rennbahn)
Infos: Stadt Krefeld
Führung auf Anfrage
Tel.: 0 21 51/86 44 02

Eintritt frei

Vermögenden Privatleuten haben die Krefelder zahlreiche Parks zu verdanken, die sich ursprünglich in Familienbesitz befanden und inzwischen öffentlich zugänglich sind. Auch der Stadtwald wäre nicht ohne bürgerschaftliches Engagement entstanden.

Es war wiederum ein Seidenhändler, der sich als großzügig erwies: An Wilhelm Deuß, welcher im Jahre 1897 ein 35 Hektar großes Grundstück an der Hüttenallee zur Verfügung stellte und aus Anlass seines 70. Geburtstages auch noch eine größere Geldsumme spendete, erinnert eine Gedenktafel in dem Rundtempel am Weiher. Die Stadt begann damals sogleich mit der Aufforstung des Geländes und der Anlage eines Landschaftsgartens im englischen Stil, der 1901 der Bevölkerung übergeben werden konnte. Durch weitere Geländezukäufe entstand im Laufe von drei Jahrzehnten ein wichtiges Naherholungsgebiet der Stadt mit hohem Freizeitwert. Das großzügige Netz von Wander- und Fahrradwegen, die kreativ gestalteten Spielplätze, aber auch der Weiher mit dem Tretbootverleih und die Tennisplätze locken an warmen Tagen zahlreiche Menschen hierher.

Das 1911 in seiner heutigen beachtlichen Größe errichtete Stadtwaldhaus mit seinen dekorativen Jugendstilelementen und der Musikpavillon neben dem Biergarten sind Schmuckstücke und weitere Anziehungspunkte.

Im gleichen Jahr kaufte die Stadt ein 32 Hektar großes Grundstück für den Bau einer Pferderennbahn, die zu den schönsten Deutschlands zählt. Die 1994/95 erfolgte Restaurierung der Rennbahn und ihrer Gebäude wurde von der Deutschen Stiftung Denkmalschutz prämiert.

LANGERWEHE *Landschaftsgarten „Kammerbusch"*

Ein Juwel schlummerte lange Zeit im Verborgenen und ist seit 2001 aus einem Dornröschenschlaf erwacht: Der Landschaftsgarten „Kammerbusch" beeindruckt durch seine große Zahl von restaurierten Gartengebäuden, die beim Spaziergang im weitläufigen Gelände nach und nach zu entdecken sind.
Schmale Pfade schlängeln sich durch die abschüssigen Bereiche des Waldparks. Sie führen vorbei am 1903 erbauten Lulu-Turm, der nach Luise Schleicher benannt wurde. Familie Schleicher hatte in der Metallindustrie ihr Vermögen erwirtschaftet und mit der Nadelfabrik Karl Schleicher & Söhne zu Beginn des 19. Jahrhunderts international Geltung erlangt. Im Jahre 1850 konnte Karl Schleicher das Grundstück im Kammerbusch erwerben und die nach ihm benannte Karlsburg errichten lassen, welche allerdings im Zweiten Weltkrieg weitgehend zerstört wurde. Ihr Standort ist noch heute im Gelände deutlich auszumachen. Mehrere Achsen führen zu diesem ehemaligen Zentrum auf der Anhöhe.
Weitere Gebäude sowie zahlrciche Denkmäler wurden im Laufe der Zeit von ihm und seinem Sohn Richard Schleicher in dem Waldpark errichtet. Dazu gehört auch der sogenannte „Hagartempel", ein kleines, zylindrisches Bauwerk aus Backstein mit einer Kuppel und einem Portikus, das in den vergangenen Jahren restauriert werden konnte. Ebenso wie die anderen baulichen Elemente spiegelt der Tempel den wirtschaftlichen Erfolg und das bildungsbürgerliche Selbstbewusstsein der Unternehmerfamilie wider.

In der Nähe: Gutspark Merberich, Merbericher Weg, Tel.: 0 24 23/ 40 81 60 (n. V.)

161 Karte: D 14

Landschaftsgarten
„Kammerbusch"
Wald- / Hülsenbergstraße /
Auf der Heide
52379 Langerwehe-Heistern
www.langerwehe.de

Größe: 28 Hektar
Infos: Bernd Fourné
Führung auf Anfrage
Tel.: 0 24 23/9 45 60

Eintritt frei

Japanischer Garten im Carl-Duisberg-Park LEVERKUSEN

Für die Beschäftigten der Leverkusener Bayer AG liegt Japan gleich neben dem Arbeitsplatz: Auf dem öffentlich zugänglichen Teil des Firmengeländes befindet sich eine Gartenanlage im fernöstlichen Stil, eingebettet in den großflächigen, landschaftlich gestalteten Carl-Duisberg-Park. Zu verdanken

ist dieses Kleinod dem Aufsichtsratsvorsitzenden der damaligen I.G.-Farbenindustrie AG. Von einer Weltreise im Jahr 1926 kehrte Carl Duisberg beeindruckt von asiatischer Gartenkunst nach Leverkusen zurück und ging daran, den neben seiner Dienstvilla bereits 1913 begonnenen „Japanischen Garten“ als privates Refugium zu erweitern. An seinen heutigen Ort, rund 200 Meter entfernt, musste der Garten umziehen, weil ab 1960 für ein neues Verwaltungshochhaus Platz benötigt wurde.
Über rot lackierte Brücken nach japanischen Vorbildern erreichen Besucherinnen und Besucher den von einem Wasserlauf umgebenen Garten. Zusammen mit roten Torbögen und dem reichen bronzenen und steinernen Figurenschmuck, darunter wasserspeiende Drachen, Geishas, Buddha-Figuren u.a., prägen sie den fernöstlichen Stil des Gartens. Den Mittelpunkt bildet ein prächtiges Teehaus mit doppelt geschwungenem Dach, das chinesische und japanische Elemente vereint. Als stimmungsvolles Ambiente wird es für festliche Anlässe genutzt.
So farbenprächtig wie diese Bauten geben sich zur Blütezeit auch die Pflanzen, welche überwiegend aus Asien stammen. Vor allem Azaleen und Rhododendren leuchten im April und Mai in nuancenreichen Gelb-, Rot- und Violetttönen. Kamelien, Magnolien, Zierkirschen, aber auch Tulpen, welche für einen asiatischen Garten eher untypisch sind, tragen zum Gesamtbild bei. Die Blütezeit wird durch Chrysanthemen bis in den Herbst hinein ausgedehnt, wenn die feurige Laubfärbung ein spätes Glanzlicht schenkt.
Carl Duisberg fand 1935 seine letzte Ruhestätte auf dem Firmengelände nahe seiner Dienstvilla. In Deutschland hat der nach ihm benannte und akkurat gepflegte Carl-Duisberg-Park bis heute Seltenheitswert.

In der Nähe: Gärten der Beamtensiedlung, Friedrich-Ebert-Straße

162 Karte: I 11

Japanischer Garten
im Carl-Duisberg-Park
Kaiser-Wilhelm-Allee
51373 Leverkusen-Wiesdorf
www.leverkusen.de
www.bayer.de

Größe: ca. 1,5 Hektar (Japanischer Garten), ca. 20,5 Hektar (Carl-Duisberg-Park)
Infos: Bayer AG
Öffnungszeiten:
Mai–Sept 9–20 Uhr
Okt–Apr 9 Uhr bis zum Einbruch der Dunkelheit
Führung auf Anfrage
Tel.: 02 14/30 50-100

Eintritt frei

NaturGut Ophoven LEVERKUSEN

Ein Ausflug in die Natur – für große und kleine Stadtmenschen gibt es auf dem NaturGut Ophoven viel zu entdecken. Rund um die denkmalgeschützte ehemalige Wasserburg – einst das Zuhause von Ritter Jakob von Uphoven – liegt ein naturnah gestaltetes Parkgelände: Gärten, Feuchtbiotope, Obstwiesen, das Vogelbeobachtungshaus, Weidenspielplätze und viele weitere Bereiche eröffnen ungeahnte Möglichkeiten, der Pflanzen- und Tierwelt ganz nah zu kommen. Der Naturerlebnispfad führt auf spielerische Weise in die Geheimnisse des Waldes ein.

Seit der Expo 2000 befindet sich im Scheunentrakt die Erlebnisausstellung „EnergieStadt". Als Projekt der Weltausstellung, die nicht nur in Hannover, son-

dern eben auch in Leverkusen stattfand, zeigt sie zukunftsorientierte Strategien, „wie das Leben in der Stadt möglich ist, ohne dass die Natur ausgesperrt wird, und wie Energie gespart werden kann".
Das Veranstaltungsprogramm bietet vor allem viele Mitmachaktionen für Groß und Klein: Erlebnisspiele im Freien, Wolle spinnen, Schmuckstücke aus Speckstein herstellen und vieles mehr. Fachvorträge und Erwachsenenkurse behandeln grundlegende und aktuelle Themen wie den ökologischen Gartenbau, die Bienenhaltung oder den Elektrosmog. Der Höhepunkt ist jedes Jahr das große Sommerfest im Juni.

In der Nähe: Villengarten, Vorster Str. 6, Tel.: 0 21 71/4 78 43 (n. V.); Hausgarten, Leverkusen-Bergisch Neukirchen, Wuppertaler Straße 73 (www.offene-gartenpforte.de)

163 Karte: I 11

NaturGut Ophoven
Talstraße 4
51379 Leverkusen-Opladen
www.naturgut-ophoven.de

Größe: 6 Hektar
Infos: Förderverein NaturGut Ophoven e.V.
Öffnungszeiten:
Außengelände frei zugänglich, Ausstellung und Bistro Di–Fr 9–17 Uhr, Sa/So und Feiertage 10–18 Uhr
Führung auf Anfrage
Tel.: 0 21 71/7 34 99-0

Eintritt frei

Neuland-Park LEVERKUSEN

164 Karte: I 11

Neuland-Park
Nobelstraße 91
51373 Leverkusen
www.lgs-lev.de

Größe: 25 Hektar
Infos: Stadt Leverkusen
Öffnungszeiten: bis zum Einbruch der Dunkelheit
Führung auf Anfrage
Tel.: 02 14/4 06 67 45

Eintritt frei

„Leverkusen ist wieder eine Stadt am Rhein" – so brachte der Oberbürgermeister die beeindruckende Verwandlung auf den Punkt. Dank der Landesgartenschau 2005 besitzt Leverkusen einen Park, der die City über Verkehrsadern hinweg mit dem Flusspanorama verbindet. Unter dem Motto „Neuland entdecken"bestand ihr Ziel darin, eine Altlastdeponie in eine blühende Landschaft zu verwandeln. Das preisgekrönte Ergebnis überzeugt in umweltpolitischer wie städtebaulicher Hinsicht. Schon als Landesgartenschau erzielte der Park Besucherrekorde, und heute ist er das grüne Refugium der von Industrie geprägten Stadt.

Vor der Kulisse des benachbarten Bayer-Werkes entstanden auf einer aufwändig gesicherten Mülldeponie, die bis in die 1960er Jahre hinein befüllt worden war, acht terrassierte Ebenen in der Form eines „Bumerangs" mit farbenreichen Blumenbeeten, außerdem Themengärten, großzügige Rasenflächen zum Pick-

nicken sowie zahlreiche Kinderspielplätze. Über futu ristisch anmutende Fußgängerbrücken wurde die neue Rheinpromenade mit dem übrigen Gelände verbunden. Der Essener Landschaftsarchitekt Rüdiger Brosk wollte die Vergangenheit des Geländes keineswegs vergessen machen. Die „Künstlichkeit" der Parklandschaft zeigt sich an streng architektonischen Elementen. Sie stehen im deutlichen Kontrast zur renaturierten Flusslandschaft der Dhünn, einem kleinen Fluss, der im Zuge der Landesgartenschau aus seinem Betonbett geholt wurde.

Die Leverkusener Bürgerinnen und Bürger wurden über Informationsveranstaltungen frühzeitig eingebunden, denn der Park sollte so gestaltet werden, dass sie „ihren Frieden mit dem Gelände schließen" konnten, wie der Geschäftsführer der Landesgartenschau betont. Die „Bürgerallee" mit 120 von der Bevölkerung gespendeten Eschen und Amberbäumen setzt dafür ein lebendiges Zeichen.

In der Nähe: Stadtpark, Leverkusen-Manfort, An der Doktorsburg

Staudengärtnerei Grasland LEVERKUSEN

165 Karte: I 11

Staudengärtnerei Grasland
am Max-Richartz-Hof
Im Rosengarten 19
51381 Leverkusen-Opladen-Atzlenbach
www.gras-land.de

Größe: 3 Hektar
Infos: Frank Scholten
Öffnungszeiten:
Sa 9–15 Uhr sowie n. V.
Tel.: 0 21 71/73 25 29

Eintritt frei

Eine der europaweit größten Sammlungen von Ziergräsern ist in Atzlenbach zu bewundern. Der Name „Grasland" ist hier Programm: Die erst vor wenigen Jahren gegründete Staudengärtnerei bietet vor Ort ein großes Sortiment an, nimmt aber auch Versandbestellungen entgegen. Mehr als 300 Gräserarten und -sorten werden hier gehegt und gepflegt, darunter viele alte und robuste Züchtungen des berühmten Vorbildes Ernst Pagels aus Leer. Darüber hinaus gedeihen auf dem weitläufigen Gelände rund um den 200 Jahre alten Max-Richartz-Hof zahlreiche Blütenstauden und Obstgehölze.

In der Nähe: Schlosspark Morsbroich, Leverkusen-Schlebusch, Gustav-Heinemann-Straße 80, Tel.: 02 14/5 00 50 72; Hausgarten, Leverkusen-Schlebusch (Waldsiedlung), Dudweiler Straße 19, Tel.: 02 14/5 90 36 (n. V.)

LINDLAR *Bauerngärten des Bergischen Freilichtmuseums*

Leben wie vor 100 Jahren – im Bergischen Freilichtmuseum ist Geschichte zum Greifen nah. Das Lingenbachtal bei Lindlar selbst ist die Hauptattraktion. Bewirtschaftet wie um 1900 mit alten Nutzpflanzensorten und Nutztierrassen soll hier das historische Landschaftsbild um 1900 wieder entstehen. Der Ökologie-Schwerpunkt dieses Museums ist in Deutschland nahezu einzigartig. Natürliche Kreisläufe können die Besucherinnen und Besucher hier hautnah kennen lernen. Das bäuerliche Leben in und mit der Natur wird auch in den Gärten deutlich: Obst, Gemüse, Kräuter und Blumen werden im Umfeld der historischen Hofanlagen wieder auf ökologische Weise angebaut. Obstwiesen und Weiden laden zum ebenso erholsamen wie lehrreichen Spaziergang ein. Für das leibliche Wohl sorgt mit deftiger bergischer Kost die Museumsgaststätte Lingenbacher Hof.
Unweit des Museums liegt der frei zugängliche Park von Schloss Heiligenhoven. Die Geschichte des ehe-

166 Karte: K 11

Bauerngärten des Bergischen Freilichtmuseums / Schlosspark Heiligenhoven
Kölner Straße / Heiligenhoven 1
51789 Lindlar
www.bergisches-freilichtmuseum.lvr.de
www.kulturinfo-rheinland.de

Größe: ca. 25 Hektar und ca. 5 Hektar (Schlosspark)
Infos: Landschaftsverband Rheinland
Öffnungszeiten:
Apr–Okt Di–So 10–18 Uhr
Nov/Dez/März Di–So 10–16 Uhr
Jan/Febr So 10–16 Uhr
Führung auf Anfrage
Tel.: 0 22 66/90 10-0 und 0 18 05/74 34 65 (kulturinfoRheinland)

Eintritt

maligen Rittersitzes reicht bis ins 14. Jahrhundert zurück. Während das von Wassergräben umgebene Hauptgebäude in der Mitte des 18. Jahrhunderts erbaut wurde, erhielt der Landschaftsgarten erst im ausgehenden 19. Jahrhundert nach englischen Vorbildern seine aktuelle Gestalt: Ein großer Teich, weite Rasenflächen und mehr als 100 Jahre alte Bäume prägen die Anlage. Die Grillhütte am Schlossteich lädt zur Rast ein und kann auch vom Museumspublikum genutzt werden.

Im Schloss befindet sich neben der Verwaltung des Bergischen Freilichtmuseums auch ein Umweltzentrum, das ein umfangreiches Seminarprogramm zu Ökologie-Themen anbietet: Praxistipps für Garten- und Obstbau, Wissen der „Kräuterhexen", alte Handwerkstechniken u. a. Menschen mit Behinderungen können auch individuelle Veranstaltungen buchen. Für Schulklassen, Jugendgruppen und Kindergärten gibt es Wochenprogramme mit Übernachtung in der „Schlossherberge".

In der Nähe: Garten Rheinisches Industriemuseum, Engelskirchen, Engelsplatz 2; Dahlienschau, Wiehl-Alperbrück, Am Blumenhof 1, Tel.: 0 22 62/58 15 (n. V.)

Hausgarten Frielingsdorf LINDLAR

167 Karte: K 11

Hausgarten Frielingsdorf
Heidplätzchen 3
51789 Lindlar

Größe: ca. 1.500 qm
Infos: Marianne Frielingsdorf
Öffnungszeiten: n. V.
Tel.: 0 22 66/34 92

Eintritt

Dieser naturnah gestaltete Hausgarten einer begeisterten Pflanzensammlerin hält selbst für Profis noch viele Überraschungen bereit. Mehr als 200 Arten und Sorten sind hier auf kleinem Raum vertreten. Marianne Frielingsdorf engagiert sich für den Erhalt alter Kulturpflanzen und vermehrt gezielt, was anderenorts verschwunden ist: Faserlein, Färberkamille, Wau und das Seifenkraut wurden beispielsweise früher zur Gewinnung von Textilfasern, zum Färben oder Waschen gebraucht.

Der Garten ist so zugleich eine „Samenbank" mit großem genetischem Potenzial, das auch genutzt und weitergegeben wird. Er befindet sich nur einen Kilometer vom Bergischen Freilichtmuseum entfernt und wird regelmäßig für Museumskurse genutzt.

In der Nähe: Hausgarten, Georghausen 6 (www.offene-gartenpforte.de)

MECHERNICH Bauerngärten des Rheinischen Freilichtmuseums Kommern

Eines der größten Freilichtmuseen Europas befindet sich in der Eifel. Auf dem rund 80 Hektar großen Gelände sind derzeit 65 historische Gebäude aus verschiedenen Regionen der ehemaligen preußischen Rheinprovinz zu besichtigen: Bauernhäuser, Werkstatten, Wind- und Wassermühlen, Gemeinschaftshäuser wie eine Schule, das Dorfbackhaus, der Tanzsaal, eine Kapelle u.a. Sie sind beispielhaft für das Bauen, Wohnen und Wirtschaften der Landbevölkerung seit dem Ende des 15. Jahrhunderts. Die Baudenkmäler sind eingebettet in eine Museumslandschaft mit Äckern, Obstwiesen und Gärten.

Wer kennt den Duft und den Geschmack von frischem Brot, das in einem mit Holz befeuerten Ofen gebacken wurde? Wer hat schon einmal einem Schmied bei der Arbeit zugeschaut? Wer weiß, welche Gemüsesorten, Kräuter und Blumen in den traditionellen Bauerngärten nicht fehlen durften? In Kommern lässt sich das Landleben mit allen Sinnen nachempfinden.

Das auf dem Gelände befindliche Landesmuseum für Volkskunde zeigt seine bedeutende Sammlung zur rheinischen Volkskultur. Wechselnde Sonder-

168 Karte: E 16

Bauerngärten des Rheinischen Freilichtmuseums Kommern
Auf dem Kahlenbusch
53894 Mechernich-Kommern
www.kommern.lvr.de
www.kulturinfo-rheinland.de

Größe: ca. 80 Hektar
Infos: Landschaftsverband Rheinland
Öffnungszeiten:
Apr–Okt täglich 9–18 Uhr
Nov–März täglich 10–16 Uhr
Führung auf Anfrage
Tel.: 0 18 05/7 43 46 52 63 und 0 18 05/74 34 65 (kulturinfoRheinland)

Eintritt

ausstellungen und die neue Dauerpräsentation „Wir Rheinländer" bieten auch den Stammgästen rund ums Jahr viel Wissenswertes. Kinder- und Erwachsenengruppen sowie Menschen mit Behinderungen können individuelle Führungen durch das Freilichtmuseum buchen, etwa zur „Selbstversorgung in der bäuerlichen Familie", zur „Dörflichen Vegetation" und vielen weiteren Themen.
In der Dorfgaststätte mit zünftigem Biergarten wird ein wechselndes Angebot traditioneller Gerichte bereitgehalten.

In der Nähe: Schlosspark Eicks; Schillerpark, Euskirchen, Eifelring; Schlosspark Flamersheim, Euskirchen, Tel.: 0 22 55/95 01 75 (n. V.); Garten Haus Maria Rast, Euskirchen-Weingarten, Tel.: 0 22 56/32 16 (n. V.); Garten Rheinisches Industriemuseum, Euskirchen-Kuchenheim, Carl-Koenen-Straße 25b, Tel.: 0 22 51/14 88-1 22

Friedhof Goethestraße METTMANN

(169) Karte: H 9

Friedhof Goethestraße
Goethestraße
40822 Mettmann
www.mettmann.de

Größe: 12 Hektar
Infos: Stadt Mettmann
Öffnungszeiten: bis zum Einbruch der Dunkelheit
Führung auf Anfrage
Tel.: 0 21 04/14 44 07

Eintritt frei

In unmittelbarer Nähe der Altstadt von Mettmann liegt der Friedhof Goethestraße. Seine Entstehung geht auf eine Anordnung aus Zeiten napoleonischer Herrschaft zurück. Aus hygienischen Gründen durften Bestattungen nicht länger auf dem Friedhof von St. Lambertus im Ortskern vorgenommen werden. In der Folge kam es zur Neuanlage an der Goethestraße, die 1807 ihrer Bestimmung übergeben wurde.
Im Laufe seiner langen Geschichte wurde der Friedhof Goethestraße mehrmals erweitert. Der von dem Düsseldorfer Gartendirektor Willi Tapp (1887–1958) im Jahre 1921 geplante Teil ist besonders bemerkenswert: Die einzelnen Grabreihen grenzte Tapp durch verschiedene Hecken ab. Rotlaubige Blutbuchen, hellgrüne Hainbuchen und dunkelgrüne Fichten sorgen noch heute zusammen mit Blütensträuchern wie Forsythien, Spiersträuchern, Flieder und Goldregen für eine farbenreiche Wirkung. Die damals am Haupteingang angelegte Birkenallee ist inzwischen in die Jahre gekommen und zu beeindruckender Größe herangewachsen. Der Besuch kann mit einer Besichtigung der Grabsteinausstellung im historischen Bahrenhäuschen verbunden werden.

In der Nähe: Hausgarten, Diepensiepen 76 (www.offene-gartenpforte.de)

Friedhof Goethestraße

METTMANN *Hausgarten Bödeker*

„Garten, das ist der Ort der Freude und immerwährenden Beschäftigung“, findet Landschaftsarchitekt Richard Bödeker. Das vor rund 30 Jahren begonnene eigene grüne Reich im Neandertal zeugt vor allem von einer stetigen Sammelleidenschaft: 25 verschiedene Bambusarten, die durchaus mehrere Meter Höhe erreichen, prägen die Bereiche am Wohnhaus, dem im Jahre 1878 erbauten Alten Bahnhof. Neben Pflanzen aus aller Welt sammeln die Bödekers auch Kunstwerke, die dem Garten seinen besonderen Charakter verleihen und zu dem geschichtsträchtigen Ort passen: Gleich mehrere Figuren zeigen den Neandertaler, also jene Frühform des Homo sapiens, deren Knochen in einer kleinen Grotte im Neandertal bei Düsseldorf gefunden wurden – heute werden diese im nahe gelegenen Neanderthal Museum aufbewahrt, das vor allem von Schulklassen und Familien rege besucht wird. Hinzu kommen im Garten noch vielfältige Erinnerungsstücke an die vergangenen Tage des Bahnhofs, aber

170 Karte: H 9

Hausgarten Bödeker
Eidamshauser Straße 271
40822 Mettmann-Neandertal
www.bwp-abroad.com

Größe: 1 Hektar
Infos: U. und R. Bödeker
Öffnungszeiten:
www.offene-gartenpforte.de
nur für Gruppen auch n. V.
Tel.: 0 21 04/7 50 38

Eintritt frei

auch an die zahlreichen Auslandsaufenthalte des global tätigen Landschaftsarchitekten. Sie weisen den Weg am Gartenteich vorbei zum Waldpark in Hanglage.
Die Gartenbesichtigung erfolgt auf eigenes Risiko, Kinder dürfen nur unter Aufsicht mitkommen, da es Gefahrenquellen wie Treppen und Wasserflächen gibt. Die schönsten Blütezeiten sind die Monate Mai (Blauregen) und Mitte Juni bis September (Kübelpflanzen, z.B. Schmucklilien).

In der Nähe: Kulturlandschaft Neandertal, Fundstelle und Museum, Talstraße 300, Tel.: 0 21 04/97 97 97

Bunter Garten / Botanischer Garten / Kaiserpark

MÖNCHENGLADBACH

171 Karte: E 9

Bunter Garten / Botanischer Garten / Kaiserpark
Bismarck- / Bettrather Straße
41061 Mönchengladbach
www.moenchengladbach.de

Größe: 30 Hektar
Infos: Stadt Mönchengladbach
Führung auf Anfrage
Tel.: 0 21 61/25 68 10

Eintritt frei

Wie sein Name schon vermuten lässt, beeindruckt der Bunte Garten durch seine Blütenpracht. Vor allem das großflächige Blumenparterre erfreut sich dank seiner jahreszeitlich wechselnden farbenreichen Ornamente an zahlreichen Stammgästen. Spaziergängerinnen und Spaziergänger können durch den lang gestreckten Grünzug von der Kaiser-Friedrich-Halle, einer Stadthalle mit vielfältigem Veranstaltungsprogramm, und dem dort befindlichen Kaiserpark bis zum Hauptfriedhof und zum Nordwald gelangen. Durch die geschickte Unterteilung der Anlage in unterschiedliche Bereiche ist eine abwechslungsreiche Folge grüner Räume zu erleben. Neben der blütenreichen Pflanzenpracht setzen heute Skulpturen Akzente: So zieht die rund 15 Meter hohe, das Sonnenlicht reflektierende „Lichtstele“ des international bekannten Objektkünstlers Heinz Mack vor der Kaiser-Friedrich-Halle die Blicke auf sich.
Für die Entstehung des Bunten Gartens war die Deutsche Rosenschau 1928 von großer Bedeutung. In den 1930er Jahren konnte auf dem Ausstellungsgelände dauerhaft eine öffentliche Grünanlage geschaffen werden, in die auch der ab 1890 entstandene Kaiserpark einbezogen wurde.
In westlicher Richtung geht der Bunte Garten heute beinahe unmerklich in den Botanischen Garten über,

der ab 1927 auf dem Gelände einer Friedhofsgärtnerei angelegt und später um das Areal von zwei aufgelösten Friedhöfen bis auf seine heutige Größe von rund fünf Hektar erweitert wurde. Einige alte Grabmale sind Zeugen dieser Vergangenheit. Die Vogelvoliere am Eingang wird besonders gern von Familien besucht. Zu den verschiedenen Abteilungen des Botanischen Gartens gehören auch ein Alpinum, ein Apotheken-, Stauden-, Rhododendren- sowie ein Blindengarten. In Fachkreisen wird die große Sammlung von Ginkgo-Bäumen geschätzt: Etwa 20 verschiedene Sorten von *Ginkgo biloba* wurden hier teils aus Steckhölzern herangezogen.

In der Nähe: Volksgarten, Carl-Diem-Straße; Friedhof, Viersener Straße

Modellgärten Terra MÖNCHENGLADBACH

172 Karte: D 9

Modellgärten Terra
Venner Straße 383
41068 Mönchengladbach-Venn
www.modellgaerten.de

Größe: ca. 12.000 qm
Infos: Michael Busemann
Öffnungszeiten: Mitte März–Mitte Nov Sa/So 11–17 Uhr
Führung auf Anfrage
Tel.: 0 21 62/35 37 16

Eintritt

Eine Fülle von Gestaltungsideen bieten die Modellgärten der Gartenbaufirma Terra. Rund 45 unterschiedliche Hausgärten im Kleinformat gilt es zu entdecken, und die Anlage soll noch wachsen. Kaum zu glauben, dass sie erst vor wenigen Jahren begonnen wurde. Seit der Jahrtausendwende verwandelt Eigentümer Michael Busemann Ackerland in eine blühende Gartenlandschaft, um „Lust auf Garten" zu wecken.

Von schützenden Hecken umgeben, gedeihen hier nun sogar mediterrane Gewächse und außerdem viele Raritäten: rund 180 verschiedene Funkien *(Hosta)*, mehr als 100 Bambussorten, 65 verschiedene Gräser. Selbst Fachleute staunen angesichts dieser Vielfalt.

Michael Busemann ist Gärtner aus Leidenschaft und bemüht sich, sein Sortiment kontinuierlich zu vergrößern. Besonders stolz ist er auf seine 15 verschiedenen Lilientrauben *(Liriope)* und auf seine 15 Sorten Schlangenbart *(Ophiopogon)* – Stauden, die nur in wenigen Gartenbüchern zu finden sind.

Die Namen der Modellgärten sind Programm: „Oase der Ruhe und Entspannung", „Duft- und Naschgarten", „Grünes Gräsermeer" u. a. verraten schon, dass diese beispielhaften Hausgärten zum Genießen mit allen Sinnen einladen. Seminare vermitteln Grundlagenwissen rund ums Gärtnern. Höhepunkte der Saison sind die Gartenfeste. Seit März 2007 berichtet das ARD-Morgenmagazin regelmäßig aus den Modellgärten.

Schlosspark Rheydt MÖNCHENGLADBACH

Das einzige erhaltene Wasserschloss der Renaissance am Niederrhein vermittelt noch heute den Eindruck seiner Wehrhaftigkeit früherer Zeiten. Rundwege über die Wallanlagen und durch die anderen Teile des Parks, der seine Form im 18. und 19. Jahrhundert erhielt, eröffnen abwechslungsreiche Blicke auf das Herrenhaus, die Torburg und Vorburg mit den umgebenden Gräben, Schutzwällen und Bastionen. Die wohl älteste Lindenallee in Nord-

rhein-Westfalen aus dem 16. Jahrhundert beeindruckt durch ihre imposante Höhe.

Das Museum Schloss Rheydt präsentiert nach erforderlichen Sanierungen seit 1994 eine kostbare Innenausstattung aus der Renaissancezeit, darunter rund 500 Jahre altes Mobiliar, Wandmalereien und andere Kunstwerke. Die stadthistorische Abteilung informiert über die Entstehungszeit und Entwicklung, in den unterirdischen Verteidigungsanlagen (Kasematten) wird die Geschichte des Festungsbauwesens anschaulich vermittelt, in der Nordbastion sind Funde aus römischer und neolithischer Zeit zu sehen.

In der Nähe: Schmölderpark Rheydt, Schmölderstraße

173 Karte: E 9/10

Schlosspark Rheydt
Schlossstraße 508
41238 Mönchengladbach-Rheydt
www.museum-schloss-rheydt.de

Größe: 2,6 Hektar
Infos: Stadt Mönchengladbach
Öffnungszeiten: bis zum Einbruch der Dunkelheit
Führung auf Anfrage
Tel.: 0 21 61/25 24 00

Eintritt frei

Schlosspark Wickrath MÖNCHENGLADBACH

Pferdebegeisterte zieht es regelmäßig nach Wickrath, denn das Schloss ist als traditionsreiches Zentrum rheinischer Pferdezucht zugleich Austragungsort von Turnieren. Und auch in der übrigen Zeit des Jahres lassen sich bei den Stallungen Blicke auf die edlen Tiere erhaschen.

Von der ursprünglichen Schlossanlage aus dem 18. Jahrhundert sind die beiden Vorburgen mit den begleitenden Pavillons im Barockstil erhalten. An der Stelle des Hauptgebäudes befindet sich heute ein repräsentatives Herrenhaus, das sogenannte „Stallmeisterhaus", welches ein Restaurant beherbergt. Der Park vereinigt unterschiedliche Stilelemente – vom formstrengen Barockparterre bis zum Landschaftsgarten nach englischem Vorbild. Große Wasserflächen umgeben das Gebäudeensemble. Der außer-

gewöhnliche fünfeckige Grundriss der Gesamtanlage stellt die Form einer Grafenkrone dar und symbolisiert den Status ihres Bauherren, des Grafen Otto Wilhelm von Quadt-Wykradt. Zur Dezentralen Landesgartenschau, die im Rahmen der Euroga 2002*plus* in Nordrhein-Westfalen durchgeführt wurde, konnte der Schlosspark umfassend restauriert werden.
Im kühlen Schatten von rund 250 Jahre alten vierreihigen Lindenalleen, die heute eine Höhe von etwa 30 Metern erreicht haben, lässt es sich auch bei hochsommerlichen Temperaturen angenehm flanieren. Ein Wasserspielplatz und die Gartenterrasse des Restaurants laden dann Groß und Klein zum längeren Aufenthalt ein.

In der Nähe: Bauerngarten, Mönchengladbach-Rheindahlen, Merreter Straße 18 (www.offene-gartenpforte.de); Alter Friedhof/Ehrenfriedhof, Mönchengladbach-Rheindahlen, Hardter/Broicher Straße

174 Karte: E 10

Schlosspark Wickrath
Hochstadenstraße
41189 Mönchengladbach-Wickrath
www.schloss-wickrath.de

Größe: 14 Hektar
Infos: Stadt Mönchengladbach
Führung auf Anfrage
Tel.: 0 21 61/25 68 10

Eintritt frei

Seite 200/201:
Schlosspark Wickrath

Skulpturengarten Ende

MÖNCHENGLADBACH

175 Karte: D 9

Skulpturengarten Ende
Winkeln 70
41068 Mönchengladbach
www.atelier-ende.de

Größe: ca. 1.600 qm
Infos: Dagmar und Werner Ende
Öffnungszeiten: www.offene-gartenpforte.de
Tel.: 0 21 61/5 27 05

Eintritt frei

Durch Rhododendren und weitere Blütensträucher wurde dieser Hausgarten in unterschiedliche Bereiche rund um einen großen Teich gegliedert. Edelstahlskulpturen aus der eigenen Werkstatt von Werner Ende verleihen diesen „Ausstellungsräumen" im Freien eine individuelle Note: In dem auf Hochglanz polierten Material spiegelt sich der Garten, und zugleich bewirken die am Teichufer platzierten Werke faszinierende Spiegelungen auf der Wasseroberfläche. Lichtreflexionen lassen die klaren Formen der nicht gegenständlichen Skulpturen je nach Tageszeit und Witterung immer wieder anders aussehen.

In der Nähe: Hausgarten, Mönchengladbach-Dorthausen, Dahlener Heide 43, Tel.: 0 21 61/54 24 96 (n. V.)

Skulpturenpark Museum Abteiberg / Gero-Park

MÖNCHENGLADBACH

176 Karte: E 9

Skulpturenpark Museum Abteiberg / Gero-Park
Abteistraße 27
41061 Mönchengladbach
www.museum-abteiberg.de

Infos: Stadt Mönchengladbach
Öffnungszeiten:
Apr–Sept täglich 10–20 Uhr
Okt–März täglich 10–18 Uhr
Führung auf Anfrage
Tel.: 0 21 61/25 26 36

Eintritt frei

Zu den berühmtesten Museumsgebäuden jüngerer Zeit in Europa gehört das von Hans Hollein entworfene Museum Abteiberg, welches 1982 eröffnet wurde. In Reaktion auf die Hanglage des zur Verfügung stehenden ehemaligen Klostergeländes fügte der renommierte Wiener Architekt den Baukörper in den Abteiberg ein. Auf den unterirdischen Teilen des Museums ruht der Skulpturengarten. Geschwungene Klinkermauern, die von Hollein auf die Gebäudewände abgestimmt wurden, fangen den Hang ab und bilden die sogenannten „Reisterrassen" – Museumsarchitektur und Gartenmauern bilden eine kaum zu unterscheidende Einheit.

Der Terrassengarten erstreckt sich über mehrere Ebenen bis zur alten Stadtmauer. Diese hatte schon den hier ehemals vorhandenen Abteigarten begrenzt, der von Abt Ambrosius Specht ab 1770 angelegt worden war. Ein kleines Wasserbecken mit der Maske eines Fauns ist aus dieser Zeit erhalten geblieben. Wo früher die Mönche besinnliche Ruhe fanden, geben heute Kunstwerke des 20. Jahrhunderts Anlass zu nachdenklicher Betrachtung, darunter hochkarätige Arbeiten von Larry Bell, François Morellet, Claes Oldenburg und Mauro Staccioli. Im Zuge der Euroga 2002*plus* konnten weitere Werke ergänzt werden, so auch ein „Baumhaus" von Stefan Kern, das in einer Baumkrone zu schweben scheint und neue Blicke aus ungewohnter Perspektive bietet.

In unmittelbarer Nähe des Abteibergs liegt der Gero-Park, benannt nach dem Kölner Erzbischof, der die Benediktiner-Abtei gegründet hatte. Er entstand nach dem Zweiten Weltkrieg und bietet am Rande der Innenstadt mit seinen weitläufigen Rasenflächen um einen großen Weiher viel Platz für Spiel, Spaß und Erholung.

In der Nähe: Villengarten, Bismarckstraße 97–99, Tel.: 0 21 61/ 18 13 00 (n.V.); Kanzleiwandelgarten, Viersener Straße 303, Tel.: 0 21 61/48 20 20 (n.V.)

Werk von François Morellet im Skulpturenpark Museum Abteiberg

Hausgarten Schmitz MOERS

177 Karte: F 6

Hausgarten Schmitz
Lintforter Straße 133
47445 Moers-Repelen

Größe: 800 qm
Infos: Elke und Herbert Schmitz
Öffnungszeiten: www.offene-gartenpforte.de sowie n. V.
Führung auf Anfrage
Tel.: 0 28 41/7 27 76

Eintritt frei

Mit viel Liebe zum Detail haben Elke und Herbert Schmitz die verschiedenen Bereiche dieser Gartenanlage geschaffen. Der Ziergarten überrascht durch seine Fülle von Sommerblumen, Stauden, Rosen und Blütensträuchern. Im Bauerngarten werden jedes Jahr zahlreiche Gemüsesorten gezogen. Für Kinder ist der Spielgarten der schönste Platz. An den Tagen der offenen Gartenpforte liegen viele Spielsachen bereit – so können die Eltern in aller Ruhe den Garten anschauen.

In der Nähe: Jungbornpark, Am Jungbornpark

Schlosspark und Wallanlagen/Freizeitpark MOERS

Der Schlosspark und die Wallanlagen von Moers sind vor allem in der Musikszene überregional bekannt, nämlich als Veranstaltungsort des alljährlich zu Pfingsten stattfindenden Jazz-Festivals. Für wenige Tage verwandeln sich die ansonsten so stillen Grünanlagen dann in eine weltoffene Festival-Landschaft. Während der übrigen Zeit des Jahres laden die großzügigen Rasenflächen zur Erholung ein, nur wenige Meter entfernt von der Altstadt mit ihren vielen Cafés und Restaurants. Die Ursprünge des Schlosses reichen bis in das frühe Mittelalter zurück, die älteste bekannte urkundliche Quelle stammt aus dem Jahr 1294. Der heutige Park basiert in seiner Gestaltung auf einem Landschaftsgarten im englischen Stil, der ab 1836 im Auftrag des damaligen Schlossherrn, des Fabrikanten Friedrich Wintgens, von dem angesehenen Gartenkünstler Maximilian Friedrich Weyhe (1775–1846) entworfen worden sein soll. Die Stadt Moers kaufte ab 1905 das Schloss und den zwischenzeitlich überformten Landschaftsgarten. Durch weitere Zukäufe wurde das Gelände kontinuierlich vergrößert.
Heute präsentieren sich der auf Grundlage eines Parkpflegewerks wieder hergestellte Schlosspark und die Wallanlagen als wichtige Teile eines Nord-

Süd-Grünzuges, der von der Innenstadt bis zum Gelände des Natur-Freibades Bettenkamp reicht und auch den Freizeitpark umfasst. Diese grüne Lunge der Stadt durchzieht der Moersbach. Die historische Wassermühle mit ihrem restaurierten Mahlwerk klappert inzwischen wieder. Der ab 1974 angelegte Freizeitpark gehört zu den beliebtesten Ausflugszielen für Familien in Moers. An warmen Wochenenden tummeln sich die großen und kleinen Gäste auf den Spielplätzen und vor allem im Streichelzoo. Eine Minigolfanlage, Tennis- und Bolzplätze sowie ein Wasserbecken für Modellboote erweitern das Angebot. Ungewöhnlich wirkt in dieser Umgebung der damals ebenfalls entstandene Japanische Garten. Er bietet eine felsenreiche Naturszenerie im Miniaturformat. Im Schloss befindet sich das Grafschafter Museum, das über eine umfangreiche Sammlung zur Geschichte der Grafschaft und der Stadt Moers verfügt. Bürgerliche und bäuerliche Wohnkultur wird ebenso präsentiert wie ein Kaufladen des 19. Jahrhunderts. Außerdem ist hier die Spielstätte des renommierten Schlosstheaters Moers.

In der Nähe: Friedhof, Lindenstraße

178 Karte: F 6/7

Schlosspark und Wallanlagen / Freizeitpark
Kastell 9 / Krefelder Straße
47441 Moers
www.moers.de

Größe: 17,5 Hektar (Schlosspark und Wallanlagen)
22,5 Hektar (Freizeitpark)
Infos: Stadt Moers
Führung auf Anfrage
Tel.: 0 28 41/20 17 77

Eintritt frei

Marienburgpark MONHEIM AM RHEIN

179 Karte: H 10

Marienburgpark
Bleer Straße
40789 Monheim am Rhein
wwww.marke-monheim.de

Größe: 2,2 Hektar
Infos: Stadt Monheim am Rhein
Öffnungszeiten: bis zum Einbruch der Dunkelheit
Führung auf Anfrage
Tel.: 0 21 73/27 64 44 (Touristen-Information)

Eintritt frei

Seine Lage in unmittelbarer Nähe der Monheimer Rheinaue macht den Marienburgpark zu einem attraktiven Ausflugsziel – denn der Besuch des kleinen Landschaftsgartens lässt sich hervorragend mit ausgedehnten Wanderungen verbinden.
Der geschichtsträchtige Name des Anwesens verweist auf den Hauptsitz des Deutschen Ritterordens in Westpreußen und wurde schon von seinem Bauherrn, dem Politiker und zeitweiligen Reichstagsabgeordneten Eugen von Kesseler, gewählt. Die neugotischen Formen des imposanten Landhauses sollten an das Vorbild dieser mittelalterlichen Burg erinnern. Die Marienburg war für den Sommeraufenthalt der Adelsfamilie bestimmt gewesen und wurde von dem im Kölner Raum vor allem mit Kirchenbauten beschäftigten Architekten August Carl Lange 1879/80 erbaut.
Während die Marienburg und ihr unmittelbares Umfeld noch in Privatbesitz ist, ging der Landschaftsgarten 1999 in städtischen Besitz über und ist seither öffentlich zugänglich. Als kleinster historischer Park war er Teil der Dezentralen Landesgartenschau, die im Rahmen der Euroga 2002*plus* in Nordrhein-Westfalen stattfand. Aus diesem Anlass konnten bei den letzten aus der Entstehungszeit des Anwesens erhaltenen kleineren Gartengebäuden Restaurierungen vorgenommen werden: Der Marienpavillon mit einem Bildnis der Muttergottes wurde wiederhergestellt. Ein rustikal wirkendes Grottenbauwerk, das mit Tuffstein und Schlacke verziert ist, konnte in Teilen saniert werden. Die kostbaren alten Bäume wurden von Wildwuchs befreit und zeigen sich nun in ihrer ganzen Pracht. Und seit Freilegung der breiten Sichtachse sind Marienburg und Park wieder optisch mit der Flusslandschaft verbunden.

In der Nähe: Kulturlandschaft Monheimer Rheinaue

MONSCHAU *Alter Friedhof Mühlenberg*

Oberhalb des historischen Ortskerns von Monschau mit seinen zahlreichen denkmalgeschützen Häusern und schmalen Gassen liegt auf dem Mühlenberg der Alte Friedhof. Im Jahre 1862 wurde er eröffnet, und bis heute finden dort Beerdigungen statt. Eine alte Lindenallee führt auf das Hochkreuz im neugotischen Stil zu. Die ältesten Grabkreuze aus der Entstehungszeit des Friedhofs wurden aus Schmiedeeisen gefertigt.

Künstlerisch herausragend ist die Grabstätte der Familie Barkhausen, die von dem Bildhauer Ewald Mataré (1887–1965) ab 1941 entworfen wurde. Der steinerne Sarkophag, welcher inzwischen deutliche Verwitterungsspuren aufweist, ist von schmiedeeisernen Gittern mit filigranen Ornamenten umgeben. Die Werke Matarés galten unter den Nationalsozialisten als „entartet". Nach dem Krieg unterrichtete der Künstler an der Düsseldorfer Akademie – sein berühmtester Schüler war dort Joseph Beuys.

In der Nähe: Terrassengärten mit Rahmenberg, Monschau-Stadtmitte; Alter Friedhof, Monschau-Menzerath, Am Alten Friedhof; Garten Schloss Dreiborn, Schleiden; Kirchplatz, Hellenthal-Wahlscheid

(180) Karte: G16

Alter Friedhof Mühlenberg
Kierberg / An der Sonntagsley
52156 Monschau
www.monschau.de

Infos: Stadt Monschau
Öffnungszeiten: bis zum Einbruch der Dunkelheit
Führung auf Anfrage
Tel.: 0 24 72/8 12 53

Eintritt frei

Bauerngarten Korsten MONSCHAU

181 Karte: D 17

Bauerngarten Korsten
Hauptstraße 114
52156 Monschau-Höfen

Größe: 2.200 qm
Infos: Günter Korsten
Öffnungszeiten:
n.V. an Wochenenden
Tel.: 01 72/2 18 33 16

Eintritt frei

Die Gärten im Monschauer Land scheinen sich hinter hohen Hecken zu verstecken. Unverwechselbar sind die meterhohen „Wände" aus Rotbuchen, die hier als Windschutz schon seit langer Zeit von großem Wert sind. In Höfen sind gleich mehrere ländliche Hausgärten zu besichtigen.
Günter Korsten betont sehr bescheiden, dass sein Bauerngarten mit Teich in „Eigenregie ohne große Sachkenntnis" entstanden sei. Doch Übung machte auch hier den Meister: Die Monate Juli und August sind ideal für einen Besuch, denn dann entfalten die Gemüse- und Staudenbeete ihre ganze Pracht.

In der Nähe: Kulturlandschaft Monschauer Heckenlandschaft

Hausgarten Hoffmann-Höftmann MONSCHAU

182 Karte: C 17

Hausgarten Hoffmann-Höftmann
Hauptstraße 32
52156 Monschau-Höfen

Größe: ca. 2.000 qm
Infos: Simone Hoffmann und Hartmut Höftmann
Öffnungszeiten: www.offene-gartenpforte.de sowie n.V.
Tel.: 0 24 72/94 01 59

Eintritt frei

Bei klarem Wetter fällt der Blick von diesem Hausgarten weit über die Monschauer Hügellandschaft – die Schönheit der ländlichen Umgebung hat auch die Gartengestaltung beeinflusst. „Bei der Planung eines Hausgartens kommt es darauf an, dass das Große Gestalt annimmt", erklären Simone Hoffmann und Hartmut Höftmann überzeugend. Seit 2003 verwirklichen sie Stück für Stück ihre Gartenträume in Höfen.
Charaktervoll ist die mehrere Meter hohe Hausschutzhecke, welche durch einen gewachsenen Torbogen den Blick auf den dahinter liegenden Garten freigibt. Im vorderen Bereich wurden viele Stauden und immergrüne Pflanzen gezielt miteinander kombiniert, im hinteren geht es „wilder" zu: Neben den Beeten erblühen im Juli und August zwei neu angelegte Wildblumenwiesen, die bei Sonnenschein unzählige Insekten anziehen.

MONSCHAU *Hilde's Garden*

„Besucher sind jederzeit herzlich willkommen", betonen Hilde und Raymund Ibba. Sie gewähren großzügig Einblick in den preisgekrönten Garten rund um ihr strohgedecktes Venn-Bauernhaus, das durch eine acht Meter hohe Rotbuchenhecke vor Wind geschützt wird. Passend zu dem alten Wohngebäude gedeihen hier typische Bauerngartenpflanzen wie Rosen, Stauden und Kräuter in üppiger Vielfalt. Von Mai bis September gibt es Blüten in Hülle und Fülle zu bestaunen.

Inmitten einer Schafweide liegt ein zweiter Garten speziell für Nutzpflanzen. Darunter sind auch viele alte und seltene Sorten – seien es Ewiger Kohl, Knollenziest oder Haferwurz –, denn Hilde Ibba engagiert sich auch in einem Verein zur Erhaltung der Nutzpflanzenvielfalt.

183 Karte: D 17

Hilde's Garden
(Bauerngarten)
Weiherstraße 16
52156 Monschau-Höfen

Größe: 1 Hektar
Infos: Hilde und Raymund Ibba

Eintritt frei

Hausgarten Kehres MUCH

184 Karte: K 12

Hausgarten Kehres
Növerhof 7
53804 Much

Größe: 2.000 qm
Infos: B. und M. Kehres
Öffnungszeiten: www.offene-gartenpforte.de sowie n. V.
Tel.: 0 22 06/8 28 55 und
01 73/2 47 24 67

Eintritt frei

Inmitten der grünen Hügel des Bergischen Landes liegt der ländliche Hausgarten von Familie Kehres. Tatsächlich sind es gleiche mehrere Gärten, die im Laufe der letzten rund 15 Jahre nach und nach an dem modernen Einfamilienhaus entstanden: Innenhof, Dachgarten, Staudengarten, Rosengarten, „Ruhezimmer" und nicht zuletzt der eingefriedete Bauerngarten, in dem die Eigentümerin Obst, Gemüse und Kräuter neben allerlei Blumen und Stauden zieht. Besonders romantisch wirkt er, wenn der Fingerhut im Juni seine Blüten über den Zaun streckt. Von Buchsbaum gesäumte Wege und Wandelgänge verbinden die verschiedenen Gärten.
Die Imkerin Marianne Kehres hat bei der Pflanzenwahl auf die Vorlieben der Bienen geachtet und gärtnert stets mit der Natur: Pflanzenschutzmittel sind hier absolut tabu. Am Bienenstand informiert sie gern über ihre Wildbienen.

In der Nähe: Hausgarten, Niederbonrath, Tel.: 0 22 45/58 75 (n. V.); Hausgarten, Tillinghausen 16, Tel.: 0 22 45/56 03 (n. V.)

Künstlergarten „Hof Tüschenbonnen" MUCH

185 Karte: L 13

Künstlergarten
„Hof Tüschenbonnen"
Tüschenbonnen 9
53804 Much

Größe: 5.000 qm
Infos: Ute Brehm und Michael Schröter
Öffnungszeiten:
www.offene-gartenpforte.de
und von Mai–Okt n. V.
Tel.: 0 22 95/90 21 87

Eintritt frei

Rund um den denkmalgeschützten Fachwerkhof Tüschenbonnen gibt es viel zu entdecken: Ein kleiner Spaziergang führt vom gepflasterten Innenhof vorbei am Künstleratelier zu abwechslungsreich gestalteten Beeten, in denen Stauden und historische Rosensorten dominieren.
Wie Inseln liegen einzelne Gärten auf der ehemaligen Kuhweide verteilt, die bis zu einem schmalen Bach reicht. Trockenmauern aus Bruchsteinen fangen das abschüssige Gelände ab. Kunstobjekte wecken die Aufmerksamkeit und locken die Besucherinnen und Besucher weiter. Ein Laubengang aus Hainbuchen ist noch im Wachstum begriffen. Auf der Bank am Gartenteich lässt es sich gemütlich verweilen. Sogar einen Nutzgarten gibt es, und das Gemüse kommt gleich frisch auf den Tisch.

Das Landleben können auch Feriengäste genießen. Auf dem Hof befinden sich zwei Appartements für jeweils bis zu drei Personen. Garten- und Kunstinteressierte sind besonders willkommen.

MÜLHEIM A. D. RUHR *Altstadtfriedhof*

Am Rande der Innenstadt gelegen, ist der Altstadtfriedhof eine grüne Oase der Stille. An diesem Ort des Totengedenkens können Besucherinnen und Besucher zugleich der Natur, der Kunst und der Mülheimer Stadtgeschichte begegnen. Die denkmalgeschützte Anlage ist seit 1803 entstanden und beherbergt zahlreiche Grabstätten mit bedeutenden Kunstwerken. Viele der alten Grabmale, die Friedhofsmauern, Gebäude und Alleen wurden in den vergangenen Jahren restauriert.
Seit der Wiedereröffnung für Urnenbeisetzungen im Jahre 1987 wird dieser Friedhof wieder im ursprünglichen Sinne genutzt. Mit Hilfe von Patenschaften für alte Grabstätten können Interessierte zur Erhaltung des historischen Erscheinungsbildes beitragen.

(186) Karte: H 7

Altstadtfriedhof
Kettwiger Straße 75
45468 Mülheim a. d. Ruhr
www.muelheim-ruhr.de

Größe: ca. 5 Hektar
Infos: Stadt Mülheim a. d. Ruhr
Öffnungszeiten: bis zum Einbruch der Dunkelheit
Führung auf Anfrage
Tel.: 02 08/99 24 30

Eintritt frei

Grünanlage Freilichtbühne

MÜLHEIM A. D. RUHR

187 Karte: H 7

Grünanlage Freilichtbühne
Dimbeck 2 / Kettwiger Straße 7
45468 Mülheim a. d. Ruhr
www.europa-freilichtbuehne.de
www.muelheimopen.de

Größe: ca. 4,5 Hektar
Infos: Stadt Mülheim a. d. Ruhr
Führung auf Anfrage
Tel.: 02 08/4 55 67 00

Eintritt frei

Sie galt einmal als eine der schönsten und größten Freilichtbühnen Europas: Im Juni 1936 wurde die Anlage mit Shakespeares „Sommernachtstraum“ festlich eingeweiht. Ihren Reiz macht noch heute vor allem die Natursteinkulisse aus. In einem ehemaligen Steinbruch, der ursprünglich als Müllkippe genutzt werden sollte, wurde die Bühne nach Plänen des Mülheimer Gartendirektors Fritz Keßler angelegt. Ihre Nähe zur Altstadt und zur Ruhr verleiht ihr in der gewachsenen Großstadt mehr denn je den Rang eines städtebaulichen Schmuckstücks, das es weiterhin zu nutzen, also zu „bespielen“ gilt.
Engagierte Bürgerinnen und Bürger gründeten deshalb zur Jahrhundertwende den „Verein der Freunde der Europa Freilichtbühne Mülheim an der Ruhr e.V.“ und kümmern sich seither sowohl um die Restaurierung als auch um ein zukunftsfähiges Nutzungskonzept. Eingebettet ist die Freilichtbühne in einen Park, der mit zerklüfteten Felsszenerien aufwartet und immer wieder mit schönen Aussichtspunkten überrascht. Azaleen, Rhododendren und Japanische Ahorne verleihen der sogenannten „Dimbeck-Anlage“ einen fernöstlichen Charme. Der Rosengarten mit Wassertreppe, Pergola und der Bronze-Plastik „Flora“ ist ein seltenes Beispiel für die Gartenarchitektur der 1930er Jahre. Oberhalb der Freilichtbühne liegt eine von Linden gesäumte Aussichtsterrasse. Aus der Entstehungszeit des Parks sind noch zahlreiche weitere alte Bäume erhalten: Rosskastanien, Eichen, Hemlocktannen u. a.

In der Nähe: Park der Villa Thyssen, Dohne

MÜLHEIM A. D. RUHR *Hauptfriedhof*

Von würdevoller Schönheit ist dieser Ort des Andenkens an die Verstorbenen: Eine 300 Meter lange Allee aus schlanken Säuleneichen durchzieht als Hauptachse das Gelände und führt den Blick weit in die Landschaft hinaus bis zu den Seitentälern der Ruhr. Die Friedhofsanlage geht auf einen 1915 erstellten Entwurf des Magdeburger Gartenarchitekten Friedrich Bauer im architektonischen Stil zurück. Heute sind auch die zahlreichen weiteren Alleen aus verschiedenen Baumarten in ihrer Größe beeindruckend. Die Belegungsräume werden von Hecken gegliedert und eingefasst – die Orientierung fällt so leicht.

Das denkmalgeschützte Hauptportalgebäude mit dem Glockenturm ist das weithin sichtbare Wahrzeichen des Mülheimer Hauptfriedhofs. Berühmte Persönlichkeiten, darunter Künstler, Naturwissenschaftler und Industrielle, haben hier ihre letzte Ruhestätte gefunden.

In der Nähe: Parkanlage Witthausbusch, Untere Saarlandstraße; Parkanlage Bismarckturm, Bismarckstraße 22, Tel.: 02 08/3 88 08 00; Jüdischer Friedhof, Gracht; Bauerngarten Wiefelspütz, Horbeckerstraße 52a (n. V.)

(188) Karte: H 7

Hauptfriedhof
Zeppelinstraße 130–136
45470 Mülheim a. d. Ruhr
www.muelheim-ruhr.de

Größe: ca. 45 Hektar
Infos: Stadt Mülheim a. d. Ruhr
Öffnungszeiten: bis zum Einbruch der Dunkelheit
Führung auf Anfrage
Tel.: 02 08/99 24 30

Eintritt frei

MÜLHEIM A. D. RUHR *Kurpark Raffelberg*

Geradezu mondän gab sich Mülheim an der Ruhr zu Beginn des 20. Jahrhunderts: Das Solbad Raffelberg mit seinem Kurpark wurde ab 1909 errichtet. In unmittelbarer Nachbarschaft fand 1910 die Einweihung der Rennbahn Raffelberg statt. Während letztere zusammen mit dem zwischenzeitlich hinzugekommenen Golfclub noch heute ein „betuchtes" Publikum nach Mülheim lockt, musste das Solbad geschlossen werden. Seit es nach einem entsprechenden Umbau zur Spielstätte des renommierten Theaters an der Ruhr unter der künstlerischen Leitung von Roberto Ciulli avancierte, dürfte es allerdings bekannter sein als je zuvor. Um den Kurpark wurde es still, bis er 1998 auf der Grundlage eines Parkpflegewerks restauriert werden konnte. Das große Engagement des Vereins zur

(189) Karte: G 7

Kurpark Raffelberg
Akazienallee 61
45478 Mülheim a. d. Ruhr
www.muelheim-ruhr.de

Größe: 10,5 Hektar
Infos: Stadt Mülheim a. d. Ruhr
Führung auf Anfrage
Tel.: 02 08/960 960

Eintritt frei

Erhaltung des Parks am Solbad Raffelberg e.V. gab dazu den Anstoß. Ursprünglich allein den Kurgästen vorbehalten und von hohen Mauern umschlossen, ist der Kurpark heute ein Ort der Erholung für alle. Gestaltet wurde er durch Walter Baron von Engelhardt (1864–1940), der seit 1906 der erste Gartendirektor Düsseldorfs war. Ein Garten durfte seines Erachtens sowohl strenge, geometrische als auch freiere, landschaftliche Formen in sich vereinen, wenn dies für die jeweilige Nutzung sinnvoll war.

Den südlichen Parkteil ließ von Engelhardt unter weitgehender Schonung des alten Laubwaldes anlegen. Geschwungene Wege sind noch heute sein Merkmal. In axialer Ausrichtung auf das Kurhaus entwarf von Engelhardt für das zum Ruhrtal hin abfallende nördliche Gelände hingegen einen formalen Garten auf mehreren terrassierten Ebenen. Insbesondere die Treppenanlagen und die Gartenmauern aus Naturstein sind qualitätvolle Architekturelemente, die heute Seltenheitswert besitzen. Zentraler Blickfang ist ein großzügiges geometrisches Wasserbecken mit einer hohen Fontäne im Zentrum.

In den 1920er Jahren wurde der Kurpark in nordwestlicher Richtung um einen landschaftlich gestalteten Bereich erweitert. Zwanglos auf den weiten Rasenflächen verteilte Gehölzgruppen und beeindruckende Solitärbäume, die überwiegend noch aus der Entstehungszeit stammen, vermitteln heute den Eindruck eines englischen Landschaftsgartens.

In der Nähe: Pferderennbahn, Akazienallee

MÜLHEIM A. D. RUHR *MüGa-Park*

„Mülheims Garten an der Ruhr (MüGa)" entstand zur Landesgartenschau im Jahr 1992. Er erstreckt sich rund sieben Kilometer entlang des Flusses, der hier überwiegend naturbelassene Ufer hat, an denen Teichrosen und inzwischen selten gewordene Wildpflanzen gedeihen und zahlreiche Wasservogelarten leben. Inmitten der dicht besiedelten Region bietet die Ruhr, welche zu den saubersten Flüssen Deutschlands gehört, wichtige Naherholungsgebiete.
Dank der Landesgartenschau konnten vorhandene sowie neu geschaffene Parks und Gärten in unmittelbarer Nähe der Ruhr zu einem Grünzug verbunden werden, der zu ausgedehnten Spaziergängen und Radtouren einlädt. Zahlreiche Sehenswürdigkeiten liegen auf dem insgesamt 66 Hektar großen Gelände: Im historischen Park von Schloss Styrum, das zur Landesgartenschau grundlegend restauriert wurde, befindet sich in einem alten Wasserturm, der heute als Industriedenkmal unter Schutz steht, das Aquarius Wassermuseum. Mehrfach preisgekrönt, zeigt es mit neuester Technik Wissenswertes über die Bedeutung des Wassers für die Menschen und den Gewässerschutz. Schautafeln, Filme, Computersimulationen, Spiel- und Quizfragen u.a. lassen den Besuch für Klein und Groß zu einem spannenden Erlebnis werden.
Ein weiterer Wasserturm erfuhr zur Landesgartenschau eine beeindruckende Verwandlung: In seiner Kuppel wurde eine von der Firma Zeiss, Jena, gefertigte Optik installiert, die wie eine überdimensionierte Lochkamera funktioniert und Ansichten der Umgebung in das Innere des Turms projiziert. Diese „Camera Obscura" ist zugleich das größte Exponat des Museums zur Vorgeschichte des Films, das eine Wuppertaler Privatsammlung in Szene setzt.
An heißen Sommertagen erfreuen sich die Spielplätze der MüGa großer Beliebtheit: Willkommene Abkühlung bieten dann der Wasserspielplatz an der Stadthalle und der Matschspielplatz unweit von Schloss Broich.

In der Nähe: Ostruhranlagen, Am Schloss Broich; Friedhof, Holzstraße; Klostergarten Saarn, Klosterstraße

190 Karte: H 7

MüGa-Park
Am Schloss Broich
45479 Mülheim a. d. Ruhr
www.muelheim-ruhr.de

Größe: 66 Hektar
Infos: Stadt Mülheim a. d. Ruhr
Führung auf Anfrage
Tel.: 02 08/960 960

Eintritt frei

Hausgarten Gröne NETTETAL

191 Karte: C 8

Hausgarten Gröne
Busch 7
41334 Nettetal-Leuth
www.garten-groene.de

Größe: 2.000 qm
Infos: Hermann Gröne
Öffnungszeiten: einzelne Wochenenden (siehe Internet-Adresse) sowie n. V.
Führung auf Anfrage
Tel.: 0 21 57/51 77

Eintritt

Der Garten eines Gärtners verspricht Außergewöhnliches: Hermann Gröne nutzt seinen Privatgarten, der auf den ersten Blick durch alte Bäume besticht, als Experimentierfeld. Hier erprobt er vor allem das Gedeihen zahlreicher Blütenstauden, bevor er sie bei der Gartengestaltung verwendet. Die unterschiedlichen Standortansprüche seiner Storchschnabel- und Asternsorten, seiner Gräser, Farne und Zwiebelgewächse kennt er dadurch sehr genau. Der Pflegeaufwand ist in dem naturnah gestalteten Garten gering, denn hier gedeiht jede Pflanze am richtigen Platz – ob sonnenhungrig oder schattenliebhabend. Auf dem relativ kleinen Grundstück sind rund 750 verschiedene Pflanzenarten bzw. -sorten versammelt. Selbst Fachleute können hier viel Neues entdecken.

In der Nähe: Gartenanlage, Nettetal-Kaldenkirchen, Friedrichstraße 22A, Tel.: 0 21 57/61 17 (n.V.); Sequoiafarm, Nettetal-Kaldenkirchen, Buschstraße 25, Tel.: 0 21 57/1 20 51 11 (n. V.); Baumschulen Lappen, Nettetal-Kaldenkirchen, Herrenpfad 14, Tel.: 0 21 57/81 80 (n. V.)

Hausgarten Oirlich NETTETAL

192 Karte: D 8

Hausgarten Oirlich
Oirlich 9
41334 Nettetal-Hinsbeck
www.oirlicher-blumengarten.de

Größe: ca. 1.000 qm (Garten) und ca. 2.000 qm (Biotop)
Infos: Marlu und Günter Waldorf
Öffnungszeiten: www.offene-gartenpforte.de, „Tage der offenen Tür“ sowie n. V.
Führung auf Anfrage
Tel.: 0 21 53/59 67

Eintritt

Das Sammeln von Pflanzen ist ihre Passion: In Fachkreisen sind Marlu und Günter Waldorf vor allem für ihre zahlreichen Taglilien *(Hemerocallis)* und Funkien *(Hosta)* bekannt. Die Stauden entfalten in diesem ländlichen Hausgarten von Hinsbeck-Oirlich ab Mitte Juni ihre ganze Pracht.
Das Grundstück in Hanglage, welches von einem Bach durchzogen wird, bietet optimale Wachstumsbedingungen für sonnenhungrige wie für schattenliebende Gewächse. Ein großzügiges Feuchtbiotop ist für viele Tierarten ein Zuhause geworden. Über schmale, verwunschene Wege und 30 Treppenstufen lässt sich dieses Privatreich erkunden.
Einzelne Exemplare der beeindruckenden Pflanzensammlungen können bei einem Besuch auch käuflich oder im Tausch erworben werden.

NETTETAL *Naturschutzhof*

In der landschaftlich reizvollen Umgebung des Naturparks Schwalm-Nette liegt der Naturschutzhof auf dem Gelände eines denkmalgeschützten ehemaligen Bauernhofs. Hier gibt es für Groß und Klein viel zu entdecken und zu lernen. Bauern- und Steingarten, Trockenmauern, Blumenwiese, Kräuterspirale, Weidenhütten, Teiche und Obstwiesen mit alten Sorten liefern zahlreiche Anregungen. Das Beet der Sinne wurde insbesondere für sehbehinderte Menschen angelegt. Der Naturschutzbund Deutschland (NABU) bietet ein großes Veranstaltungsprogramm an. Zu den vielfältigen Themen gehören neben dem Gartenbau auch der Vogelschutz, die Insektenkunde und die Solartechnik. Im Werkraum können Schulklassen beispielsweise Nisthilfen für Vögel, Fledermäuse oder Insekten als Beitrag für den aktiven Naturschutz bauen. Auf Anfrage werden individuelle Veranstaltungen für Menschen mit Behinderungen ausgerichtet. Das Landcafé Stemmeshof sorgt für das leibliche Wohl.

In der Nähe: Ingenhovenpark, Hoch-/Marktstraße; Landschaftspflegehof Baerlo, Nettetal-Leutherheide, Braelo 149; Hausgarten, Nettetal-Breyell, Schulstraße 58 (www.offene-gartenpforte.de); Baumschule Angendohr, Nettetal-Happelter, Tel.: 0 21 53/9 79 80 (n.V.)

193 Karte: C 8

NABU Naturschutzhof
Sassenfeld 200
41334 Nettetal-Lobberich
www.nabu-krefeld-viersen.de/nabuhof.htm

Größe: 1,2 Hektar
Infos: Naturschutzbund Deutschland (NABU) e.V.
Öffnungszeiten: Außengelände ganzjährig frei zugänglich, Info-Center nur während der Saison von Ende April bis Anfang Oktober
Führung auf Anfrage
Tel.: 0 21 53/8 93 74

Eintritt frei

Rosengarten Hinsbeck NETTETAL

194 Karte: D 8

Rosengarten Hinsbeck
Bellenweg 25
41334 Nettetal-Hinsbeck

Größe: 1.500 qm
Infos: Eheleute Zeller
Öffnungszeiten: www.offene-gartenpforte.de sowie n. V.
Führung auf Anfrage
Tel.: 0 21 53/46 05

Eintritt

Rosen in Hülle und Fülle: Ab Mitte Juni erfüllen rund 400 Sorten den relativ kleinen Garten am Ortsrand von Hinsbeck mit ihrer Blütenpracht und ihrem intensiven Duft.
Nach englischen Vorbildern wurden sie geschickt mit Waldreben *(Clematis)* und Stauden kombiniert. Viele Sorten Mohn *(Papaver)*, Storchschnabel *(Geranium)* und zahlreiche Lupinen sorgen für beeindruckende Farbenspiele. Eine grüne Konstante im blütenreichen Wechsel der Jahreszeiten sind die Buchsbaum- und Eibenformschnitte. Sie sorgen für den ruhigen Hintergrund.

Schlosspark Krickenbeck NETTETAL

Rosengarten Hinsbeck

Inmitten des Naturschutzgebiets Krickenbecker Seen liegt das Schloss, dessen Geschichte sich bis ins Mittelalter zurückverfolgen lässt. In den 1990er Jahren wurde die gesamte Anlage aufwändig restauriert, um ein Tagungshotel und Bildungszentrum aufzunehmen.
Im Zusammenspiel von Natur und Kultur, von Tradition und Moderne liegt der Charme des Anwesens, und das trägt auch zum Erfolg der Akademie bei: „Was Sie ganz sicher begeistern wird, ist der historische Park mit zum Teil 300 Jahre alten Bäumen, mit Springbrunnen und gemütlichen Parkbänken. Hier können auch die Gedanken ausgiebig spazieren gehen." Zu Beginn des 18. Jahrhunderts war zunächst ein Park im formalen Barockstil angelegt worden, von dem allerdings nur wenige Hecken erhalten sind. Er wich in der Mitte des 19. Jahrhunderts einem Landschaftsgarten. Zu Beginn des 20. Jahrhunderts wurde dann wiederum ein neobarocker Parterregarten geschaffen – so hinterließ der Zeitgeist im Park seine Spuren. Die heutige Nutzung hat dem alten Anwesen neues Leben eingehaucht. Die Außenanlagen werden inzwischen auf der Grundlage eines Parkpflegewerks fachgerecht betreut.
Die umliegende Seenlandschaft ist nicht nur ein Paradies für Wasservögel, sondern auch für Erholung

suchende Großstadtmenschen. Die Schlossallee verläuft auf einem von Eichen und Schwarzerlen gesäumten Damm zwischen zwei großen Seen, dem Glabbacher und dem Hinsbecker Bruch. Wie diese Namen schon andeuten, sind die Seen nicht natürlichen Ursprungs – sie entstanden durch Austorfung großflächiger Niedermoore im 17. und 18. Jahrhundert. Vom Feuerwachturm auf den Hinsbecker Höhen lässt sich das gesamte Gelände gut überblicken.

Das neue Infozentrum der Biologischen Station Krickenbecker Seen präsentiert eine sehenswerte Dauerausstellung zur vielfältigen Pflanzen- und Tierwelt des Naturschutzgebiets und dessen Entstehungsgeschichte (Apr–Okt Mi–So 11–18 Uhr, Nov–März Mi–So 11–17 Uhr).

195 Karte: C 8

Schlosspark Krickenbeck
Schlossallee 1
41334 Nettetal-Hinsbeck
www.krickenbeck.de
www.bsks.de

Größe: 6 Hektar
Infos: WestLB Akademie Schloss Krickenbeck GmbH
Öffnungszeiten:
Tage der offenen Tür und zu Veranstaltungen
Tel.: 0 21 53/91 70

Eintritt frei

Schlosspark Bloemersheim NEUKIRCHEN

196 Karte: E 7

Schlosspark Bloemersheim
Bloemersheimer Weg
47506 Neukirchen-Vluyn
www.schloss-bloemersheim.de

Größe: 7.000 qm
Infos: Freiherr von der Leyen'sche Gutsverwaltung
Öffnungszeiten:
nur für Gruppen n.V.
Tel.: 0 28 45/95 92-0

Eintritt frei

Ein verborgenes Kleinod am Niederrhein: Der Park von Schloss Bloemersheim, dem Stammsitz der Familie von der Leyen, wurde um 1810 am Nieper Altrhein im landschaftlichen Stil geschaffen. Selbst in Fachkreisen ist er immer noch kaum bekannt. Der renommierte Gartenkünstler Maximilian Friedrich Weyhe (1775–1846) dürfte hier am Werke gewesen sein – im Auftrag des Krefelder Seidenfabrikanten Friedrich Heinrich von der Leyen. Einzelne Bäume und Gehölzgruppen wurden vor rund 200 Jahren auf den Rasenflächen zu harmonischen Bildern arrangiert. Viele dieser Exemplare genießen hierzulande Seltenheitswert, beispielsweise die ursprünglich aus Nordamerika stammenden Sumpfzypressen *(Taxodium)*.
Eine imposante Eichenallee führt auf Schloss Bloemersheim zu. Früher war das Anwesen über lange Alleen mit der Leyenburg verbunden, was die engen familiären Beziehungen zwischen den beiden Schlössern verdeutlichte.
In der ländlichen Umgebung wird heute ein umfangreicher Obstanbau betrieben: Äpfel und Birnen, aber auch Erdbeeren und Blaubeeren wachsen hier. Im Hofladen am Schloss (Niederrheinallee 381) werden sie neben regionalen Spezialitäten erntefrisch angeboten.
Die frei zugänglichen Waldgebiete des Anwesens sind beliebte Ausflugsziele. Der Schlosspark hingegen besitzt privaten Charakter, Besichtigungen sind ausschließlich für Gruppen nach Vereinbarung möglich.

NEUSS *Hausgarten Küsters-Muhr*

So kommt ein kleiner Garten groß raus: Hainbuchen-Hecken sorgen für eine geschickte Unterteilung und schaffen einzelne Räume. Die Böschung wurde mit Kalkstein-Quadern abgefangen und bildet nun einen interessanten Blickfang. Dank einer Beleuchtungsanlage mit Glasfasertechnik ist der Garten auch in der dunklen Jahreszeit ein Hingucken wert.
An Werktagen rundet ein Besuch im benachbarten Gartenhof Küsters den Gartenausflug ab: Hier ist ein großes Pflanzensortiment erhältlich, aber auch Gartengeräte, Gefäße und weiteres Zubehör (www.gartenhof-kuesters.de).

197 Karte: G 10

Hausgarten Küsters-Muhr
Widdenhofstraße 3 B
41470 Neuss-Schlicherum

Größe: 600 qm
Infos: Mirjam Muhr
Öffnungszeiten: www.offene-gartenpforte.de sowie n.V.
Tel.: 0 21 37/95 33 12

Eintritt frei

NEUSS *Museum Insel Hombroich*

Nur wenige Kilometer von der Kunstmetropole Düsseldorf entfernt, befindet sich das Museum Insel Hombroich im Rhein-Kreis Neuss. In der europäischen Museumslandschaft ist es einzigartig, verfügt es doch über einen etwa 25 Hektar großen Park, in dem sich nicht weniger als 17 Gebäude befinden. In ihnen wird die Kunstsammlung des früheren Immobilienmaklers Karl-Heinrich Müller präsentiert, die europäische Werke des 20. Jahrhunderts und ebenso Kunst- und Ritualobjekte aus Südostasien, Afrika und Ozeanien umfasst. Darüber hinaus stehen einige der überwiegend von dem Bildhauer Erwin Heerich entworfenen Gebäude als Ateliers zur Verfügung, denn die Insel Hombroich versteht sich auch als Ort, an dem Kunstschaffende arbeiten.
„Kunst parallel zur Natur“ lautet des Motto, und für das Museumspublikum wird es erlebbar, wenn es durch den Park von Haus zu Haus spaziert.
Ausgangspunkt des ab 1984 von dem Landschaftsarchitekten Bernhard Korte geschaffenen Parks war die namengebende Insel in der Erft. Auf ihr hatte sich die Wuppertaler Industriellenfamilie de Weerth, die Hombroich (den „hohen Bruch“) als Landsitz wählte, einen Landschaftsgarten anlegen lassen (um 1820). Das „Rosa Haus“ genannte klassizistische Gebäude hatten schon Vorbesitzer 1816 errichtet.

198 Karte: F 10

EGHN Europäisches Gartennetzwerk

Museum Insel Hombroich
Minkel 2
41472 Neuss-Holzheim
www.inselhombroich.de

Größe: 25 Hektar
Infos: Stiftung Insel Hombroich
Öffnungszeiten:
Apr–Sept täglich 10–19 Uhr
Okt täglich 10–18 Uhr
Nov–März täglich 10–17 Uhr
geschlossen am 24., 25. und 31.12. sowie am 1.1., in den Sommermonaten können sich Besucherinnen und Besucher auch nach Kassenschluss noch bis 21 Uhr im Park aufhalten
Führung auf Anfrage
Tel.: 02 11/57 31 07

Eintritt

Im Laufe von rund zwei Jahrzehnten wurde diese Insel um eine renaturierte Auenlandschaft, die mit ihren typischen Kopfweiden an frühere Landbautraditionen erinnert, und um bäuerlich anmutende Gärten in einem erhöht gelegenen Geländebereich ergänzt. Rückblickend betont Bernhard Korte, dass dieses außergewöhnliche Projekt die wohl einmalige Chance bot: „… eine ideale Landschaft mit Flüssen und Weihern, mit umfangreichen Neupflanzungen und bunten, sinnenfrohen Wiesen zu schaffen – eine wirkliche Lebensgemeinschaft von Pflanzen, Tieren und Menschen."

In der Nähe: Raketenstation, Langen Foundation, Hombroich 1, Tel.: 0 21 82/57 01-0; Selikumer Park, Neuss-Reuschenberg, Nixhütter Weg

Stadtgarten / Rosengarten NEUSS

199 Karte: G 9

Stadtgarten / Rosengarten
Ober- / Kaiser-Friedrich-Straße
41460 Neuss
www.neuss.de

Infos: Stadt Neuss
Führung auf Anfrage
Tel.: 0 21 31/90 85 00

Eintritt frei

Nur wenige Meter vom Obertor und dem Clemens-Sels-Museum entfernt liegt der Alte Stadtgarten. Schon um 1900 wurde er eröffnet, fünf Jahre später konnte der Neue Stadtgarten an der Kaiser-Friedrich-Straße der Bevölkerung übergeben werden. Wasserbecken mit lebhaft sprudelnden Fontänen sind die Wahrzeichen dieser Grünanlagen. Weitläufige Rasenflächen laden im Sommer zum Verweilen ein. Der große Spielplatz ist ein beliebter Treffpunkt für Familien. Der Rosengarten mit seinen Jugendstil-Rankgerüsten wurde 1998 weitgehend restauriert.

In der Nähe: Botanischer Garten, Bergheimer / Körnerstraße; Wallanlagen; Hauptfriedhof, Reiterstraße 191; Galopprennbahn, Hammer Landstraße; Rheinpark, Neuss-Hafen, Rheinallee

NEUSS Staudengärtnerei „Rheinland-Stauden"

„Das Farbenspiel der Stauden ist einmalig, da könnte ein Maler die besten Anregungen bekommen", schwärmt Gotthold Strümpfel, der das Familienunternehmen vor über 50 Jahren gründete. In den vergangenen Jahren sind Schaugärten entstanden, die eine Fülle des rund 2.500 Arten und Sorten umfassenden Sortiments der Gärtnerei vorstellen und die schönsten Kombinationen vor Augen führen. Im zeitigen Frühling beeindruckt hier die Christrosen-Vielfalt *(Helleborus)*, im Mai und Juni lockt die Irisblüte, im Juli haben die Taglilien *(Hemerocallis)* ihren großen Auftritt, den September verschönern die Herbstastern.

Wer gerade noch die Stauden im Garten bewundert hat, kann sie gleich für das eigene grüne Paradies erwerben. Zu den weiteren Spezialitäten dieser Gärtnerei gehören Gewürz- und Heilpflanzen, Schafgarbe *(Achillea)*, Storchschnabel *(Geranium)*, Funkien *(Hosta)*, Phlox und zahlreiche weitere Prachtstauden. Zur Zeit der Drucklegung dieses Gartenführers war die Staudengärtnerei „Rheinland-Stauden" auf der Suche nach einem neuen Domizil, die Internet-Adresse gibt beizeiten über Veränderungen Auskunft.

200 Karte: F 9

Staudengärtnerei
„Rheinland-Stauden"
www.rheinlandstauden.de

Größe: 1 Hektar
Infos: Gotthold Strümpfel, Dietrich Strümpfel
Öffnungszeiten:
täglich 9–18 Uhr (Verkauf von Pflanzen und anderen Gartenartikeln Mo–Sa 9–18 Uhr)
Führung auf Anfrage
Tel.: 01 51/18 41 26 53

Eintritt frei

NIEDERKRÜCHTEN Heinrichs-Park

Das alte Dorfzentrum von Elmpt wird von dem gleichnamigen Herrenhaus geprägt, dessen Geschichte bis ins 15. Jahrhundert zurückreicht. Heute ist es von einer öffentlichen Grünanlage umgeben, die dank eines hohen Baumgürtels von der Umgebung abgeschirmt wird. Der Heinrichs-Park bildet so ein stilles grünes Refugium für Erholungsuchende. Das Haus selbst befindet sich hingegen in Privatbesitz und ist nicht zu besichtigen.

Nur wenige Kilometer entfernt beginnt der Elmpter Schwalmbruch, ein 55 Hektar großes Naturschutzgebiet, das zum Naturpark Schwalm-Nette gehört und sich für ausgedehnte Wanderungen anbietet.

201 Karte: C 9

Heinrichs-Park
Heinrichsstraße/Am Kastell
41372 Niederkrüchten-Elmpt
www.niederkruechten.de

Größe: ca. 1 Hektar
Infos: Gemeinde Niederkrüchten
Führung auf Anfrage
Tel.: 0 21 63/98 01 14

Eintritt frei

Friedensplatz OBERHAUSEN

202 Karte: H 6

EGHN Europäisches Gartennetzwerk

Friedensplatz (Parkstadt Oberhausen)
Friedensplatz / Post- / Langemarkstraße
46045 Oberhausen-Alt Oberhausen
www.oberhausen.de

Größe: 9.000 qm
Infos: Stadt Oberhausen
Führung auf Anfrage
Tel.: 02 08/82 51

Eintritt frei

Einer der schönsten Plätze des Ruhrgebiets ist der Oberhausener Friedensplatz. Als Bindeglied zwischen Altmarkt, Bahnhof und Rathaus ist er ein städtebauliches Glanzstück. Ausgerechnet auf einer Industriebrache wurde er zu Beginn des 20. Jahrhunderts unter Federführung des Stadtplaners Eduard Jüngerich errichtet. Wo das Zentrum der „Parkstadt Oberhausen" entstehen sollte, hatte sich zuvor die Styrumer Eisenhütte befunden.

Zwei Platanenalleen säumen den Platz, Wasserbecken und Blumenbeete laden zum Betrachten und Verweilen ein. Unter den Gebäuden, die den Platz umschließen, sind herausragende Werke des Historismus (Amtsgericht) und des Backsteinexpressionismus (Polizeipräsidium).

Gehölzgarten Ripshorst OBERHAUSEN

203 Karte: H 6

EGHN Europäisches Gartennetzwerk

Gehölzgarten Ripshorst
Ripshorster Straße 306
46117 Oberhausen-Borbeck
www.rvr-online.de

Größe: 12 Hektar
Infos: Stadt Oberhausen
Öffnungszeiten: Gehölzgarten frei zugänglich, Informationszentrum Apr–Okt Di–So und Feiertage 10–18 Uhr
Nov–März Di–So und Feiertage 10–17 Uhr
Führung auf Anfrage
Tel.: 02 08/8 83 34 83

Eintritt frei

Welcher Stadtmensch kennt sich schon gut mit Bäumen aus? Eichen, Buchen und Birken mögen noch ein Begriff sein, doch wie steht es mit dem Ginkgo, der Robinie oder dem Tulpenbaum? Im Gehölzgarten Ripshorst sind rund 6.000 Bäume als lebendige Sammlung angepflanzt worden. Von ihren Spaziergängen durch das Gelände nehmen die Besucherinnen und Besucher so im Vorübergehen neues Wissen mit nach Hause.

Der Gehölzgarten ist in vier Bereiche gegliedert, um die Entwicklung des Pflanzenreichs im Laufe der letzten 60 Millionen Jahre zu verdeutlichen: Tertiärwald, Pionierstadien, Wiederbewaldung und Kulturgehölze sind hier zu finden. Den Mittelpunkt des jederzeit öffentlich zugänglichen Parks bildet der ehemalige Bauernhof Haus Ripshorst. Seit 1999 befindet sich darin u.a. das Infozentrum für den Emscher Landschaftspark, welches ein umfangreiches Ausstellungs- und Veranstaltungsprogramm anbietet. Schülerinnen und Schüler können vor Ort vielfältige Themen rund um Natur und Umwelt kennen lernen. Für weitere Ausflüge entlang der „Route Industrienatur", die im Rahmen der Internationalen Bauaus-

Gehölzgarten Ripshorst

stellung Emscher-Park (IBA) ins Leben gerufen wurde, finden Interessierte im Infozentrum umfangreiches Informationsmaterial. Nicht zuletzt ist Haus Ripshorst durch seinen Fahrradverleih und die Servicestation „revier rad" auch ein idealer Ausgangspunkt für Radtouren. Das kleine Café mit Terrasse lädt zu einem Zwischenstopp ein.

Ein blütenreicher Bauerngarten, in dem auch Heilkräuter und Färberpflanzen zu sehen sind, erinnert an die Vergangenheit von Haus Ripshorst, in dessen Nachbarschaft sich zunächst Schwerindustrie ansiedelte, bis es im Zuge des Strukturwandels zur Entstehung der „Neuen Mitte" mit dem Einkaufszentrum CentrO kam.

Im Bienengarten vermitteln Schautafeln Informationen über das Leben dieser Tiere und die Arbeit der Imker. Der Lehrbienenstand wird vom Bienenzuchtverein Oberhausen betreut.

Über den Rhein-Herne-Kanal, die Emscher und die Autobahn hinweg führen Spazierwege zum OLGA Park.

Grillopark OBERHAUSEN

204 Karte: H 6

Grillopark (Parkstadt Oberhausen)
Grillo- / Schwartzstraße
46045 Oberhausen-
Alt Oberhausen
www.oberhausen.de

Infos: Stadt Oberhausen
Führung auf Anfrage
Tel.: 02 08/82 51

Eintritt frei

Vor dem historischen Rathaus von Oberhausen liegt ein kaum bekanntes Juwel: Der öffentlich zugängliche Grillopark wurde im Stil der Moderne gestaltet und ist heute ein seltenes Beispiel für die Gartenarchitektur der 1920er Jahre. Die große Terrasse vor der Rathaustreppe bildet eine harmonische Überleitung zum formal gestalteten Park. Nach geometrischen Regeln wurden die Beetaufteilung und die Wegeführung vorgenommen. Zahlreiche Bänke laden heute wieder zur Betrachtung der farbenfrohen Sommerblumenbepflanzung ein. Zur Rhododendronblüte im April und Mai überziehen Tausende Blüten die stattlichen Sträucher im Umfeld des Gebäudes.
Die mächtigen Bäume stammen noch aus der Anfangszeit des Grilloparks und sind heute mehr als 100 Jahre alt. Zum imposanten Rathausgebäude mit seiner kontrastreichen Fassade aus hellem Naturstein und dunklem Klinker bilden sie ein grünes Pendant. Tatsächlich war bereits im Jahre 1887 an diesem Ort mit der Anlage eines Parks begonnen worden, und zwar im Auftrag des Fabrikanten W. Grillo, an den der heutige Name erinnert. Ursprünglich hatte Grillo auch sein Wohnhaus hier errichten wollen, doch wenige Jahre später wurde das Grundstück verkauft. 1904 ging es schließlich nach einer wechselvollen Geschichte in städtischen Besitz über. Den damals vorhandenen Landschaftsgarten ließ die Stadt dann mit dem Ziel neu gestalten, „aus diesem Rest einer Parkanlage im Herzen der Industriestadt ein kleines Idyll zu schaffen“, wie 1929 in einer Tageszeitung zu lesen war. Das gelungene Ergebnis zeigt sich heute im restaurierten Zustand von seiner schönsten Seite.

Kaisergarten OBERHAUSEN

An sonnigen Wochenenden strömen die Oberhausener wie ehedem mit Kind und Kegel in den Kaisergarten. Bei Familien ist der dortige Tierpark sehr beliebt – vor allem heimische Tiere und Haustiere können hier beobachtet und zum Teil auch gefüttert werden. Außerdem liegen verschiedene Spielplätze, eine Tennis-, eine

Bogenschieß- und eine Minigolfanlage sowie eine Ponyreitbahn eingebettet in den landschaftlich gestalteten Park mit seinen alten Bäumen am Schloss Oberhausen. Das Gelände rund um eine großzügige Teichlandschaft wird heute vom Rhein-Herne-Kanal begrenzt, und so gehören auch die gemächlich vorbeiziehenden Binnenschiffe zu den vielfältigen Erlebnissen, die der Kaisergarten bereithält.
Aus Anlass des 100. Geburtstages von Kaiser Wilhelm I. erhielt das von der Stadt Oberhausen bereits angekaufte Gelände, das es aber erst noch in einen Stadtgarten zu verwandeln galt, im März 1897 schon einmal seinen Namen. Nach einem Gestaltungswettbewerb begann dann ein Jahr später die Realisierung. Das ursprünglich von mehreren alten Emscher-Armen durchzogene, sumpfige Wald- und Wiesengelände sollte für die Bevölkerung der wachsenden Industriestadt erschlossen werden, um ihr „einen angenehmen, erfrischenden Aufenthalt in freier Natur" zu ermöglichen, wie es in einem Verwaltungsbericht von 1896 heißt.
Schloss Oberhausen befand sich damals noch in Privatbesitz, erst einige Jahre später (1912) wurde es von der Stadt angekauft. Heute beherbergt es die Ludwig Galerie und ist damit eine der wichtigen Kunstadressen im Ruhrgebiet. In einem Seitenflügel des Schlosses befindet sich seit 1962 die älteste Gedenkhalle Nordrhein-Westfalens zur Erinnerung an Verfolgung und Widerstand zur Zeit des Nationalsozialismus in Oberhausen. Weithin sichtbar ist das Wahrzeichen der „Neuen Mitte": Der Gasometer ist

205 Karte: H 6

Kaisergarten
Konrad-Adenauer-Allee 46
46049 Oberhausen-
Alt Oberhausen
www.oberhausen.de

Größe: 28 Hektar
Infos: Stadt Oberhausen
Führung auf Anfrage
Tel.: 02 08/82 51

Eintritt frei

vom Schloss aus zu Fuß in wenigen Minuten zu erreichen. In ihm werden regelmäßig Wechselausstellungen präsentiert. Als bedeutendes Element der Kulturlandschaft wurde der Gasometer auch in das EGHN-Netzwerk (Route Ruhrgebiet) aufgenommen.

In der Nähe: Gärten Siedlung Grafenbusch, Oberhausen-Buschhausen, Am Grafenbusch

Olga Park OBERHAUSEN

206 Karte: H 6

OLGA Park
Vestischestraße 45
46117 Oberhausen-Osterfeld
www.oberhausen.de

Größe: 25 Hektar
Infos: Stadt Oberhausen
Führung auf Anfrage
Tel.: 02 08/82 51

Eintritt frei

Wie Landesgartenschauen die Stadtentwicklung voranbringen können, zeigt sich seit 1999 überzeugend in Oberhausen. Die Aufgabe war keineswegs leicht: Das Gelände der ehemaligen Zeche und Kokerei Osterfeld galt es, als Park zu gestalten und so für vielfältige Freizeitaktivitäten zu öffnen. Zugleich sollten neue Verbindungswege geschaffen werden, um das Gebiet an die „Neue Mitte" anzuschließen.
Optisch gelang dies durch eine breite Achse, die das Gelände der Oberhausener Landesgartenschau (OLGA) gliedert und auf den Gasometer ausgerichtet ist – das in der „Neuen Mitte" gelegene Wahrzeichen und Symbol für den erfolgreichen Strukturwandel (EGHN-Route Ruhrgebiet). Futuristisch anmutende Brücken verbinden seither die „Neuen Gärten Oberhausen", so das Motto der OLGA, über die Emscher, den Rhein-Herne-Kanal und die A 42 hinweg mit der „Neuen Mitte". Dadurch lassen sich heute sowohl der Gasometer, welcher mit seinen 117,5 Metern Höhe als größter Europas gilt und zu besichtigen ist, als auch der neue Gehölzgarten Ripshorst und der historische Kaisergarten zu Fuß erreichen. Vom Haupteingang an der Vestischen Straße gelangen Besucherinnen und Besucher an den Pförtnerhäusern vorbei, die ebenso wie der Förderturm und das Steigerhaus vom alten Industriestandort erhalten geblieben sind und restauriert wurden, in den nördlichen Teil des Geländes. Themengärten präsentieren hier eine blühende Pflanzenvielfalt. Ein schmaler Wasserlauf führt entlang einer breiten Achse zum südlichen Teil des Parks. Wellenartige Bodenmodellierungen machen bewusst, wie intensiv Menschen im Ruhrgebiet schon seit Generationen das Land verändert und geformt haben.

Für das Publikum mag das Fehlen alter Bäume im jungen OLGA Park ungewohnt sein – um so eindringlicher lässt sich jedoch die Weite des Himmels erfahren. Das „Schwarze Tor“, eine begehbare Stahlskulptur von Thomas Spiegelhalter, bringt die Menschen dem Himmel noch ein Stück näher. Von den Aussichtsplattformen in luftiger Höhe lässt sich ein weiter Blick genießen.

In der Nähe: Volkspark Sterkrade, Wilhelmstraße

OBERHAUSEN *Revierpark Vonderort*

Einzigartig sind die Revierparks im Ruhrgebiet: Schon früh wurde in den Industriemetropolen der besondere Erholungswert von Grünanlagen erkannt. Ein neuer Parktyp entstand hier, um die Lebensqualität der Menschen zu erhöhen. In Oberhausen wurde 1969 mit der Anlage des Revierparks Vonderort begonnen, vier weitere entstanden insgesamt im Ruhrgebiet (siehe auch: Duisburg – Revierpark Mattlerbusch). Noch etwas hölzern formulierte der Ausschreibungstext die Ziele: „Erstrebt wird ein stark begrünter Park mit vielfältigen Sport-, Spiel- und auch Schauanlagen. Der Park soll vor allem der aktiven Freizeitgestaltung, insbesondere der individuellen und ungebundenen spielerischen Betätigung dienen.“ Gartenarchitekt Gustav Wörner aus Wuppertal verstand es, einen Publikumsmagneten zu schaffen, der auch heute noch große Anziehungskraft ausübt.

Der sonntägliche Spaziergang mit Spielplatzbesuch, Tretbootfahren oder Minigolf mag inzwischen zu den Klassikern zählen. Fußball, Handball, Volleyball und Basketball, aber auch Tischtennis, Schwimmen, Eislaufen und sogar Fahrten mit dem Heißluftballon sind zahlreiche weitere Freizeitangebote im Revierpark Vonderort, die bei den Kids noch höher im Kurs stehen. Über die Jahrzehnte wurde mit neuen Trends Schritt gehalten. Wellness wird hier inzwischen dank einer modernen Solebad-Anlage und einer Saunalandschaft groß geschrieben. Das Freizeithaus lockt mit Veranstaltungen, Sport- und Gesundheitskursen, Konzerten, Ausstellungen, Märkten wie Vereinsfesten – hier ist wohl für alle etwas dabei.

207 Karte: H 6

Revierpark Vonderort
Bottroper Straße 322
46117 Oberhausen-Osterfeld
www.revierpark.com

Größe: 32 Hektar
Infos: Revierpark Vonderort GmbH
Führung auf Anfrage
Tel.: 02 08/9 99 68-0

Eintritt frei

Gärten der Abtei Brauweiler PULHEIM

208 Karte: G 12

Gärten der Abtei Brauweiler
Ehrenfriedstraße 19
50259 Pulheim-Brauweiler
www.lvr.de
www.kulturinfo-rheinland.de

Infos: Landschaftsverband Rheinland
Öffnungszeiten: Außenanlage täglich 6.30–22 Uhr
Besichtigung der Innenhöfe Apr–Okt Sa/So und Feiertage 10–18 Uhr, Nov–März Sa/So und Feiertage 10–16 Uhr
Führung auf Anfrage
Tel.: 0 18 05/74 34 65 (kulturinfoRheinland)

Eintritt frei

Die Abtei Brauweiler ist ein Wahrzeichen des Kölner Umlandes. Das ehemalige Benediktinerkloster, in dem heute das Rheinische Amt für Denkmalpflege neben weiteren Einrichtungen des Landschaftsverbandes Rheinland ansässig ist, wurde im Jahre 1024 gegründet. Für viele Jahrhunderte bildete es das kulturelle Zentrum der Region, bis es im August 1802 infolge der Säkularisation aufgehoben wurde. Mit dem Ende des Klosterlebens veränderten sich auch die Gärten der Abtei Brauweiler. Der noch von der alten Immunitätsmauer umgebene Abteipark befindet sich auf dem Gelände des ehemaligen klösterlichen Obstgartens. Der Gartenbau war eine der wirtschaftlichen Grundlagen des Klosterlebens, die Mönche besaßen große Pflanzenkenntnisse und züchteten sogar neue Sorten. Ein Maulbeerbaum ist noch heute zu bewundern, der einer Legende nach rund 1.000 Jahre alt sein soll. Im Laufe der Abteigeschichte, die von Blütezeiten, aber auch von Missernten und Hungerperioden geprägt wurde, kam den Nutzgärten große Bedeutung zu.
Verschiedene Quellen geben Auskunft über die weiteren einst in Brauweiler vorhandenen Gärten. So wird ein Gemüsegarten anlässlich einer großen Mäuseplage in der Mitte des 18. Jahrhunderts erwähnt. Die 1807/08 unter dem französischen Ingenieur-Geographen Tranchot angefertigte erste topographische Karte der Region zeigt als einzige Quelle eine Garten-

anlage im Barockstil südlich der Abteigebäude, von der jedoch keinerlei Reste erhalten sind.
Der vom Kreuzgang umgebene Marienhof ist durch ein für Klostergärten typisches Wegekreuz gegliedert. Seine vier symmetrisch angelegten und von niedrigen Hecken eingefassten Beete werden heute von Rasenflächen markiert. Im Zentrum befindet sich die namengebende Marienfigur.

In der Nähe: Hausgarten, Von-Schilling-Straße 55, Tel.: 0 22 34/8 94 65 (n.V.); Park Haus Orr, Pulheim-Orr, Orrer Straße 3 (www.tag-des-offenen-denkmals.de); Alter Friedhof, Pulheim-Stommeln, Ingendorfer Straße; Park Villa Pauli, Frechen-Königsdorf, Dechant-Hansen-Allee; Lehr- und Versuchsanstalt Gartenbau, Köln-Auweiler-Friesdorf, Gartenstraße 11

RADEVORMWALD *Bauerngarten „Hortulus“*

Schnittblumen spielen im „Hortulus“ der Floristikmeisterin Karin Uphoff die Hauptrolle. Im Sommer leuchten hier Sonnenblumen, Gladiolen und Dahlien sowie viele weitere Einjährige und Stauden um die Wette. Die Beete wurden ebenso wie die Hecken, Trockenmauern und Obstwiesen harmonisch in die hügelige bergische Landschaft eingefügt.
Den alten Mittelpunkt der Anlage bildet ein traditionsreicher bergischer Nutzgarten mit typischem Wegekreuz. Eine in die Jahre gekommene Weißdornhecke schützt diesen Bauerngarten vor Wind und Frost. „Wir wollen hier die Pflanzen ziehen, die in dem rauen bergischen Klima gedeihen.“ Sogar Patenschaften für alte Gemüsesorten wurden in Hönde übernommen. Nun tragen die Bergische Zuckererbse und die Gelbe Melde wieder reiche Früchte – das so gewonnene Saatgut dient nicht zuletzt auch dem Erhalt der Sorten. Neben Schnittblumen aus dem eigenen Garten und Floristik werden auch Stauden in einem kleinen Hofladen verkauft. Die Floristikmeisterin bietet vor Ort Kurse zu jahreszeitlichen Themen an.
Die Besichtigung der gesamten Anlage ist nur im Rahmen der Offenen Gartenpforte und zu anderen Veranstaltungen möglich. Im Eintrittspreis sind dann auch eine Tasse Kaffee bzw. Tee und eine Führung enthalten.

In der Nähe: Villengarten, Radevormwald-Dahlhausen, Hardt-/Wuppertaler Straße; Stadtgarten am Schloss Hückeswagen, Auf'm Schloss

209 Karte: K 9

Bauerngarten „Hortulus“
Hönde 5
42477 Radevormwald-Hönde
www.hortulus-uphoff.de

Größe: ca. 8.000 qm
Infos: Karin Uphoff
Öffnungszeiten:
www.offene-gartenpforte.de
außerdem zu Ausstellungen und Veranstaltungen
Tel.: 0 21 95/59 91 41

Eintritt

Poensgenpark RATINGEN

(210) Karte: H 8

Poensgenpark
Cromforder Allee 24
40878 Ratingen
www.cromford.de/park.htm
www.rim.lvr.de

Größe: 4,5 Hektar
Infos: Stadt Ratingen
Führung auf Anfrage
Tel.: 0 21 02/55 04-111 und
0 18 05/74 34 65
(kulturinfoRheinland)

Eintritt frei

Die Wiege des deutschen Industriezeitalters befindet sich in Ratingen. Hier wurde 1783 nach englischem Vorbild die erste vollmechanische Spinnerei auf dem Kontinent errichtet. Zugleich entstand mit ihr Deutschlands erstes neu erbautes Fabrikgebäude, welches zusammen mit dem Herrenhaus und den Arbeiterwohnungen Teil eines wegweisenden Ensembles werden sollte, das insbesondere für die im Rheinland aufsteigende Textilindustrie Vorbildcharakter besaß. Heute hält das Rheinische Industriemuseum Cromford die Erinnerung an diese epochale Wende lebendig und zeigt am historisch so bedeutenden Ort Geschichte zum Anfassen.

Zur Repräsentation seines erfolgreichen Unternehmens ließ Johann Gottfried Brügelmann vor seinem Wohnhaus, das im Stil des Spätbarock eher einem fürstlichen Lustschloss glich, um 1790 einen Park anlegen. Von ihm ist jene imposante Wegachse erhalten geblieben, die sich besonders eindrucksvoll von oben, aus dem sogenannten „Gartensaal" des heutigen Museums, betrachten lässt: Der beinahe runde Raum öffnet sich mit seinen großen Fenstern zum Park und ist mit Wandmalereien geschmückt, die klassische Landschaftsmotive zeigen.

Folgen Besucherinnen und Besucher dieser Wegachse, so erreichen sie den Poensgenpark, benannt nach Carl Poensgen, einem Düsseldorfer Industriellen, der für die Brügelmann GmbH tätig war. Er ließ ab 1907 in unmittelbarer Nähe der Fabrik auf Weide- und Ackerland eine Villa mit formalem Garten und einen daran anschließenden Park im englischen Stil anlegen. Inzwischen sind die von ihm aus aller Welt herbeigeschafften Bäume zu stattlicher Größe herangewachsen. Mehr als 120 verschiedene Gehölzarten sind heute vorhanden: Zu den wertvollsten gehören die imposante Atlaszeder *(Cedrus atlantica)*, der Judasbaum *(Cercis)* und der Katsurabaum *(Cercidiphyllum)*. Zur Blütezeit im Mai sind der Blauglockenbaum *(Paulownia)* und der Taubenbaum *(Davidia)* besonders eindrucksvoll. Im nördlichen Teil des Poensgenparks, welcher von der Anger durchzogen wird, befindet sich die Grabstätte von Familie Brügelmann – hier ruhen Nachfahren des

Fabrikgründers. Der Ausblick in die umgebende Weidelandschaft bis zur nahen Wasserburg „Haus zum Haus" trägt zum besonderen Reiz dieses Landschaftsgartens wesentlich bei. Aus Anlass der Euroga 2002*plus* wurde der Poensgenpark auf der Grundlage eines Parkpflegewerks in weiten Teilen restauriert.
Very british ist das alljährlich veranstaltete Cromford-Picknick mit Live-Musik.

In der Nähe: Innenhof Haus zum Haus; Freizeitpark Blauer See, Mülheimer Straße/Zum Blauen See; Friedhof Lintorf, Krummenweger Straße

RATINGEN *Schlosspark Linnep*

Zu den historischen Sehenswürdigkeiten von Ratingen gehört das Wasserschloss Linnep, welches auf eine lange Geschichte zurückblickt. Der Bergfried ist als ältester Teil rund 1.000 Jahre alt, während das Herrenhaus und die Vorburg im 18. Jahrhundert neu errichtet wurden. Der Name erinnert an frühere Eigentümer – die Herren von Linnep.
Ein kleiner Park befindet sich im südlichen Teil des Anwesens. Er wurde im landschaftlichen Stil angelegt und vereint zahlreiche exotische Gehölze, die schon im ausgehenden 19. Jahrhundert gepflanzt wurden und inzwischen eine stattliche Größe erreicht haben. Zur Rhododendronblüte im Mai ist der Park besonders farbenprächtig. Ein kleines Schmuckstück wird in unmittelbarer Nähe des Herrenhauses gepflegt: ein Rosen- und Kräutergarten, der ab Juni mit seiner Blütenfülle die Blicke auf sich zieht. Die landschaftlich reizvolle Umgebung von Schloss Linnep lädt zum Spaziergang ein. Im nahe gelegenen Wald befinden sich die Waldkirche Linnep und ein idyllischer Friedhof.

211 Karte: H 8

Schlosspark Linnep
Linneper Weg 17
40885 Ratingen-Breitscheid
www.ratingen.de

Größe: ca. 2.500 qm
Infos: Familie Graf von Spee
Öffnungszeiten: n. V.
Tel.: 0 21 02/1 79 87

Eintritt frei

Skulpturenpark REES

212 Karte: D 3

Skulpturenpark
Am Bär 1 / Vor dem Falltor
46459 Rees
www.stadt-rees.de
www.sintanthonis.nl

Größe: 5.500 qm
(Skulpturenpark in Rees)
Infos: Stadt Rees
Führung auf Anfrage
Tel.: 0 28 51/5 11 87
Gemeinde Sint Anthonis
Führung auf Anfrage
Tel.: 00 31 (0) 4 85/38 88 06

Eintritt frei

„Grenzenlose Skulptour" lautet das Motto der Stadt Rees und der niederländischen Partnergemeinde Sint Anthonis. Dank eines von der Europäischen Union geförderten Projektes zeigen sie seit 2003 gemeinsam ausgewählte Werke von niederländischen und deutschen Künstlerinnen und Künstlern im Außenraum. Auf deutscher Seite werden die Objekte in einem Skulpturenpark präsentiert, der sich im historischen Ortskern von Rees befindet – in unmittelbarer Nähe des Städtischen Museums Koenraad Bosman für Kunst und Stadtgeschichte. Diese Ausstellungsfläche im Freien ist durch Hecken unterteilt, die wie Stellwände unterschiedliche Räume begrenzen. Jeweils für einen Zeitraum von zwei Jahren können Besucherinnen und Besucher hier figürlichen und nicht gegenständlichen Objekten begegnen. Über die Dauer der ersten Ausstellung hinaus (2003–2005) sind einzelne Werke bereits zu festen Bestandteilen des Skulpturenparks geworden, so etwa der stählerne „Piranha" (2001) von Joachim Röderer aus Köln.
Auf niederländischer Seite werden im 2004 eröffneten Landschaftspark „Op 't Hoogveld" die Skulpturen von Sint Anthonis gezeigt. Neben der zeitgenössischen Kunst erwarten die Gäste dort unterschiedliche Gärten, ein Blumenfeld zum Selbstpflücken und Tiergehege.

Brückenpark Müngsten

REMSCHEID I SOLINGEN I WUPPERTAL

Die höchste Eisenbahnbrücke Deutschlands ist der atemberaubende Blickfang eines Landschaftsparks von stiller Schönheit. In mehr als 100 Metern Höhe überspannt dieses technische Wunderwerk des 19. Jahrhunderts das Tal der Wupper. Durch ihre filigrane Stahlkonstruktion wirkt die Brücke fast schwerelos. Unterhalb der Brücke dominiert die geschützte Natur. An dem Mittelgebirgsfluss besteht sogar die Chance, den seltenen Eisvogel zu beobachten.

Im Zuge der Regionale 2006, deren Ziel es war, den Strukturwandel im Bergischen Städtedreieck voranzubringen, konnte ein Landschaftspark angelegt werden, der diesen einzigartigen Ort für die Bevölkerung erschließt und zugleich den Schutz der Natur sichert. Bis in die 1950er Jahre hinein war die Müngstener Brücke ein beliebtes Ausflugsziel der Region, nur wenige Kilometer von Schloss Burg an der Wupper entfernt. Dann wurde es stiller um sie. Heute kann das imposante Bauwerk auf neue Weise erlebt werden: Wo früher Parkplätze waren, befinden sich nun Uferwiesen. Neue Wanderwege führen städteübergreifend tief in die bewaldeten Gebiete hinein und zu den schönsten Plätzen – einer davon ist sicher der historische Aussichtspavillon. Auf diese Weise eröffnen sich wechselvolle Blicke auf die Landschaft. An einer alten Wasserkraftanlage ist ein „Dorf“ entstanden, das zur Rast einlädt. Im „Haus der Natur“ gibt es Informationen rund um den Brückenpark. Für das leibliche Wohl sorgt ein Restaurant. Eine „Schwebefähre“ verbindet als neueste technische Errungenschaft die beiden Ufer. Wer mit der Bahn anreist, kann ab dem Bahnhof Solingen-Schaberg einem „Spiel- und Bewegungspfad“ zum Brückenpark folgen – hier werden vor allem die Kleinen zu großen Naturforschern.

In der Nähe: Stadtgarten mit Garten der Sinne, Remscheid, Mühlenstraße; Friedhof, Remscheid-Güldenwerth, Walburgstraße; Park vom Deutschen Werkzeugmuseum, Remscheid, Cleffstraße 2–6

213 Karte: J 10

Brückenpark Müngsten
Müngstener Brückenweg an der Kreuzung von B 229 und L 74
www.erlebnis-industriekultur.de

Größe: ca. 2 Hektar
Infos: Städte Remscheid / Solingen / Wuppertal

Eintritt frei

Stadtpark RHEINBACH

214 Karte: H 16

Stadtpark Rheinbach
Stadtpark / Stifterweg / Villeneuver Straße
53359 Rheinbach
www.rheinbach.de

Infos: Stadt Rheinbach
Führung auf Anfrage
Tel.: 0 22 26/9 17-0

Eintritt frei

„Sport, Spaß und Erholung für Groß und Klein, und das ohne Eintrittsgeld!“ – Mit guten Argumenten wirbt die Stadt Rheinbach für ihren Freizeitpark. Kinderspielplätze, Beachvolleyball- und Basketballplätze, Minigolfanlage, Café und Grillplätze haben längst ihr Stammpublikum. Die Entstehungsgeschichte der Rheinbacher Grünanlagen verrät viel von den gewandelten Freizeitbedürfnissen: Die „Keimzelle“ entstand schon 1891/92. Damals wurde in der Talmulde des Gräbbachs die erste öffentliche Grünanlage der Stadt errichtet, die heute zum Stadtpark gehört. Die Spazierwege boten Möglichkeiten zum geruhsamen Aufenthalt im Freien. Schon um 1900 wurden Erweiterungen vorgenommen, eine Sportanlage mit Tennisplatz kam hinzu. In den 1950er Jahren wurde ein weiterer Tennisplatz angelegt.
In den 1970er Jahren entstand dann der weitläufige Freizeitpark im Südwesten der Stadt, dessen Sport- und Spielangebote seither beliebt sind. Wer Ruhe und Entspannung sucht, wird hingegen eher im alten Stadtpark fündig.

In der Nähe: Freizeitpark Rheinbach, Münstereifler Straße; Schlosspark Alfter, Bornheim-Alfter, Schlossweg, Tel.: 0 22 22/64 84 39 (n. V.); Parkanlage, Swisttal-Miel, Schlossallee 1, Tel.: 0 22 26/1 00 50 (n. V.); Baumschule Ley, Meckenheim, Baumschulenweg 20, Tel.: 0 22 25/91 44 (n. V.)

RHEURDT *Anzuchtbaumschule Atrops*

„Buchsbaum, damit Ihr Garten liebenswerter wird", lautet das Motto der Baumschule Atrops, die sich auf die immergrünen Sträucher spezialisiert hat. Schon seit mehr als 20 Jahren befindet sie sich in idyllischer Lage am Niederrhein. Die Nachfrage hat stetig zugenommen, inzwischen umfasst das ausgewählte Angebot 17 Buchsbaumarten, die nicht nur vor Ort erstanden, sondern auch per Versand in den heimischen Garten geholt werden können.

Alles grün? In den verschiedenen Schaugärten und vor allem im Sortengarten lernen Interessierte die feinen, aber entscheidenden Unterschiede kennen. Hier offenbart sich die Vielfalt der Wuchsformen und der Grüntöne: Die Sorte ‚Blauer Heinz' etwa verdankt ihren Namen der blaugrünen Blattfärbung, sie wächst langsam und muss nur selten beschnitten werden – damit ist sie ideal für niedrige Beeteinfassungen. ‚Schopes' ist hingegen eine besonders schnell wachsende, eigene Züchtung mit bronzener Herbstfärbung. Über Jahre aufwändig zu Kugeln, Spiralen und Figuren geformte Exemplare runden das Angebot der Gärtnerei ab.

215 Karte: F 7

Anzuchtbaumschule Atrops
Feldstraße 12
47509 Rheurdt-
Schaephuysen
www.baumschule-atrops.de

Größe: 10.000 qm
Infos: Volker Atrops
Öffnungszeiten:
Mo–Sa 9–13 Uhr
für Gruppen auch n.V.
Führung gegen Gebühr
auf Anfrage
Tel.: 0 28 45/60 99 56

Eintritt frei

Schlosspark Leyenburg RHEURDT

216 Karte: E 7

Schlosspark Leyenburg
Leyenburg 1–3
47509 Rheurdt-Schaephuysen
www.rheurdt.de

Größe: ca. 4 Hektar
Infos: Inez van Tienhoven-Atock
Öffnungszeiten: n. V.
Tel.: 01 71/5 34 80 18

Eintritt

Als „Juwel der niederrheinischen Kulturlandschaft" beschrieb ein Denkmalpflege-Komitee im Jahre 2004 die Leyenburg. Nur wenige Jahre zuvor waren das Herrenhaus und der Park noch dem Verfall preisgegeben gewesen. Erst als die Eheleute Van Tienhoven-Atock das Anwesen im Jahr 2001 kauften, begann eine bemerkenswerte Rettungsaktion. Die Außenfassade wurde saniert, im Inneren konnten einzigartige Farbfassungen an Wänden und Decken freigelegt werden. Und auch der Park wird seither wieder gepflegt sowie restauriert. Das Komitee war sich einig: Für die besonderen Leistungen verlieh es 2004 den begehrten Rheinischen Denkmalpreis.
Erstmalig wurde das Anwesen 1349 urkundlich erwähnt. Lange Zeit war es als Gut Kieckhorst bekannt. In den 1830er Jahren erhielt das Herrenhaus im Auftrag der namengebenden Krefelder Unternehmerfamilie von der Leyen, die auch Eigentümerin vom nahe gelegenen Schloss Bloemersheim war, seine heutigen Formen. Die Leyenburg vereint seither Elemente des Rokoko und des Klassizismus. Und auch der Park wurde damals neu gestaltet: Ein Parterregarten im Barockstil wich einem Landschaftsgarten, in dem seltene Bäume und Koniferen angepflanzt wurden, die zum Teil noch heute erhalten sind. Ein großer Teich mit

einer Insel, auf der ein Denkmal aufgestellt wurde, prägt seither den Park.
Die neuen Besitzer haben jüngst vor dem herrschaftlichen Gebäude wieder einen formalen Garten angelegt, in dem Stauden sprießen.

RÖSRATH *Künstlergarten Bauermeister*

217 Karte: J 12

Künstlergarten Bauermeister
Auf der Hedwigshöhe 31
51503 Rösrath-Forsbach

Größe: 5.000 qm
Infos: Mary Bauermeister
Öffnungszeiten: 1. Sonntag im Monat 11–15 Uhr und n.V.
Tel.: 0 22 05/51 68

Eintritt frei

Eine einzigartige Gartenwelt erwartet die Besucherinnen und Besucher in Forsbach, unweit von Köln: Die Objektkünstlerin Mary Bauermeister, deren Werke aus unterschiedlichen Materialien – Glas, Stein, Textilien etc. – bereits in zahlreichen Museen ausgestellt wurden, hat hier im Laufe von beinahe 40 Jahren einen sehr persönlichen Ort geschaffen, an dem sie lebt und arbeitet.
Das lang gestreckte Grundstück liegt am Rand eines rund 150 Jahre alten Buchenwaldes, und beeindruckende Baumriesen prägen auch den Garten. Außergewöhnlich sind die Ateliers im Grünen: Ausgediente Bauwagen, die unterschiedlich gestaltet wurden, nutzt Mary Bauermeister für ihre Workshops. Die Teilnehmer haben so eigene Räume, und wenn das Wetter mitspielt, kann im Garten unter freiem Himmel gearbeitet werden. Rasenflächen dienen als Versammlungsorte. Die künstlerische Handschrift von Mary Bauermeister ist an zahlreichen Details erkennbar: Ein funkelnder Bergkristall zieht im hinteren Teil des Gartens die Blicke auf sich. „Er symbolisiert das Kraftzentrum", erklärt die Künstlerin, welche sich seit Jahren intensiv mit der Geomantie beschäftigt, jener Grenzwissenschaft von den energetischen Strukturen der Erde. Ihr privates Refugium hat Mary Bauermeister auf dem Flachdach ihres Wohnhauses geschaffen: Ein Wassergarten mit einer Fülle von gläsernen Prismen, die über der reflektierenden Wasserfläche das Sonnenlicht in alle Farben des Regenbogens brechen, lässt unvorbereiteten Gästen den Atem stocken. Auf einem weiteren Dach des Hauses zieht sie auf rein biologische Weise Kräuter und Gemüse für den Eigenbedarf.

In der Nähe: Parkanlage Gut Eichthal, Overath, an der B 484, Tel.: 0 22 06/8 00 39 (n.V.); Hausgarten, Overath-Brombach, Dorfstraße 31, Tel.: 0 22 07/75 79 (n.V.)

Künstlergarten Rückriem ROMMERSKIRCHEN

218 Karte: F 11

Künstlergarten Rückriem vom Kulturzentrum Sinsteden
Grevenbroicher Straße 29
41569 Rommerskirchen-Sinsteden
www.rhein-kreis-neuss.de

Größe: 4 Hektar
Infos: Kulturzentrum Sinsteden, Rhein-Kreis Neuss,
Öffnungszeiten:
Di–So 12–17 Uhr
Führung auf Anfrage
Tel.: 0 21 83/70 45

Eintritt

Eine besondere Werkschau des international renommierten Bildhauers Ulrich Rückriem ist in Sinsteden zu sehen. Rund 100 Skulpturen werden in zwei eigens zu diesem Zweck errichteten Hallen präsentiert. Sie zeigen in ihrer Bandbreite von Boden- und Wandreliefs bis zu Stelen die Entwicklung des Künstlers.
Stein ist sein ureigenes Material: Vor seinem Studium an den Kölner Werkkunstschulen hatte sich der 1938 in Düsseldorf geborene Rückriem zum Steinmetz ausbilden lassen. Seit Jahrzehnten zerschneidet, spaltet, schleift und poliert er Steinblöcke. In Sinsteden hat er sich 1993 mit der Anlage des Außengeländes auf ein weiteres Material eingelassen – Pflanzen. Um die Wirkung einzelner, dauerhaft im Freien installierter Skulpturen noch zu steigern, hat er mit Hilfe von Bodenmodellierungen und Hainbuchenhecken, die inzwischen rund zwei Meter hoch und nicht mehr zu überblicken sind, Gänge und Räume geschaffen. Darüber hinaus ließ Ulrich Rückriem eine Streuobstwiese nach seinen künstlerischen Vorstellungen anlegen. Die Bäume wurden einem rasterförmigen Schema folgend auf der Wiese platziert. In mehreren Bauphasen ist so ein Künstlergarten entstanden, der sich in die ländliche Umgebung einfügt. Skulptur, Architektur, Gartenkunst und Landschaft sind hier miteinander in Einklang gebracht worden.
Die „Skulpturen-Hallen Ulrich Rückriem" gehören zum Kulturzentrum Sinsteden, das auf einem ehemaligen Bauernhof noch ein zweites Museum beherbergt: 1995 wurde dort das Landwirtschaftsmuseum des Rhein-Kreises Neuss eröffnet. In der Dauerausstellung, die landwirtschaftliche Geräte und Maschinen sowie zahlreiche Traktoren zeigt, können Interessierte vielen Fragen auf den Grund gehen: „Wie kann man Weizen von Roggen oder Gerste unterscheiden?" oder „Was ist eine Fruchtfolge?". Die verschiedenen Bauernmärkte und das Erntedankfest sind im Laufe des Jahres weitere Anlässe für einen Besuch des Kulturzentrums.

In der Nähe: Jüdischer Friedhof, Nettersheimer Weg; Parkanlage Kloster Knechtsteden, Dormagen-Straberg, Knechtstedener Straße; Kräutergarten, Schloss Friedestrom, Dormagen-Zons

ROMMERSKIRCHEN *Staudengarten Meller*

Im Schatten alter Bäume lässt es sich auf diesem Bauernhof gemütlich verweilen. Rund um die Gebäude blüht es fast das ganze Jahr. Über eine Breite von rund zwölf Metern bedecken Waldreben *(Clematis)* eine Hauswand. Zahlreiche Sommerblumen und Stauden ziehen mit ihren kräftigen Blütenfarben bewundernde Blicke auf sich.
Die beste Besuchszeit ist der Monat Juni, wenn die Rosenblüte beginnt. Ab Juli beeindrucken die üppigen Hortensien. Im Wechsel der Jahreszeiten wandeln sich die farblich komponierten Beete.

219 Karte: F 11

Staudengarten Meller
Maternusstraße 4
41569 Rommerskirchen-Sinsteden

Größe: 1.000 qm
Infos: Yeannette u. Walter Meller
Öffnungszeiten: n.V.
Tel.: 0 21 83/95 12

Eintritt frei

RUPPICHTEROTH *Hausgarten Brölerhof*

„Keramikgarten" nennen Dieter und Karin Baumann ihr seit 1995 geschaffenes privates Refugium. Und tatsächlich dominieren hier weniger die Pflanzen, als vielmehr zahlreiche Figuren, Stelen, Brunnen und Terrassenflächen mit aufwändigen Ornamenten. Schon in der zweiten Generation befindet sich auf dem Brölerhof in direkter Nachbarschaft von Burg Herrnstein eine Keramikwerkstatt. Spezialisiert ist sie heute eigentlich auf Kachel- und Kaminöfen, ne-

220 Karte: K / L 13

Hausgarten Brölerhof
Brölerhof
53809 Ruppichteroth
www.broelerhof.de

Größe. ca. 3.000 qm
Infos: Dieter und Karin Baumann
Öffnungszeiten: www.offene-gartenpforte.de

Eintritt frei

benbei entsteht aus Liebhaberei die individuelle Gartenkeramik für den Hausgebrauch.
Der Nutzgarten am Hang oberhalb des Hofes ist nicht weniger sehenswert: Hier gedeihen etwa 100 verschiedene Kräuter, außerdem Gemüsesorten, die auch „ästhetisch ansprechen", wie Karin Baumann betont. Ebenso wohlschmeckend wie schön ist beispielsweise die Melde, welche hier auch zur Blüte kommen darf.

In der Nähe: Burgruine Herrenbröl, an der B 478 von Hennef nach Ruppichteroth; Bauerngarten am Heimatmuseum Windeck; Schlosspark Homburg, Nümbrecht, Tel.: 0 22 93/9 10 10 (n.V.); Friedhof, Nümbrecht-Mitte, Otto-Kaufmann-Straße; Jüdischer Friedhof, Nümbrecht-Mitte, Friedhofsstraße

Botanischer Garten SOLINGEN

221 Karte: 19

Botanischer Garten
Vogelsang 2a
42653 Solingen-Mitte
www.solingen.de/botanischergarten

Größe: 4 Hektar
Infos: Stadt Solingen
Öffnungszeiten:
Apr–Sept täglich 8 Uhr bis zum Einbruch der Dunkelheit (spätestens 20 Uhr)
Okt–März täglich 9 Uhr bis zum Einbruch der Dunkelheit (spätestens 18 Uhr),
Schaugewächshäuser
Mo–Do 10–15.30 Uhr,
So und Feiertage 10–13 Uhr,
Führung auf Anfrage
Tel.: 02 12/81 97 93

Eintritt frei

Ebenso schön wie lehrreich ist diese Parkanlage dank einer sorgfältigen Beschilderung der Pflanzen. Während Botanische Gärten sonst häufig zu einer Universität gehören und so wissenschaftlich betreut werden, ist die Solinger Anlage aus einer Stadtgärtnerei hervorgegangen und konnte 1963 eröffnet werden. Die Schwerpunkte im Freiland sind das Alpinum, der Wassergarten mit einer großzügigen Teichanlage, der Bauerngarten sowie der Staudengarten mit zahlreichen Heil- und Gewürzkräutern u.a.. Der Rosengarten wird vom Verein zur Förderung der Rosenkultur des Bergischen Landes e.V. gepflegt.
Eine besondere Sehenswürdigkeit ist das acht Meter hohe Tropenhaus, welches vorrangig tropische Nutzpflanzen beherbergt: Reis, Baumwolle, Kaffee und Kakao gedeihen im schwülwarmem Klima neben zahlreichen hierzulande kaum bekannten Gewächsen. Die Stiftung Botanischer Garten Solingen e.V. veranstaltet Führungen.

In der Nähe: Grünanlage und Siedlung Kannenhof, Hippergrund/Am Kannenhof; ehemaliger Friedhof, Am Botanischen Garten

SOLINGEN *Gärten von Schloss Burg*

Hoch über der Wupper liegt eine der größten und eindrucksvollsten Burganlagen Deutschlands, welche allerdings als „Neubau" gilt: Die Ursprünge von Schloss Burg reichen zwar bis ins 12. Jahrhundert zurück, doch tatsächlich ist die imposante Anlage nach ihrer nahezu vollständigen Zerstörung infolge des Dreißigjährigen Krieges erst im ausgehenden 19. Jahrhundert aus Ruinen wiederauferstanden. Ebenso sind die Gärten nach historischen Vorbildern neu angelegt worden.

222 Karte: J 10

Gärten von Schloss Burg
Schlossplatz 2
42659 Solingen-Burg
www.schlossburg.de

Infos: Schlossbauverein Burg an der Wupper e.V., unterstützt durch die Städte Remscheid / Solingen / Wuppertal
Öffnungszeiten: März–Okt
Mo 13–18 Uhr, Di–So 10–18 Uhr
Nov–Febr Di–Fr 10–16 Uhr
Sa/So 10–17 Uhr
Mo geschlossen
Führung auf Anfrage
Tel.: 02 12/24 22-626

Eintritt

Platz für den Pflanzenanbau ist in einer befestigten Burganlage Mangelware. Zur außerhalb der Ringmauer liegenden Burgsiedlung, welche jederzeit frei zugänglich ist, gehören ein Friedhof und verschiedene Zier- und Nutzgärten, die zur Rosenblüte im Juni besonders sehenswert sind. Innerhalb der schützenden Ringmauer befinden sich am Rande des Burghofs Nutzgärten mit Obstgehölzen, Gemüsepflanzen und Kräutern, begleitet von wenigen blühenden Zierpflanzen. Der mühevolle Aufstieg zum Bergfried wird mit einem herrlichen Rundblick über das Bergische Land belohnt. Die verschiedenen Gärten im Burghof offenbaren aus dieser Perspektive ihre kleinen Dimensionen – die Bedeutung der einzelnen Hofbäume als sommerliche Schattenspender wird umso deutlicher. Die Anreise wird vor allem für Familien zu einem besonderen Erlebnis, wenn sie dazu die Seilbahn benutzen, die Unter- und Oberburg verbindet (www.seilbahnburg.de).

Im Schloss befindet sich das Bergische Museum, welches die Geschichte des Herrschersitzes und des Bergischen Landes lebendig werden lässt. Vor allem die Ritterrüstungen und mittelalterlichen Waffen erfreuen sich hier großen Interesses. Die regelmäßig stattfindenden Sonderveranstaltungen von Schloss Burg wie die Ritterspiele oder der Basar der Kunsthandwerker ziehen ein großes Publikum an.

In der Nähe: Südpark, am ehemaligen Hauptbahnhof

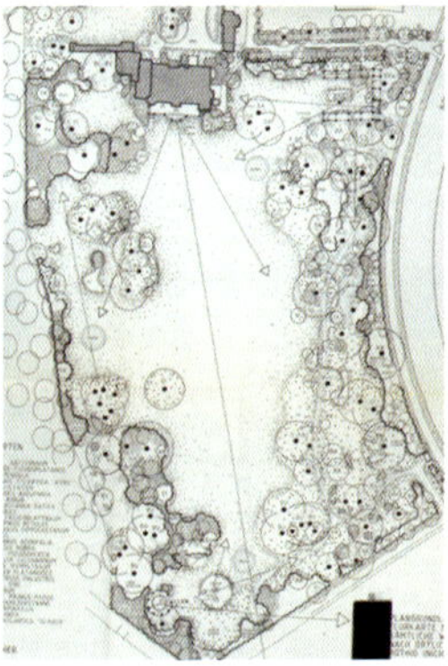

Park von Haus Hackhausen

Haus Hackhausen SOLINGEN

223 Karte: I 10

Park von Haus Hackhausen
Hackhausen 15
42679 Solingen-Ohligs
www.solingen.de

Größe: 5,5 Hektar
Infos: Coordt von Mannstein
Öffnungszeiten: n. V.
Tel.: 02 12/7 28-0

Eintritt frei

Der Park von Haus Hackhausen wurde ab 1896 von dem jungen, noch nahezu unbekannten Architekten Paul Schultze-Naumburg (1869–1949) im landschaftlichen Stil gestaltet. Ein von ihm erbauter Pavillon wurde in den Park integriert.

Nach dem Zweiten Weltkrieg überarbeitete der Landschaftsarchitekt Roland Weber (1909–1997) die Gartenanlage. Heute ist auch eine kleine Golfplatzanlage Bestandteil des Außengeländes. Perspektivisch sich verjüngende Rhododendron-Pflanzungen verstärken die Fernwirkung von Gebäude und Park.

SOLINGEN *Wasserschloss Hackhausen*

„Inmitten von Baumriesen, umsäumt von Wassergräben, liegt das Schloss ...“, so beschrieb schon Max Schmidt in seiner 1922 erschienenen Ortsgeschichte das Wasserschloss Hackhausen – und die Bäume sind seither noch gewachsen. Der Park im Barockstil mit einer dominierenden Achse, die vom Schloss auf einen Pavillon zuführt, ist von Obstwiesen und Feldern umgeben.

Das von Laubkronen malerisch umrahmte Gebäude mag älter wirken, als es tatsächlich ist: 1907 wurde es in Anlehnung an alte Pläne durch den Architekten Paul Schultze-Naumburg (1869–1949) im Stil des Rokoko wieder hergestellt, nachdem es 1887 durch ein verheerendes Feuer weitgehend zerstört worden war. Seine Geschichte reicht bis ins 15. Jahrhundert zurück. Die Besichtigung der Parkanlage kann mit einer Führung durch das sich in Privatbesitz befindende Wasserschloss verbunden werden. Getränke und Gebäck werden nach Vereinbarung angeboten.

In der Nähe: Friedhof/Ehrenfriedhof, Hermann-Löns-Weg

224 Karte: I 10

Park von Wasserschloss Hackhausen
Hackhausen 1
42697 Solingen-Ohligs
www.solingen.de

Größe: ca. 4 Hektar
Infos: Annette und Wolfgang Armbrüster
Öffnungszeiten: n. V.
Tel.: 01 70/5 40 01 62

Eintritt

Stadtpark Wald SOLINGEN

225 Karte: I9

Stadtpark Wald
Dültgenstaler / Friedrich-Ebert-Straße
42719 Solingen-Wald
www.solingen.de

Größe: ca. 2 Hektar
Infos: Stadt Solingen
Führung auf Anfrage
Tel.: 02 12/2 90 44 23

Eintritt frei

Ein ebenso ruhiger wie stimmungsvoller Ort ist der Stadtpark Wald. Zahlreiche Grabsteine lassen erkennen, dass dieser Park seine Entstehung einem ehemaligen Friedhof verdankt. Tatsächlich reicht die Geschichte der Anlage bis ins Jahr 1815 zurück, als der evangelische Friedhof eröffnet wurde. Bedeutende Persönlichkeiten fanden im Laufe des 19. Jahrhunderts hier ihre letzte Ruhestätte.
Nachdem schon seit 1929 keine Bestattungen mehr vorgenommen worden waren, begann ab 1952 die Umwandlung zum Park, wobei das vorhandene Wegenetz weitgehend beibehalten wurde. Rund 80 Grabmale befinden sich noch heute im östlichen Randbereich des Stadtparks Wald.

In der Nähe: Garten Rheinisches Industriemuseum, Solingen-Merscheid (www.rim.lvr.de, Tel. 0 18 05/74 34 65); Parkfriedhof, Solingen-Gräfrath, Wuppertaler Straße

SOLINGEN *Waldhof Hackhausen*

Haus und Garten – eine untrennbare Einheit. Selten wurde dieses künstlerische Ziel so konsequent verfolgt wie beim Waldhof Hackhausen. Die beeindruckende Gesamtanlage stammt aus einer Hand: Der Architekt Paul Schultze-Naumburg (1869–1949) entwarf das an ein Landschloss erinnernde Gebäude im neoklassizistischen Stil, welches zwischen 1910 und 1912 erbaut wurde, und dessen architektonischen Garten. Die Außenanlage verstand der Architekt als Erweiterung des Wohnbereiches, und so schuf er im Freien mit Hilfe von Hecken, Baumreihen und Alleen „grüne Räume" die unterschiedlich gestaltet und genutzt wurden. Seine Vorbilder fand er in England: Die Arts & Crafts-Bewegung hatte im ausgehenden 19. Jahrhundert einen architektonischen Gartenstil propagiert. Die Gärten vom Waldhof Hackhausen sind axial auf die Hausfronten ausgerichtet. Ein engerer Bezug ist kaum denkbar: Größe und Form des 1927 errichteten Schwimmbeckens wurden beispielsweise auf das Esszimmer mit seinem ovalen Grundriss abgestimmt. Eine doppelreihige Hainbuchenhecke schützt hier vor unerwünschten Blicken.

In der Nähe: Garten am Engelsberger Hof, Solingen-Krüdersheide, Langhansstraße, Tel.: 02 12/2 90 44 61 (n.V.)

226 Karte: I 10

Waldhof Hackhausen
Krüdersheide 7
42697 Solingen-Ohligs

Größe: 4,4 Hektar
Infos: Axel und Regina Fuesers
Öffnungszeiten:
www.offene-gartenpforte.de
Tag des offenen Denkmals (2. So im Sept) sowie n.V.
Tel.: 02 12/7 11 55

Eintritt frei

Wohnateliers „Villa Frey“ SOLINGEN

227 Karte: I 9

Wohnateliers „Villa Frey“
Rosenzweigstraße 3–25
42719 Solingen-Wald
www.tag-der-architektur.de

Infos: Landschaftsarchitekt
Henning von Ziegesar
Tel.: 0 21 29/5 32 24

Eintritt frei

Aus einem ehemaligen Fabrikgebäude wurden in Solingen großzügige Eigentumswohnungen mit Ateliercharakter. Zuvor hatte hier bis 1998 die bei Pflanzenliebhaberinnen und -liebhabern bekannte Firma Flora Frey die Produktion und den Verkauf von Saatgut betrieben. Ein Jahr später konnte mit dem Umbau begonnen werden.

Das frei zugängliche Außengelände verwandelte Landschaftsarchitekt Henning von Ziegesar aus Haan in einen grünen Treffpunkt für die Bewohnerinnen und Bewohner. Insbesondere der Innenhof lädt heute zum gemütlichen Aufenthalt im Freien und zu manchem Plausch ein.

Am „Tag der Architektur“ des Jahres 2002 stellte die Architektenkammer die Gesamtanlage als herausragendes Beispiel für die Umnutzung von Industriegebäuden der interessierten Öffentlichkeit vor.

Hausgarten van Huet SONSBECK

228 Karte: D 5

Hausgarten van Huet
Mühlenfeld 16
47665 Sonsbeck
www.angelfire.com/
country/gardener/

Größe: 1.500 qm
Infos: Jo und Helmut van Huet
Öffnungszeiten:
einzelne Wochenenden
(siehe Internet-Adresse)
sowie n.V.
Tel.: 0 28 38/9 62 34

Eintritt

In dem dicht bebauten Wohngebiet mit seinen schmalen Straßen mag die Blütenfülle dieses kleinen Privatgartens überraschen. Fast das gesamte Jahr über bieten Zwiebelblumen, Stauden und Blütensträucher ein herrliches Farbenspiel. Die Rosenblüte ist zweifellos ein wichtiger Höhepunkt der Saison. Zahlreiche Steinmetzarbeiten von Helmut van Huet und seinem Sohn verleihen dem Garten eine persönliche Note.

Seit einigen Jahren ist der „Stauden- und Rosengarten“ im Rahmen der Initiative „Gärten am Niederrhein öffnen ihre Pforten“ an einzelnen Wochenenden im Mai und Juni zu besichtigen (siehe auch weitere Privatgärten in Bedburg-Hau, Geldern, Kranenburg, Xanten).

Nach Absprache wird für Gruppen gerne Kaffee und Kuchen angeboten.

In der Nähe: Hausgarten, Alpen, Von-Galen-Straße 5, Tel.: 0 28 02/43 89 (n.V.)

STOLBERG *Friedhof Finkenberggasse*

Einer der ältesten evangelischen Friedhöfe des Rheinlandes befindet sich in Stolberg. Nur wenige Meter von der mittelalterlichen Burg entfernt, dem historischen Wahrzeichen des Ortes, wurde er schon 1695 am Vorgängerbau der heutigen Finkenbergkirche angelegt. Beerdigt wurden hier in den folgenden Jahren fast ausschließlich die ortsansässigen Kupfermeister und ihre Familien, welche zu einem überwiegenden Teil der reformierten Kirche angehörten. Um 1600 waren zahlreiche Kupfermeister von Aachen nach Stolberg umgesiedelt, weil sie so der Unterdrückung durch Katholiken entgehen konnten. Schmuckvolle Familienwappen zieren die denkmalgeschützten Grabmale, welche viel von der Geschichte des Ortes erzählen.

(229) Karte: D 14

Friedhof Finkenberggasse
Finkenberggasse 11
52222 Stolberg
www.stolberg.de

Infos: Evangelische Kirchengemeinde Stolberg
Öffnungszeiten: bis zum Einbruch der Dunkelheit
Führung auf Anfrage
Tel.: 0 24 02/10 29 97-0

Eintritt frei

Bauerngarten am Schoutenhof

TÖNISVORST

230 Karte: E 8

Bauerngarten am Schoutenhof
Anrather Straße 105
47918 Tönisvorst-Vorst

Größe: ca. 600 qm
Infos: Rudolf Bendlage und Astrid Wölfel
Öffnungszeiten: www.offene-gartenpforte.de sowie n.V.
Tel.: 0 21 56/35 18

Eintritt frei

Dieser Bauerngarten vereint auf schöne Weise Zier- und Nutzpflanzen. Besondere Anziehungspunkte sind die gezielt unterschiedlich geschnittenen Hecken, die Hainbuchen-Säulen und die Weinlaube aus Maggia-Granitstelen. Verschiedene Sitzgelegenheiten bieten sich zum ruhigen Genießen an.
Interessierte können sich auf dem Schoutenhof auch über die Biokläranlage informieren. Außerdem gibt es hier Tiere zu bewundern: Auf der Weide sind Lamas und Alpakas ganz gewiss ein ungewohnter Anblick.

In der Nähe: Park Haus Großlind Rossmühle, Bahnstraße 15, Tel.: 0 21 51/99 91 37 (n. V.); Hausgarten, Tönisvorst-St. Tönis, Selder 7, Tel.: 0 21 52/79 40 86 (n. V.); Hausgarten, Tönisvorst-St. Tönis, Tel.: 0 21 51/77 45 56 (n. V.)

Waldfriedhof TROISDORF

231 Karte: J 13

Waldfriedhof
Heerstraße 17
53840 Troisdorf
www.troisdorf.de

Größe: ca. 10 Hektar
Infos: Stadt Troisdorf
Öffnungszeiten: bis zum Einbruch der Dunkelheit
Führung auf Anfrage
Tel.: 0 22 41/90 07 20

Eintritt frei

Am Rand der Wahner Heide wurde der Waldfriedhof zu Beginn des 19. Jahrhunderts angelegt. Heute befinden sich hier rund 6.500 Gräber. Seinem Namen macht er alle Ehre: Birken, Buchen, Eichen und Pappeln prägen den alten Baumbestand. Eine Teichanlage und zahlreiche Rhododendren verleihen ihm den Charakter eines Parks.
Der Waldfriedhof bietet sich zugleich als Ausgangspunkt für Wanderungen durch das Naturschutzgebiet Wahner Heide an.

In der Nähe: Burgpark Wissem, Museum für Bilderbuch- und Illustrationskunst in der Burg Wissem, Burgallee, Tel.: 0 22 41/88 41 17; Gartenanlage Abtei Michaelsberg, Siegburg

VELBERT *Hausgarten Hüsgen*

Ein ganz persönlicher Gartentraum ist hier in Erfüllung gegangen: Nach englischen Vorbildern haben Maria und Ulrich Hüsgen ihr Grundstück gestaltet. Inzwischen sind es rund 150 verschiedene Azaleen und Rhododendren, die den großzügigen Hausgarten im April und Mai mit ihren farbenprächtigen Blüten übersäen. Staudenbeete, die im Wechsel der Jahreszeiten immer wieder ihr „Gesicht" verändern, sowie ein Gartenteich mit künstlicher Quelle und Bachlauf sind weitere Anziehungspunkte. Das Teichwasser wird auf ökologische Weise mit Hilfe von Kiesbeeten gefiltert. Interessierte können sich vor Ort gerne genauer über den Teichbau informieren.

232 Karte: 17

Hausgarten Hüsgen
Buchfeld 7
42551 Velbert

Größe: ca. 6.500 qm
Infos: Maria und
Ulrich Hüsgen
Öffnungszeiten: www.offene-gartenpforte.de sowie n.V.
Tel.: 0 20 51/8 16 81

Eintritt frei

VELBERT *Heilkräutergarten der Volkshochschule*

„Ein Kräutergarten für Leib und Seele, zum Sehen, Riechen, Schmecken und Anfassen", lautet das einladende Motto dieses Heilkräutergartens. Altes und neues Kräuterwissen für eine gesunde Lebensweise soll vermittelt werden. Das Engagement von Ehrenamtlichen hat zur Entstehung der Anlage maßgeblich beigetragen: Mehr als 200 Heilkräuter, Gewürz- und Duftpflanzen gedeihen in dem liebevoll angelegten Garten hinter einer Grundschule. Die Beete sind jeweils einem menschlichen Körperorgan zugeordnet, auf das sich die Kräuter positiv auswirken. Eine Schautafel erläutert diese Einteilung.

Seit der Neugestaltung im Jahre 1994 finden regelmäßig Führungen statt. An Praxisnachmittagen wird gezeigt, welche heilsamen Mixturen und Köstlichkeiten für den Gaumen sich aus den verschiedenen Kräutern des Gartens zaubern lassen. Interessierte treffen sich an jedem 1. Mittwoch im Monat um 19.30 Uhr in der Aula der Grundschule zum offenen Heilkräuter-Treff. Vorträge und weitere Veranstaltungen werden im VHS-Programm angekündigt. Wildkräuter und Heilpflanzen können während der Öffnungszeiten zum Selbstkostenpreis erworben werden.

233 Karte: 18

Heilkräutergarten der
Volkshochschule
Bergische Straße 15
42549 Velbert-Mitte
www.vhs-zv-vh.de

Größe: 250 qm
Infos: Angela Kamm
Öffnungszeiten: Mai–Sept
Di 16–18 Uhr und jeweils am
2. Sa im Monat 15–18 Uhr
Führung auf Anfrage
Tel.: 0 20 58/47 11

Eintritt frei

Kreuzberg und Marienberg VELBERT

234 Karte: 18

Kreuzberg und Marienberg (Wallfahrtspark)
Bernsaustraße
42553 Velbert-Neviges
www.velbert.de
www.mariendom.de

Infos: Franziskanerkloster Neviges
Führung auf Anfrage
Tel.: 0 20 53/93 18-0

Eintritt frei

Neviges ist als Wallfahrtsort berühmt. Das Gnadenbild der Unbefleckten Empfängnis Mariens ist seit dem 17. Jahrhundert ein Ziel von Katholiken aus aller Welt. Mit der Errichtung der Wallfahrtskirche „Maria – Königin des Friedens“ begannen auch die Architekturinteressierten nach Neviges zu pilgern. Der von dem Kölner Architekten Gottfried Böhm entworfene, 1968 vollendete Betonbau gilt als das größte Sakralgebäude der Nachkriegszeit nördlich der Alpen.
Nur noch selten werden seit seiner Errichtung Messen unter freiem Himmel abgehalten. Und nur wenige Pilger besuchen neben der Kirche im historischen Ortskern auch den Kreuzberg mit den heute noch vorhandenen 12 Kreuzweg-Stationen sowie den Marienberg mit den 16 Rosenkranz-Stationen. Diese denkmalgeschützten Anlagen können auf eine wechselvolle Geschichte zurückblicken und waren für die Entwicklung des Wallfahrtsortes von großer Bedeutung.
1888 wurde der Kreuzberg als Andachtsstätte eingeweiht. Die einzelnen Stationen waren in Grotten aus Lavagestein eingefügt worden. Nach dem Zweiten Weltkrieg mussten die in starke Mitleidenschaft gezogenen Grotten neu gestaltet werden, was der Kölner Bildhauer Toni Stockheim (1890–1969) übernahm. Zwi-

schen 1913 und 1936 wurden auf dem Marienberg an einem Prozessionsweg 16 Rosenkranz-Stationen, Versammlungsplätze sowie zwei Kapellen errichtet. Beide Wallfahrtsanlagen ermöglichen heute die stille Andacht im Freien – fern der Pilgerströme.

In der Nähe: Schlosspark Hardenberg, Hardenberger Schloss 1, Tel.: 0 20 51/26 22 85 (n.V.); Friedhof St. Maria Empfängnis, Bernsaustraße; Friedhof, Velbert-Langenberg, Friedhofsstraße; Steinbruch Schlupkothen, Wülfrath (www.wuelfrath.net/zeittunnel/schlupkothen/); Hausgarten, Bergische Diakonie Aprath, Wülfrath-Oberdüssel, Diakonissenweg

VETTWEISS *Burgpark Müddersheim*

235 Karte: F 14

Burgpark Müddersheim
Amandusstraße 70
52391 Vettweiß
www.vettweiss.de

Größe: ca. 4 Hektar
Infos: Freiherr von Geyr'sche Verwaltung
Öffnungszeiten: n.V.
Tel.: 0 24 24/71 39

Eintritt frei

Wie eng ein Park mit seiner Umgebung verbunden sein kann, lässt sich in Müddersheim erleben. Die Burganlage – ein ehemaliges Rittergut – liegt mit ihrem Landschaftspark in Wiesen und Felder eingebettet. Im Norden schließt das Dorf Müddersheim an. Mehrere Sichtachsen eröffnen Blicke in die Kulturlandschaft. Der Übergang vom gestalteten Park zur ländlichen Umgebung ist fließend.
Nach englischen Vorbildern wurde das Anwesen im 19. Jahrhundert landschaftlich gestaltet. Großzügige Wiesen, einzelne Bäume und harmonisch arrangierte Gehölzgruppen prägen seither das Bild. Wasser ist ein dominierendes Element: Zwei Weiher strahlen mit ihren spiegelnden Wasserflächen Ruhe aus. Am Nesselbach kann hingegen die belebende Wirkung des fließenden Wassers empfunden werden. Kleine Brücken führen über den Bach und mehrere Gräben hinweg. In der Nähe der Burg, die zwischen 1718 und 1720 nach einem Entwurf von Guilleaume Hauberat erbaut wurde, lag ein Parterregarten nach französischen Vorbildern des Barockzeitalters, der nicht landschaftlich umgestaltet wurde. Heute befindet sich an seiner Stelle ein Rasenparterre. Zwei barocke Gartenpavillons der früheren architektonischen Anlage bilden hier immer noch attraktive Blickfänge.
Das Anwesen befindet sich in Privatbesitz und kann nur nach Vereinbarung besichtigt werden – auch der Park hat privaten Charakter.

In der Nähe: Schlosspark Nörvenich, Tel.: 0 24 26/46 32 (n.V.)

Friedhof auf der Löh VIERSEN

(236) Karte: D 9

Friedhof auf der Löh
Hoserkirchweg / Löhweg
41747 Viersen
www.viersen.de

Größe: ca. 19 Hektar
Infos: Stadt Viersen,
Friedhofsverwaltung
Öffnungszeiten: bis zum
Einbruch der Dunkelheit
Führung auf Anfrage
Tel.: 0 21 62/10 14 22

Eintritt frei

Durch imposante, rund fünf Meter hohe Eingangstore betreten Besucherinnen und Besucher den Friedhof auf der Löh. Seine Entstehung aus einem evangelischen Friedhof, der heute den westlichen Teil einnimmt, und aus einem katholischen, der den östlichen Teil bildet, ist noch immer deutlich an den alten Wegeachsen und den beiden denkmalgeschützten Kapellen erkennbar.

Die ältesten Grabstätten aus den 1870er Jahren befinden sich in der Nähe dieser Kapellen. Zusammen mit Bäumen aus der Entstehungszeit, etwa der mächtigen Weymouths-Kiefer *(Pinus strobus)* an der Totenhalle, vermitteln sie eindringlich den historischen Wert der Anlage. Die Grüfte von Ehrenbürgern wie Josef Kaiser, der 1880 das erste Kaiser's Kaffee-Geschäft gründete, erinnern zugleich an deren besondere Verdienste für die Stadt Viersen.

Nach dem Zweiten Weltkrieg erfuhr der Friedhof auf der Löh mehrere Erweiterungen in südlicher und in westlicher Richtung. Heute zählt zu seinen Besonderheiten, dass die ehemalige evangelische Kapelle inzwischen als Kolumbarium genutzt wird, in dem Urnen beigesetzt werden.

VIERSEN Hausgarten „Achter Het Muurtje"

„Hinter der kleinen Mauer" – der niederländische Name macht neugierig: Wo sich einst ein verwilderter Garten befand, liegt nun ein blütenreiches Staudenparadies. Eibenhecken gliedern das Grundstück in unterschiedliche Räume. Einen Garten, der das ganze Jahr über interessant ist, wünschte sich das Ehepaar Klein-Kohlhaas, als es 1999 an die Verwirklichung ging. Viele ältere Pflanzen durften aus dem bisherigen Domizil in Krefeld mit umziehen.

Heute gedeihen im geschützten Gartenhof am Haus Winterblüher, Frühlingsblumen und die Fuchsiensammlung. Ein Laubengang mit Kletterrosen, Waldreben *(Clematis)* und Spalierobst verbindet diesen Hof mit dem eigentlichen Garten. Die entlang der Eibenhecken angelegten Staudenpflanzungen beeindrucken als Farbkompositionen. Die Beete im Nutz- und Kräutergarten werden von niedrigen Buchsbaumhecken eingefasst. In einem weiteren Gartenbereich befinden sich ein Teich, ein Alpinum und das Schattenbeet.

Ein lange gehegter Wunsch wurde mit der Errichtung eines reetgedeckten Holzpavillons erfüllt: „Seit einem Besuch des Nolde-Gartens in Seebüll geisterte ein ‚Tee-Haus' durch unsere Phantasie." Thomas Kohlhaas erbaute es mit alten Handwerkstechniken, die er während eines „Kurzpraktikums" im Niederrheinischen Freilichtmuseum in Grefrath erlernt hat. Auf seiner Internetseite erklärt er die Bauweise Schritt für Schritt.

In der Nähe: Marienpark (Lunapark), Tilburger Straße

237 Karte: D 9

Hausgarten „Achter Het Muurtje"
Tilburger Straße 10
41751 Viersen-Dülken
www.kulturwege.de

Größe: 600 qm
Infos: Angela Klein-Kohlhaas und Thomas Kohlhaas
Öffnungszeiten: www.offene-gartenpforte.de sowie n.V.
Tel.: 0 21 62/57 42 80

Eintritt frei

VIERSEN Stadtgarten

Ein Wasserbecken mit drei bronzenen, Wasser speienden Löwenköpfen bildet den imposanten Mittelpunkt des alten Stadtgartens. Seine symmetrische Gesamtanlage verrät, dass die Gartenkunst des Barockzeitalters ein wichtiges Vorbild für den Düsseldorfer Gartenarchitekten Reinhard war, der 1901

Seite 256/257: Stadtgarten, Viersen

238 Karte: D 9

Stadtgarten
Bahnhofs- / Burgstraße
41747 Viersen
www.viersen.de

Größe: ca. 5.500 qm
Infos: Stadt Viersen
Führung auf Anfrage
Tel.: 0 21 62/10 14 16

Eintritt frei

die Planung übernahm. Es sollte zu Beginn des 20. Jahrhunderts ein repräsentativer Park für die städtische Gesellschaft entstehen: Hier gingen die Menschen sonntags spazieren, um zu sehen und gesehen zu werden.
Vom Hochparterre aus erschließt sich die Symmetrie der Anlage am besten. Wie die etwa zeitgleich entstandenen Jugendstilhäuser der angrenzenden Carl-von-Ossietzky-Straße steht auch der Stadtgarten inzwischen unter Denkmalschutz.

In der Nähe: Casinogarten, Lindenstraße; Wildstaudengarten, Hauptstraße, Tel.: 0 21 62/10 14 20 (n. V.)

Stadtgarten Robend VIERSEN

239 Karte: E 9

Stadtgarten Robend
Stadtwaldallee / Krefelder Straße
41748 Viersen-Robend
www.viersen.de

Größe: 4,5 Hektar
Infos: Stadt Viersen
Führung auf Anfrage
Tel.: 0 21 62/10 14 16

Eintritt frei

Für Jung und Alt bietet der Stadtgarten Robend vielfältige Möglichkeiten der Erholung. Weite Rasenflächen, eine klare Wegeführung und die abwechslungsreiche Bepflanzung mit robusten Bäumen und Sträuchern schaffen einen attraktiven Freiraum. Die verantwortlichen Landschaftsarchitekten Davids, Terfrüchte + Partner aus Essen haben zudem auch für eine faszinierende Wirkung in der Abenddämmerung gesorgt: Die lange, geschwungene „Saummauer“, welche einen Hauptweg säumt und ebenso zum Sitzen wie zum Balancieren einlädt, gewinnt dank unzähliger Bodenstrahler abends noch an zusätzlichem Reiz.
Der Stadtgarten Robend wird einmal der grüne Mittelpunkt eines neu entstehenden Stadtviertels sein. Auf den Innenstadt nahen, insgesamt 56 Hektar großen Flächen eines ehemaligen Kasernenkomplexes der britischen Rheinarmee und eines früheren Güterbahnhofs werden bis 2010 Wohnhäuser für rund 2.000 Menschen errichtet. Bei dem städtebaulichen Entwick-

lungsprojekt sollen zugleich historische Spuren aufgedeckt werden: Der Nordkanal aus napoleonischer Zeit, welcher in Viersen weitgehend zugeschüttet und nahezu in Vergessenheit geraten war, wurde als ein Leitprojekt der 2. Regionale des Landes NRW in die Gestaltung einbezogen. Das inzwischen restaurierte Brückenwärterhaus (Kanalhaus) ist hier ein wertvolles Zeugnis für die historische Bedeutung der napoleonischen Wasserstraße, die von Antwerpen über die Maas bis zum Rhein führen sollte, jedoch niemals vollendet wurde.

WEEZE *Park von Haus Hertefeld*

Die Ruine von Haus Hertefeld ist der imposante Mittelpunkt dieser Parkanlage am Ufer der Niers. Das ehemalige Rittergut aus dem 14. Jahrhundert hatte später barocke Formen erhalten. Im Zweiten Weltkrieg wurde es dann fast völlig zerstört – es brannte 1945 bis auf die Grundmauern nieder. Erst ab 1992 wurde die Ruine wieder in den Blick genommen. Inzwischen konnten der Hauptturm und der Mitteltrakt des Schlosses wieder aufgebaut werden. Der landschaftlich gestaltete Park, welcher zuletzt in den 1950er Jahren durch die Pflanzung neuer Gehölze verjüngt worden war, ist nun vom Wildwuchs befreit, so dass die Weite der Rasenflächen wieder erlebbar ist und immer wieder neue Blicke auf den Schlossturm, die malerische Ruine und mächtige alte Bäume möglich sind. Heute sind auch Übernachtungsgäste willkommen: Seit 2005 genießen sie „Bed & Breakfast" im herrschaftlichem Ambiente. Die Gastgeber haben sich dem Verein „Culture & Castles" angeschlossen, der auch Kontakte zu weiteren Schlössern und Herrensitzen im deutsch-niederländischen Grenzgebiet vermittelt. Die Gäste tragen so zum Erhalt der denkmalgeschützten Gebäude bei.
Ein Ausflugsziel für Familien ist Hertefeld schon seit Jahrzehnten, denn gleich am Haupttor liegt der Weezer Tierpark im Schatten alter Kastanien. Die niederrheinische Tierwelt und alte Nutztierrassen begegnen dort dem Publikum.

In der Nähe: Schlosspark Wissen, Schlossallee 26, Tel.: 02837/913121 (n.V.), www.schloss-wissen.de

240 Karte: C 5

Park von Haus Hertefeld
Fährsteg / Gocher Straße
47652 Weeze
www.hertefeld.de
www.culture-castles.de

Größe: ca. 5 Hektar
Infos: Hertefeld GmbH & Co. KG
Öffnungszeiten: n.V.
Führung auf Anfrage
Tel.: 02837/2035 oder
0700/4 37 83 33 53
(HERTEFELD)

Eintritt

Park von Haus Kalbeck WEEZE

241 Karte: C 4

Park von Haus Kalbeck
Kalbeck 5
47652 Weeze-Kalbeck
www.kreis-kleve.de

Größe: 2 Hektar
Infos: Freifrau von Elverfeldt-Ulm
Öffnungszeiten: nur n. V.
Tel.: 0 28 23/97 31 90

Eintritt

Parkbesichtigungen für einen guten Zweck haben in Kalbeck Tradition: Der Rosengarten wurde schon in den 1960er Jahren regelmäßig der Öffentlichkeit zugänglich gemacht, um mit den Erlösen Krankenwallfahrten aus der Region nach Lourdes finanziell unterstützen zu können.

Inzwischen sind die Rosen in die Jahre gekommen – Neupflanzungen sollen die frühere Blütenfülle schon bald wieder aufleben lassen. Der verwunschene Charme des Parks ist seit seiner Entstehung (um 1910) gewachsen: Das Parterre und die Formschnittfiguren aus Buchsbaum werden sorgfältig gepflegt und liegen heute wieder ganz im Trend. Eindrucksvoll ist das weitläufige Rasenparterre vor Haus Kalbeck, welches von rund 100 Jahre alten Eibenhecken eingefasst ist. Im bewaldeten Teil des Grundstücks setzen Rhododendren zur Blütezeit im Mai farbenfrohe Akzente.

Haus Kalbeck wurde 1910 im Stil des Historismus erbaut und 2001/02 umfassend restauriert. Die alte Wasserburg Kalbeck, welche ein verheerendes Feuer in der Neujahrsnacht 1799/1800 weitgehend zerstörte, hatte sich nur wenige 100 Meter vom derzeitigen Grundstück entfernt an der Niers befunden – in der Nähe des heutigen Ausflugslokals „Jan an de Fähr“.

In der Nähe: Stadtgarten, Goch; Kräutergarten, Goch, Königsberger Straße 167, Tel.: 0 28 23/41 94 19 (n. V.)

Theissen Ideengarten WEGBERG

Die professionell geplanten und angelegten Schaugärten der Theissen Bauzentrale führen die Fülle der Möglichkeiten vor Augen: Der kleine Bauerngarten mit Pavillon ebenso wie der fernöstliche, der holländische und die zahlreichen weiteren attraktiven Themengärten.

Wer seinen Privatgarten neu anlegen oder umgestalten möchte, kann hier nicht nur Ideen sammeln, sondern auch gleich die entsprechenden Materia-

lien auswählen. Rund 15.000 verschiedene Pflanzenarten und -sorten umfasst das Angebot, aber auch vielfältige Baustoffe. Das Sortiment der Natursteine ist besonders groß.
Schöne Beispiele für die Gestaltung von Terrassen, Wegen, Teichen, Brunnen, Mauern und anderen Begrenzungen aus den verschiedensten Materialien lassen kaum noch Wünsche offen. Die gezielte Beratung durch Gartenplanungsfachleute ist nach Anmeldung möglich

In der Nähe: Schlosspark Tüschenbroich, Wegberg-Tüschenbroich; Naturschutzstation Haus Wildenrath, Wegberg-Wildenrath, Naturparkweg 2, Tel.: 02432/902740; Burgpark Wassenberg, Wassenberg; Judenbruch Wassenberg, Marienbruch

242 Karte: D 10

Theissen Ideengarten
Gladbacher Straße 21–27
41844 Wegberg-Rath-Anhoven
www.theissen-ultra.de/Presenz/ideengarten.htm

Größe: 12.000 qm
Infos: Theissen Bauzentrale KG
Öffnungszeiten: Mo–Fr 7.30–19 Uhr, Sa 7.30–16 Uhr
Apr–Okt zusätzlich an jedem 1. So im Monat 11–17 Uhr
Führung auf Anfrage
Tel.: 02431/80 80-0

Eintritt frei

Hausgarten „Fort I" WESEL

243 Karte: F 4

Hausgarten „Fort I"
Fort 1
46487 Wesel-Büderich

Größe: 3.000 qm
Infos: Ruth Pattay und
Dr. Gert Pattay
Öffnungszeiten:
www.offene-gartenpforte.de
Tel. 0 28 03/6 72

Eintritt frei (Spende)

Die ungewöhnliche Adresse lässt bereits erahnen, dass hier kein beschaulicher Reihenhausgarten zu besichtigen ist. Tatsächlich wohnen die Pattays in einem ehemaligen preußischen Fort, das an die historische Bedeutung der Festungsstadt Wesel erinnert. Unterschiedlich gestaltete Gartenräume umgeben das Gebäude. Die Frühjahrsblüher, vor allem die zahlreichen Tulpen, setzen zu Beginn der Gartensaison farbenreiche Glanzlichter. Alte Rosen treiben alljährlich im Juni die schönsten Blüten. Mehr als 120 verschiedene Sorten werden hier liebevoll gehegt und gepflegt. Die Staudenbeete im Innenhof zeigen mit ihren vielen sonnenhungrigen Pflanzen mediterranen Charme. Der Nutzgarten liefert eine reiche Ernte und ist mit seinen Buchsbaumeinfassungen zugleich schön anzusehen.

In der Nähe: Hausgarten, Schulstraße 3 (www.offene-gartenpforte.de); Hausgarten, Wesel-Fürstenberg, Hauptstege 30, Tel.: 02 81/53 04 62 (n. V.); Hausgarten, Hünxe, Binnenbruchweg 15, Tel.: 0 26 58/26 00 (n. V.)

WESEL *Heubergpark*

Auf einem ehemaligen preußischen Exerzierplatz wurde in den 1980er Jahren der Heubergpark angelegt. Die noch im Umfeld vorhandenen Kasematten-Reste der in den 1830er Jahren ausgebauten Festung erinnern an die frühere militärische Nutzung des Areals. Heute dient die großzügige Grünfläche im Zentrum der alten Festungsstadt Wesel in unmittelbarer Nähe des Berliner Tores und der Fußgängerzone als ruhiger Ort der Erholung.
Zwei Seen prägen die Anlage. Eine hohe Fontäne belebt das Bild und ist ein Wahrzeichen. Kostbare Gehölze wie etwa Mammutbäume sind besondere Attraktionen. Der schönste Blick über den Park und in die nähere Umgebung ist vom Kletterhügel zu genießen. Ein Spielplatz ist dort das beliebte Ziel von Familien. Im „Körnermagazin" (Getreidedepot) der Zitadelle befindet sich das Preußen-Museum Nordrhein-Westfalen (www.preussenmuseum.de). Zahlreiche Schautafeln, aufwändige Inszenierungen und audiovisuelle

244 Karte: F 4

Heubergpark
Alte Rossmühlen- / Friedrichstraße / Kaiserring
46483 Wesel
www.asg-wesel.de

Größe: ca. 3 Hektar
Infos: Stadt Wesel
Führung auf Anfrage
Tel.: 02 81/20 34 52

Eintritt frei

Heubergpark

Stationen präsentieren die über 300-jährige Geschichte Brandenburg-Preußens im Rheinland auf ansprechende Weise. Die Dauerausstellung bietet auch für Menschen mit Behinderungen ausführliche Informations- und Erlebnismöglichkeiten.

In der Nähe: Park Schloss Diersfordt, Wesel-Diersfordt, Am Schloss (www.culture-castles.de); Park Haus Voerde, Voerde, Allee 65

Hausgarten Dr. Franke WILLICH

245 Karte: E 9

Hausgarten Dr. Franke
Knickelsdorf 21 a
47877 Willich-Schiefbahn

Größe: 5.000 qm
Infos: Eheleute Dr. Franke
Öffnungszeiten:
www.offene-gartenpforte.de
Tel.: 0 21 54/7 06 06

Eintritt

Eine großzügige Gartenlandschaft mit reichlich Wasser erwartet die Besucherinnen und Besucher in Knickelsdorf: Die üppigen Staudenbeete verraten, dass hier Fachleute am Werke waren, und geben an den Tagen der offenen Gartenpforte viel Anlass für Fachsimpeleien. Die Uferbereiche schmücken zahlreiche Taglilien-Sorten *(Hemerocallis)*. In den Sommermonaten Juni und Juli entfalten die Rosen ihre ganze Pracht. Als ganzjährig attraktive Blickfänge wurden Skulpturen eingefügt.

In der Nähe: Hausgarten, Am Park 9 (www.offene-gartenpforte.de)

Schlosspark Neersen WILLICH

Aus seinem Dornröschenschlaf erwachte der Schlosspark Neersen zur Dezentralen Landesgartenschau des Jahres 2002. Im Verbund mit sechs weiteren historischen Anlagen – darunter so berühmte wie Schloss Benrath und Schloss Dyck – zog er Tausende Besucherinnen und Besucher an. Im neuen Glanz ist der Park seither überregional bekannt und Schauplatz beliebter Veranstaltungen wie der Festspiele.
Den Ursprung der Anlage bildete eine Burg, die vor etwa 800 Jahren auf einer von Wasser umgebenen Anhöhe (Motte) erbaut wurde. Im 17. Jahrhundert erhielt Schloss Neersen dann seine repräsentative Gestalt mit den prägenden vier Ecktürmen über einem hufeisenförmigen Grundriss und einen Barockgarten.
Der heutige Park geht auf einen um 1900 angelegten Landschaftsgarten nach englischen Vorbildern zu-

rück. Wer damals am Werke war, kostbare exotische Bäume pflanzte und die Wasserläufe um das Schloss naturnah formte, ist nicht überliefert, doch das Handwerk wurde meisterlich verstanden. Die alten Baumriesen und die im Frühjahr üppig blühenden Rhododendren lassen staunend innehalten.

Seit der Landesgartenschau grenzt östlich an den Schlosspark ein sogenanntes „Erfahrungsfeld", das nicht alltägliche Spielstationen bietet. Hier können Groß und Klein auf der Balancierscheibe, der Pyramidenschaukel, am Summstein oder am Dendrophon u.a. intensive Körper-, Raum- und Klangerfahrungen machen. Obendrein gibt es in diesem naturnahen Waldpark viel zu lernen, vor allem über Wasser: Strudel, Doppelhelix und Strömungsscheibe gilt es spielerisch zu erforschen.

Das angrenzende schulbiologische Zentrum ist ebenfalls frei zugänglich und bietet viele Informationen zu Flora, Fauna und Geographie.

In der Nähe: Park an der Wallfahrtskapelle (Klein-Jerusalem-Park)

246 Karte: E 9

Schlosspark Neersen
Hauptstraße 6
47877 Willich-Neersen
www.stadt-willich.de

Infos: Stadt Willich
Führung auf Anfrage
Tel.: 0 21 56/94 92 37

Eintritt frei

Barmer Anlagen WUPPERTAL

„Ein Park von Bürgern für Bürger!" Der 1864 gegründete Barmer Verschönerungsverein ist noch heute Träger der rund 100 Hektar umfassenden Anlage, welche dank der immensen Ausmaße als zweitgrößter Bürgerpark Deutschlands gilt.
An der Gestaltung im landschaftlichen Stil wirkte Joseph Clemens Weyhe (1807–1871) mit, der Sohn des renommierten rheinischen Gartenkünstlers Maximilian Friedrich Weyhe (1775–1846). Der Park liegt am Hang der Barmer Südhöhen und besteht aus den unteren und den oberen Anlagen. Von zahl-

247 Karte: J 9

Barmer Anlagen
Obere Lichtenplatzer Straße 42 /
Josef-Haydn- / Lönsstraße
42287 Wuppertal-Barmen
www.wuppertal.de

Größe: 100 Hektar
Infos: Barmer Verschönerungsverein e.V.
Führung auf Anfrage
Tel.: 02 02/55 79 27

Eintritt frei

reichen Aussichtspunkten und vor allem vom Toelleturm aus bieten sich weite Blicke über die Stadt. Großzügige Rasenflächen verleihen dem Park eine offene Wirkung. Die kostbaren Gehölze sind heute zu beachtlicher Größe herangewachsen. Verschiedene Denkmäler erinnern an bedeutende Persönlichkeiten, die sich für die Ziele des Verschönerungsvereins engagiert haben. Ein Parkpflegewerk soll auch zukünftig die fachgerechte Unterhaltung der Barmer Anlagen sichern.

In der Nähe: Friedhof, Wuppertal-Oberbarmen, Untere Lichtenplatzer Straße

Botanischer Garten WUPPERTAL

Eine unter Denkmalschutz stehende Villa verleiht diesem Botanischen Garten seinen besonderen Charme. Der ehemalige Landsitz des Textilfabrikanten Engelbert Eller wurde 1910 zum neuen Zuhause der städtischen Pflanzensammlung, die in einem Schulgarten an der Stelle des heutigen Rosengartens auf der Hardt begründet worden war. Ein Blickfang ist der 1838 errichtete Elisenturm – benannt nach der Gemahlin des preußischen Königs Friedrich Wilhelm IV. Aus seinem Kuppelsaal, in dem regelmäßig Ausstellungen gezeigt werden, lassen sich weite Blicke über die Hardt genießen, jenen ehemals bewaldeten Bergrücken, der im ausgehenden

19. Jahrhundert in eine großflächige Parklandschaft verwandelt wurde. Die alten Bäume im Botanischen Garten stammen zum Teil noch aus dieser Zeit. Vor allem die mächtigen Rotbuchen sind heute beeindruckend und bieten unter ihrem Laubdach schattenliebenden Gewächsen einen Lebensraum.
Der Schutz gefährdeter Pflanzen ist ein besonderes Anliegen dieses Botanischen Gartens: 350 Arten, die unter das Washingtoner Artenschutzabkommen fallen, werden hier kultiviert und sollen vor dem Aussterben bewahrt werden. Eine Beschilderung informiert über diese selten gewordenen Gewächse.
Der Verein der Freunde und Förderer des Botanischen Gartens Wuppertal e.V. unterstützt dessen Erhalt und weitere Entwicklung. Durch Vorträge, Führungen und Wechselausstellungen vermittelt er ebenso interessantes wie wichtiges Wissen über das Pflanzenreich.

248 Karte: J 9

Botanischer Garten Wuppertal
Elisenhöhe 1
42107 Wuppertal-Elberfeld
www.wuppertal.de/bgw/

Größe: 1,5 Hektar
Infos: Stadt Wuppertal
Öffnungszeiten: bis zum Einbruch der Dunkelheit
Führung auf Anfrage
Tel.: 02 02/5 63 42 07

Eintritt frei

WUPPERTAL Friedhof Varresbeck

Der rund 100-jährige evangelische Friedhof Varresbeck (Eröffnung 1902) befindet sich am Rand eines ruhigen Waldgebietes. Die Grabfelder liegen eingebettet in eine großzügige Parkanlage, die auch gerne für Spaziergänge genutzt wird. Zahlreiche aufwändig gestaltete Grabmale aus der Entstehungszeit geben an diesem Ort des Gedenkens Anlass zum Innehalten. Ein Infoblatt mit Plan und kommentiertem Rundgang ist im Blumengeschäft (werktags bis 17 Uhr) erhältlich.

In der Nähe: Friedhof, Wuppertal-Elberfeld-Brill, Katernbergstraße; Gärten im Briller Villenviertel; Park am Nützenberg, Am Buschhäuschen

249 Karte: I 9

Friedhof Varresbeck
Krummacherstraße 25
42115 Wuppertal-Elberfeld-West
www.friedhof-wuppertal.de

Größe: 12 Hektar
Infos: Friedhofsleitung Ev. Friedhof Varresbeck
Öffnungszeiten: bis zum Einbruch der Dunkelheit
Führung auf Anfrage
Tel.: 02 02/71 29 89

Eintritt frei

Hausgarten „Rosebank" WUPPERTAL

250 Karte: J 9

Hausgarten „Rosebank"
Mastweg 21
42349 Wuppertal-Cronenberg

Größe: 5.000 qm
Infos: Renate Graumann und Hermann Rieth
Öffnungszeiten: n. V.
Führung auf Anfrage
Tel.: 02 02/47 05 71

Eintritt frei

Das Gärtnern in Hanglage hat im Bergischen Land seinen besonderen Reiz. Schöne Ausblicke in die ländliche Umgebung ermöglicht dieser Hausgarten. Dessen Gestaltung war keine leichte Aufgabe, galt es dabei doch 35 Meter Höhenunterschied zu überwinden. Die Lösung von Renate Graumann und Hermann Rieth bestand in der Anlage unterschiedlicher Bereiche auf verschiedenen Ebenen: Direkt am Haus befindet sich ein Staudengarten. Im Nutzgarten gedeihen viele Gemüsesorten und vor allem Beerenobst. Seinen ungewöhnlichen Namen „Rosebank" (Rosenhang) verdankt die Anlage aber der großen Strauch- und Kletterrosensammlung – inzwischen gedeihen hier rund 550 verschiedene Arten und Sorten, darunter sind vor allem viele robuste Rosen für raue Lagen. Die geschickte Kombination mit Stauden und Clematis, welche die Farbenpracht noch verstärken, überwältigen selbst erfahrene Gartenreisende.

In der Nähe: Hausgarten, Rauhausfeld 7, Tel.: 02 02/40 05 74 (n. V.); Hausgarten, Hahnerberger Straße 86, Tel.: 02 02/40 36 84 (n. V.); Arboretum Burgholz, Waldpädagogisches Zentrum, Friedensstraße 69, Tel.: 02 02/2 47 82 16

Parkanlage „Hardt" WUPPERTAL

251 Karte: J 9

Parkanlage „Hardt"
Hardtstraße / Otto-Schell-Weg
42107 Wuppertal-Elberfeld
www.wuppertal.de

Größe: 57 Hektar
Infos: Stadt Wuppertal
Führung auf Anfrage
Tel.: 02 02/5 63 42 07

Eintritt frei

Die „Hardt" ist in Wuppertal als beste Wohnlage und Ausflugsziel ein Begriff. Hoch über der Stadt lassen sich von dem Bergrücken, der neben der Wupper bis zu 90 Meter steil aufragt, weite Blicke ins Bergische Land genießen. Noch zu Beginn des 19. Jahrhunderts war diese Anhöhe bewaldet. Ihre Lage zwischen den aufstrebenden Industriestädten Barmen und Elberfeld machte sie schon damals für vermögende Industrielle attraktiv, die in den folgenden Jahren hier ihre Landsitze errichteten. Die 1820 erbaute Eller'sche Villa ist ein bekanntes Beispiel, denn sie gehört heute zum Botanischen Garten Wuppertal.

Zu dieser Zeit engagierte sich die einflussreiche Bürgerschaft auch im sogenannten „Verschönerungsverein" für die Umgestaltung der Hardt in eine

weitläufige Parkanlage. Der Königlich-Preußische Gartendirektor Heinrich Siesmayer legte 1880 einen Gesamtplan vor.
Heute ist die Hardt intensiv gestaltet: Der Rosengarten an der Stelle des ehemaligen Schulgartens und der Botanische Garten sind besondere Anziehungspunkte. Die Freilichtbühne in einem ehemaligen Steinbruch wird heute noch genutzt. Denkmäler berühmter Persönlichkeiten, historische Treppenanlagen und Brücken sind wertvolle Zeugnisse aus der Entstehungszeit. Ein Parkpflegewerk unterstützt die denkmalpflegerisch fachgerechte Entwicklung der Anlage. Im westlichen Teil der Hardt befindet sich inzwischen ein großer, zeitgemäß angelegter Spielplatz mit einem Spielhaus.

WUPPERTAL *Staudengärtnerei Arends Maubach*

Die älteste Staudengärtnerei Deutschlands befindet sich im Bergischen Land. Schon 1888 wurde sie von Georg Arends gegründet und fand durch die Teilnahme an englischen Pflanzenschauen rasch auch

252 Karte: J 9

Staudengärtnerei Arends Maubach
Monschaustraße 76
42369 Wuppertal-Ronsdorf
www.arends-maubach.de

Größe: 2 Hektar
Infos: Anja Maubach
Öffnungszeiten: März–Okt
Mo, Mi, Do, Fr 9–17 Uhr
Sa 9–16 Uhr, Di/So geschlossen
Nov–Feb Mo, Mi, Do, Fr 9–16 Uhr, Di, Sa, So geschlossen
Führung auf Anfrage
Tel.: 02 02/46 46 10

Eintritt frei

internationale Beachtung. Zahlreiche botanische Namen belegen die großartigen Züchtungserfolge wie etwa *Astilbe* x *arendsii*. Noch heute bieten die Mutterpflanzenquartiere zur Blütezeit dieser Prachtspieren im Juli und August in ihren feurigen Farbtönen einen überwältigenden Anblick.
Inzwischen wird die Gärtnerei von der Urenkelin geführt – einer Staudengärtnerin und Gartenarchitektin, die nicht zuletzt durch die WDR-Ratgeberserie „Gartenzeit mit Anja Maubach" einem großen Publikum bekannt ist. Auf dem traditionsreichen Gelände um die historischen Gebäude und alten Gewächshäuser legte sie verschiedene Schaubeete an, die meisterhafte Pflanzenkompositionen zeigen. Das vielfältige Veranstaltungsprogramm mit Vorträgen, Führungen und Gartenseminaren erfreut sich großen Interesses. Ein Museum zu Leben und Werk von Georg Arends ist geplant.

In der Nähe: Natur-Waldgarten, Echoer Straße 57, Tel.: 02 02/46 91 60

Vorwerk Park WUPPERTAL

253 Karte: J 9

Vorwerk Park
Adolf-Vorwerk-Straße 31
42287 Wuppertal-Lichtenplatz
www.wuppertal.de

Größe: 3,7 Hektar
Infos: Stadt Wuppertal
Führung auf Anfrage
Tel.: 02 02/5 63 42 07

Eintritt frei

Der Name Vorwerk ist vor allem für eins bekannt: Staubsauger. Tatsächlich ist das alteingesessene Wuppertaler Familienunternehmen schon seit dem ausgehenden 19. Jahrhundert in verschiedenen Geschäftsbereichen tätig. Mit der maschinellen Produktion hochwertiger Teppiche, die bis dahin nur in England hergestellt werden konnten, gelang 1883 ein erfolgreicher Geschäftsbeginn. Schon wenige Jahre danach ließ Adolf Vorwerk um 1900 eine repräsentative Villa errichten und einen Park im landschaftlichen Stil gestalten. Während die Anlage früher ausschließlich privat von Familie Vorwerk genutzt wurde, ist sie inzwischen frei zugänglich.
Außergewöhnlich ist noch heute der Felsengarten, ein bepflanzter Steinbruch. Von zwei Aussichtskanzeln bieten sich schöne Einblicke in diesen tiefer liegenden Bereich mit Bachläufen und einem Wasserfall. Zur Blütezeit der Azaleen und Rhododendren im April und Mai zeigt sich der Park von seiner farbenprächtigsten Seite.

Vorwerk Park

WUPPERTAL *Zoologischer Garten*

Der Wuppertaler Zoologische Garten gilt als einer der schönsten Deutschlands und ist zugleich einer der ältesten: Im ausgehenden 19. Jahrhundert wurde er als Aktiengesellschaft gegründet und als Landschaftspark gestaltet – heute sind seine exotischen Bäume zu beeindruckenden Riesen herangewachsen. Seine Lage am Hang ermöglicht immer wieder neue Blicke auf den Park mit seinen Gewässern, den großzügigen Rasenflächen und aufwändig bepflanzten Blumenbeeten sowie in die landschaftlich reizvolle Umgebung.

254 Karte: 19

Zoologischer Garten Wuppertal
Hubertusallee 30
42117 Wuppertal-Elberfeld
www.zoo-wuppertal.de

Größe: ca. 20 Hektar
Infos: Zoologischer Garten Wuppertal
Öffnungszeiten: Sommerzeit Mo–Sa 8.30–18 Uhr, So und Feiertage 8.30–18.30 Uhr
Winterzeit täglich 8.30–17 Uhr
Führung auf Anfrage
Tel.: 02 02/27 47-0

Eintritt

Die Tierhäuser und großzügigen Freigehege wurden harmonisch in den Landschaftspark eingefügt. 5.000 Tiere aus allen Kontinenten leben heute im Zoologischen Garten.
Die verschiedenen Gebäude spiegeln den Stilwandel vom Historismus zur Moderne. Das repräsentative Zoorestaurant mit Terrasse wurde zur Entstehungszeit noch im klassizistischen Stil erbaut. Das 1939 errichtete Kassenhäuschen verkörpert hingegen den modernen Expressionismus. Die Konzertmuschel aus den 1950er Jahren verdeutlicht noch heute, dass ein Zoobesuch seinerzeit ein besonderes kulturelles Ereignis war.
Nördlich schließt sich das „Zooviertel“ mit seinen Gründerzeitvillen und alten Gärten an.

In der Nähe: Zooviertel mit alten Hausgärten

XANTEN *Archäologischer Park Xanten*

Die Welt der Antike lässt sich im Archäologischen Park Xanten mit allen Sinnen erleben. Das vom Landschaftsverband Rheinland errichtete Freilichtmuseum lädt dazu ein, sich in rekonstruierten Gebäuden einer römischen Stadt umzuschauen. Durch Hecken und Grünflächen wurden weitere Stadt- und Gebäudestrukturen vorstellbar gemacht. Entsteht so die Lust, sich näher mit dem römischen Erbe zu beschäftigen, sei das Konzept aufgegangen, betont die Museumsleitung.
Für Gartenbegeisterte ist der rekonstruierte Kräutergarten besonders interessant. Hier gedeihen Gewächse, die in der Antike zu verschiedenen Zwecken genutzt wurden – in der Küche, in der Heilkunde und als Färbepflanzen.

Zoologischer Garten Wuppertal

255 Karte: E 4

Archäologischer Park Xanten
Wardter Straße (Eingang) /
Trajanstraße 4 (Verwaltung)
46509 Xanten
www.apx.de

Größe: ca. 30 Hektar
Infos: Archäologischer Park Xanten
Öffnungszeiten:
März–Okt täglich 9–18 Uhr
Nov täglich 9–17 Uhr
Dez–Febr täglich 10–16 Uhr
Führung auf Anfrage
Tel.: 0 28 01/7 12-0 (Verwaltung)
0 28 01/98 30-0 (Tourist Info)

Eintritt

Der Archäologische Park befindet sich auf dem denkmalgeschützten Gelände der römischen Stadt Colonia Ulpia Traiana, welche um 100 n. Chr. die zweitgrößte Stadt der Provinz „Niedergermanien" war – nur Köln zählte damals mehr Einwohner. Ein Tagesausflug nach Xanten kann mit einer Besichtigung der Großen Thermen – einer Ausgrabungsstätte – verbunden werden. Im Frühjahr 2008 wird außerdem ein neues Museum im Archäologischen Park eröffnen, das Fundstücke aus der Region präsentiert.
Ein vielfältiges Veranstaltungsprogramm bietet im Laufe des Jahres für Schulklassen und andere Gruppen zahlreiche Anlässe für einen Besuch. Menschen mit Behinderungen erhalten individuelle Angebote. Für das leibliche Wohl wird gesorgt: Das Restaurant in der Römischen Herberge bietet ausgefallene Gerichte nach antiken Rezepten an.

In der Nähe: Jüdischer Friedhof, Heeser Weg, nur n.V., Tel.: 0 28 01/9 83 00

XANTEN *Hausgarten Krautwig*

Unter Gartenliebhabern sprechen sich Neuigkeiten schnell herum: Am Niederrhein haben sich Privatpersonen zusammengefunden, um ihre Gärten an einzelnen Wochenenden im Jahr, wenn sie sich zur rechten Blütezeit von ihrer besten Seite zeigen, für zahlende Gäste zu öffnen (siehe auch: Bedburg-Hau, Geldern, Kranenburg, Sonsbeck). Schon im April lockt die Narzissenblüte, im Mai beeindrucken Azaleen und Rhododendren, im Juni verwandeln Stauden und Rosen die Gärten in ein Farbenmeer. Der Erfolg lässt sich an den immensen Besucherzahlen ablesen und weckt Hoffnungen: Die bemerkenswerte Initiative könnte Nachahmer finden.

In Xanten gibt es ein Juwel zu entdecken: Der Hofgarten mit alten Myrthen, der Kräutergarten und der mit Buchsbaum formal gestaltete Staudengarten umgeben das 130 Jahre alte Bauernhaus der Familie Krautwig. Die alte Esskastanienallee verleiht dem Anwesen seinen unverwechselbaren Charakter. Auf einer ehemaligen Weide befindet sich heute die Wildblumenwiese mit Feuchtbiotop. Brombeerranken, Disteln und Brennesseln behaupten dort ebenso ihren Platz wie eine beeindruckende Sammlung historischer Rosen. Zahlreiche Ramblerrosen überziehen im Sommer lange Laubengänge mit Tausenden von Blüten. Bänke laden dazu ein, die behutsam gebändigte „Wildnis“ zu betrachten.

256 Karte: E 4

Hausgarten Krautwig
Fürstenberg 18
46509 Xanten
www.angelfire.com/
country/gardener/

Größe: 1,5 Hektar
Infos: Christel und Herward Krautwig
Öffnungszeiten: einzelne Wochenenden (siehe Internet-Adresse) sowie n.V.
Tel.: 0 28 01/44 43

Eintritt

Rheker Gärten XANTEN

257 Karte: E 4

Rheker Gärten
Trajanstraße 13
46509 Xanten
www.rheker-gaerten.de

Größe: ca. 5.000 qm
Infos: Jan Rheker
Öffnungszeiten: www.offene-gartenpforte.de sowie n.V.
Tel.: 0 28 01/70 56 11

Eintritt frei

Am ehemaligen Rittergut Haus Erprath, das noch heute von einem Burggraben und einem alten Laubengang umgeben ist, befinden sich die sogenannten „Rheker Gärten“.
Hier zeigt der professionelle Gärtner Jan Rheker sein Können: Über Jahre durch fachgerechten Schnitt geformte Gehölze, vorbildliche Staudenkombinationen, aber auch die Pflasterarbeiten und vor allem der Schwimmteich vor einem Nebengebäude liefern Interessierten viele Ideen für das eigene „grüne Reich“.

In der Nähe: Hausgarten, Scholtenstr. 14, Tel.: 0 28 01/43 00 (n. V.)

KLEINES GLOSSAR DER FACHBEGRIFFE

Aha
Aus der Ferne nicht sichtbarer Graben zur Einfriedung eines Grundstücks. Auch „Haha“ genannt, vom Ausruf des Erstaunens beim plötzlichen Erkennen des Grabens. Im französischen Barockgarten und später verstärkt im englischen Landschaftsgarten als Gestaltungsmittel eingesetzt. Im Unterschied zu einer Mauer oder einem Zaun macht ein solcher Graben den Grenzverlauf zwischen Garten und Umgebung unauffällig.

Arboretum
Sammlung botanisch wertvoller Gehölze (Bäume, Sträucher) zu wissenschaftlichen Zwecken, die als separater Parkteil gestaltet ist.

Belt
Engl.: Gürtel. Dichter, aus Bäumen und Sträuchern gebildeter Saum (Gehölzgürtel), der die Grenze einer Parkanlage bezeichnet. Der Belt ist ein charakteristisches und oft nachgeahmtes Gestaltungsmerkmal des englischen Landschaftsgartens. Er übernimmt darin u.a. die Funktion einer grünen Kulisse und sorgt zugleich für ein mildes Klima, indem er vor rauem Wind schützt.

Belvedere
Ital.: schöne Aussicht. Als Turm, Dachhalle, Balkon oder Plattform in Zusammenhang mit einem Gebäude oder als selbstständiger Baukörper in Gestalt eines Lustschlosses oder Pavillons so platziert, dass eine gute Fernsicht möglich ist. In der Gartenkunst wurde das Belvedere seinerseits oft als Blickfang eingesetzt, beispielsweise als Endpunkt einer Gartenachse.

Boskett
Ital. „bosco“, franz. „bosquet“: Wald. Kleines Waldstück innerhalb einer Parkanlage. Darin kann der von Wegen durchzogene und von hohen Hecken umgebene Baumbestand verschiedene Räume ausbilden. Das Boskett wurde im Barockzeitalter häufig im Anschluss an einen formal gestalteten Parterregarten angelegt.

Broderie
Franz.: Stickerei. Ein ornamentreich gestaltetes Schmuckbeet, das in seinen Formen an Stickereimuster erinnert. Es wurde im Barockzeitalter vorzugsweise mit Buchsbaum bepflanzt sowie mit anorganischen Materialien wie verschiedenfarbigen Steinen ausgelegt.

Gehölze
Verholzende Pflanzen; Bäume und Sträucher.

Grotte
Künstliche Felshöhle, die in der Gartenkunst meist einen naturnahen, ursprünglichen Zustand symbolisiert. Seit der Renaissance ist die Grotte ein beliebtes Gestaltungselement in Garten- und Parkanlagen.

Knotengarten
Garten mit aufwändig geschnittenen Gewächsen. Die „Knoten“ bestehen aus niedrigen Pflanzenreihen, die wie sich überschneidende Bänder wirken. Bevorzugt werden in der Regel Buchsbaum, Gamander, Heiligenkraut, Lavendel und Rosmarin, also Sträucher und Halbsträucher, die langlebig und schnittverträglich sind.

Lustgarten
Garten, der im Unterschied zum Nutzgarten der Muße und dem ästhetischen Genuss dient.

Monopteros
Altgriech.: einflügelig. Tempelartiger Rundbau mit einer einzigen, offenen Säulenstellung (tholos) sowie einer Kuppel. Der Monopteros wurde sowohl im architektonischen Garten des Barockzeitalters als auch im englischen Landschaftsgarten als bauliches Element eingesetzt.

Orangerie
Franz.: Orangenhaus. Begriff für verglaste und beheizbare Häuser in Skelettbauweise, in denen kälteempfindliche Pflanzen zum Überwintern untergebracht oder besonders wärmebedürftige, exotische Pflanzen wie Zitrusgewächse dauerhaft gezogen werden.

Parkpflegewerk
Fachgutachten, das in einem ersten Teil historische Quellen zu einem Park bzw. Garten zusammenstellt: Entwurfs- und Ausführungspläne, Kostenaufstellungen mit Pflanzenlisten, historische Ansichten (Fotos, Graphiken, Gemälde etc.), schriftliche und mündliche Überlieferungen. Diese Quellensichtung zielt auf das Verfassen einer Entstehungs- und Entwicklungsgeschichte ab. Ergänzt wird diese durch eine wissenschaftliche Untersuchung zur gartenkünstlerischen Konzeption. In einem zweiten Teil wird eine Dokumentation des aktuellen Zustandes mit Hilfe einer Bestandskartierung erstellt, die dann mit der histo-

rischen Planung verglichen und bewertet wird. Ein Parkpflegewerk mündet schließlich in der Bestimmung von Zielen für die weitere Erhaltungspflege und in einem konkret auf die jeweilige Anlage abgestimmten Restaurierungskonzept.

Parterre
Franz.: zu ebener Erde. Bezeichnung für eine ornamental gestaltete Fläche, die vor allem im Barockzeitalter in der Nähe eines Schlosses angelegt wurde und sich am besten aus den oberen Etagen des Gebäudes betrachten lässt. Es ist zu unterscheiden zwischen dem „Parterre à l'angloise", also dem Englischen Parterre, das aus einer einfachen oder ornamental gestalteten Rasenfläche besteht, und dem „Parterre de broderie", das verschiedenfarbig mit Pflanzen und anorganischen Materialien ausgeführt wird und mit seinen filigranen Ornamenten an ein Stickmuster (franz., „broderie") erinnern mag.

Pergola
Ital.: Laube. Licht- und luftdurchlässiges Bauwerk aus Holz oder Metall, zum Teil auch mit gemauerten Pfeilern oder Säulen, das häufig als Rankgerüst dient und Schatten spendet.

Point de vue
Franz.: Blickpunkt. Markanter Blickfang in einem Park. Als Point de vue können Bauwerke wie Pavillons, Brunnen oder Brücken dienen, ebenso Skulpturen oder Landschaftsgemälde. Sowohl im architektonischen Garten des Barockzeitalters als auch im Landschaftsgarten wurde der Blick auf derartige schmückende Details gelenkt.

Potager
Franz., „jardin potager": Gemüsegarten. Der Nutzgarten eines herrschaftlichen Anwesens war meist eingefriedet und vom Park abgetrennt. Ebenso wie die Ziergärten konnte der Potager kunstvoll angelegt sein und neben Obst, Gemüse und Kräutern auch Zierpflanzen beherbergen.

Rabatte
Randbepflanzung vor Mauern und Hecken oder entlang der Wege – Sonderform eines Beetes.

Stauden
Mehrjährige Pflanzen, die nicht verholzen, sondern grüne, frostempfindliche Triebe haben. Sie sterben daher in der Regel im Winter oberirdisch ab. Mit Hilfe unterirdischer Erneuerungsknospen bilden Stauden zu Beginn der nächsten Wachstumsperiode neue Triebe.

Weiterführende Literatur:

Gartenkultur im Rheinland vom Mittelalter bis zur Moderne, Arbeitsheft der rheinischen Denkmalpflege 60, hg. von Landeskonservator Prof. Dr. Udo Mainzer, Petersberg 2003

OBJEKTREGISTER

Herausgeber: Landschaftsverband Rheinland (LVR) –
Kulturamt, Rheinisches Amt für Denkmalpflege (RAD),
Umweltamt
www.lvr.de

Projektleitung: Arie Nabrings (Kulturamt)
Projektkoordination: Roswitha Arnold (Kulturamt)
Texte: Kerstin Walter (RAD)
Abbildungen: Jürgen Gregori (RAD)
Umschlagabbildungen: Jürgen Gregori (RAD) und
Roswitha Arnold (Kulturamt)
Hauptabbildung: Jüchen, Schlosspark Dyck; kleine Abb. von links nach rechts: Jülich, Brückenkopf-Park; Duisburg, Volkspark Rheinhausen; Düsseldorf, Nordfriedhof; Wuppertal, Hausgarten „Rosebank", Seite 2: Pflanzenschmuck im historischen Ortskern von Kornelimünster

Beiträge und Redaktion: Petra Engelen (RAD),
Annette Heusch-Altenstein (Umweltamt), Ulrich Stevens (RAD),
Susanne Vogel (Umweltamt), Roswitha Arnold (Kulturamt)

Redaktionelle Mitarbeit: Gabriele Fabian (RAD), Ulrich Jacobs (RAD), Sven Schlüter (Umweltamt), Hannelore Sieburg (RAD), Monika Sturm (RAD)

Bildredaktion: Petra Engelen (RAD), Jürgen Gregori (RAD),
Sonja Loy

Bildnachweis: Die Abbildungen stammen von Jürgen Gregori (RAD), sofern nicht anders angegeben: Seite 128, Foto: Werner von Ackeren; Seite 184/185, Foto: Förderverein NaturGut Ophoven; Seite 233, Foto: Rita Hombach

Koordination Karte: Rainer Wilking, Wolfgang Rembierz,
Ministerium für Wirtschaft, Mittelstand und Energie
Gestaltung Karte: Kirsten Bald, Bezirksregierung Düsseldorf

Gesamtherstellung:
Wienand Verlag & Medien GmbH, Köln
www.wienand-koeln.de
Layout: Sonja Loy, Köln
Verlagsredaktion: Justine Lipke

ISBN: 978-3-87909-915-3
Printed in Germany